내 마음의 본향
삼층천

내 마음의 본향
삼층천

초판 1쇄 인쇄　2025년 06월 16일
초판 1쇄 발행　2025년 06월 30일

신고번호　제313-2010-376호
등록번호　105-91-58839

지은이　소해성

발행처　보민출판사
발행인　김국환
기획　김선희
편집　현경보
디자인　김민정

ISBN　979-11-6957-361-0　　03230

주소　경기도 파주시 해올로 11, 우미린더퍼스트@ 상가 2동 109호
전화　070-8615-7449
사이트　www.bominbook.com

• 가격은 뒤표지에 있으며, 파본은 구입하신 서점에서 교환해드립니다.
• 이 책은 저작권법에 의하여 보호를 받는 저작물이므로 무단 전재와 복사를 금합니다.

내 마음의 본향
삼층천

소해성 지음

시간이 존재하지 않은 곳
그곳을 향하여 지혜롭게 찾아가야만 합니다.

추천사

　이 책 『내 마음의 본향 삼층천』은 한 생애의 강을 따라 흐르는 시간의 노래다. 또한 이민자의 삶을 살아온 한 아버지의 조용한 고백이며, 사랑하는 주변인에게 전하는 따뜻한 인생 수업이다. 작가는 70대에 이르러 돌아본 생의 발자취를 따라, 어린 시절 한국에서의 삶, 타국에서 맞이한 고단한 시절, 그리고 믿음과 가족이라는 두 날개로 다시 날아오른 시간을 정갈하게 담아낸다.

　책장을 넘기다 보면 어느새 우리는 한 사람의 손을 꼭 잡고 좁고 어두운 골목을, 눈보과 치는 이국의 거리를, 병상 위의 긴 밤을 함께 건너고 있다. 이 책은 그렇게 삶의 가장자리에서 피어난 희망의 기록이다. 작가는 수많은 고비 앞에서 '내려놓음'과 '기다림'으로 마음을 다스렸고, 그 순간마다 기도와 가족이라는 이름의 등

불을 의지하며 버텨냈다.

작가는 자주 말한다. "이 모든 길이 나의 본향을 향한 순례였다"고. 그것은 고향이 아닌 '본향', 곧 마음의 근원, 믿음의 중심을 향한 여정이었다. 그에게 삶은 성공이나 명예의 축적이 아니라, 흔들림 속에서도 믿음을 지키고 사랑을 품는 일이었다. 이 책은 그 고백의 기록이며, 동시에 다음 세대를 향한 아름다운 유산이다.

삶의 마지막 언저리에서 건네는 이 따뜻한 독백은, 젊은 날의 분투에 지친 이들에게는 어깨를 다독이는 위로가 되고, 노년의 문턱에 선 이들에게는 길잡이가 된다. 무엇보다, 가족을 이루고 살아가는 모든 사람들에게 함께하는 시간의 소중함을 다시금 일깨워 준다. 바쁘고 복잡한 오늘의 일상 속에서 잊고 있던 사랑과 신앙, 인내와 감사의 언어들이 이 책 안에서 조용히 되살아난다.

이 책 『내 마음의 본향 삼층천』은 누군가의 담담한 인생 이야기이고, 보통의 삶이 가진 위대한 진실을 일깨우는 이야기다. 우리는 그 이야기 속에서 우리 자신의 어머니, 아버지의 얼굴을 떠올리게 된다. 작가는 말한다. "내가 묵묵히 걸어온 이 길이 누군가에게 작은 빛이 된다면, 그것으로 충분하다"고.

혹독한 시절에도 따뜻함을 잃지 않았던 한 사람의 삶, 그 조용한 품성의 궤적이 고스란히 담긴 책이기에, 나는 이 책을 추천한다. 단단한 어른이 그리운 시대, 우리에게 정말 필요한 건 이런 목소리 아닐까? 이 책이 당신의 마음에도 하나의 등불이 되기를 바란다. 그 불빛을 따라 당신도 당신만의 본향을 찾아가기를 말이다.

2025년 3월
편집위원 **김선희**

 작가의 말

    이 기록은 유명작가의 이름으로 쓰여진 화려한 글이 아닙니다.

    이 기록은 존경받는 훌륭한 분의 감동이 있는 글이 아닙니다.

    이 기록은 누구의 검증과 판단이 필요하지 않습니다.

    이 기록은 72년의 인생을 살아온 한 사람의 삶의 일부분입니다.

    이 기록은 호주 시드니에 37년 이민자로 살아온 한 나그네의 여정에서 얻어진 소중한 글입니다.

    이 기록은 나와의 관계에 연결되어진 모든 분들과 교회에 보내는 성령의 메시지입니다.

    이 기록은 나의 가족들과 후손들이 나그네 인생길에 예수님을 만나기를 소망하여 간절한 마음으로 쓰여진 글입니다.

    이 기록은 우리들의 끝이 없는 방황에서 진실을 찾아가는 노력과 고백으로 쓰여진 간증입니다.

    이 기록은 예수님의 사랑하심과 영원한 세상인 마음의 본향 삼층천을 사모하여 그리움으로 채워진 절실한 기록입니다.

2025년 3월

소해성

 목차

추천사 • 5
작가의 말 • 8

01. 메아리 • 12
02. 소음과 향기 • 15
03. 나의 고백 • 18
04. 십자가 • 21
05. 지혜 • 24
06. 기차 여행 • 27
07. 기도 • 30
08. 나의 아내 • 33
09. 달리는 말 • 37
10. 사랑의 실체 • 41
11. 미련 • 44
12. 슬픔 • 47
13. 이민자 • 51
14. 할아버지 • 55
15. 생명록 • 59
16. 어부 • 63
17. 어린아이 • 67
18. 어떤 자 • 70
19. 관객과 연주자 • 73
20. 유언 • 76
21. 그분과 함께 • 80
22. 기억 • 83

23. 철새 • 86
24. 죄와 악 • 90
25. 만남 • 94
26. 눈물 • 97
27. 소풍 • 100
28. 책 한 권 • 103
29. 새벽의 빛 • 106
30. 사색 • 109
31. 믿음 • 112
32. 악령의 실체 • 115
33. 탐심 • 118
34. 춤과 노래 • 122
35. 삼춘천 • 125
36. 부고 • 129
37. 영생 • 132
38. 암흑 • 135
39. 사랑 • 138
40. 영원한 창조 • 141
41. 복음 • 144
42. 아침 • 147
43. 안식처 • 150
44. 사람 • 153
45. 그리움 • 156
46. 흰 눈 • 159
47. 시인 • 162
48. 외로우신 분 • 165

49. 하나님의 자녀 • 168
50. 선물 • 171
51. 시드니 • 174
52. 참 자유 • 177
53. 좁은 길 • 180
54. 죽은 자 • 183
55. 소해성 • 186
56. 소원 • 189
57. 그분 • 193
58. 블루 마운틴 • 196
59. 공간과 시간 • 199
60. 나그네의 길 • 202
61. 마음의 창 • 205
62. 진리의 길 • 208
63. 현실 • 211
64. 새 생명 • 215
65. 사명 • 218
66. 칠순 • 222
67. 의식과 정신 • 225
68. 향기로운 꽃 • 228
69. 열매 • 231
70. 세상의 집 • 234
71. 우리들의 모습 • 237
72. 우리들의 본향 • 241

내 마음의 본향
삼층천

01

메아리

밤새 알지 못하는 힘에 의해 깊은 잠을 이루지 못하고 아침입니다. 수없이 다가오는 수많은 메시지가 나의 온 정신을 혼미하게 합니다. 이제 그 들려오는 소리들을 기록할까 합니다. 오래전부터 너무나도 기록하고 싶었던 그 속삭임들을 들려주고 싶습니다. 결국 우리의 삶이 허공에 재가 되어 뿌려지겠지만 우리들의 소중한 이야기들은 어디엔가 부딪혀 메아리가 되어 다시 되돌아오고 또 되돌아오고 수없이 반복되는 과정에서 진실을 찾아 마음의 창을 열고 끝이 없는 영원한 세계로 함께 갑니다.

우리들의 한이 맺힌 눈물의 이야기
우리들의 고통의 신음으로 가득한 원통한 이야기
우리들의 희생과 사랑의 아름다운 이야기

진실하시고 영화로우신 예수님을 만나기 위한 긴 여정의 이야기

시작과 끝을 사랑으로 매듭을 지으신 거룩하신 하나님을 향한 우리들의 이야기

잊혀진 마음의 본향 삼층천을 찾아서 그곳의 아름답고 숭고한 찬란한 빛의 이야기

이 모든 이야기들은 메아리가 되어 환상의 노래와 연주곡으로 다시 탄생되어 영원한 세계에 모여지고 임하게 될 것입니다. 이제 깊은 잠을 잡시다. 아침이 오기를 기다리지 맙시다. 새로운 시간은 지금까지 온 시간으로도 충분합니다. 내 마음의 본향에는 진실이 있고 숭고한 사랑만이 가득한 아름다운 곳입니다. 그곳에 진실하시고 자애로우신 예수님이 우리를 기다리고 계십니다. 현실의 세상은 거짓과 잔인함과 위선과 증오로 가득합니다. 그냥 깊은 잠을 잡시다. 그 꿈속에는 그 안에 영원한 본향이 있습니다. 메아리는 영원한 메시지로 변하여 노래가 되고 춤이 되어 이 세상에 기쁨과 사랑을 남기게 될 것입니다. 그분의 따뜻한 역사 안에서 우리는 쉼을 얻을 수 있고, 그분의 능력 안에서 영원한 생명이 존재합니다. 메아리 안으로 스며든 진실한 사랑의 고백이 내 마음의 본향에 전하여지기를 간절한 마음으로 기도합니다. 그리고 그곳에서 들려오는 메시지와 아름다운 광경을 기록합니다.

메아리

밤새 알지못하는 힘에 의해 깊은잠을 이루지 못하고 아침입니다.
수없이 다가오는 수많은 메세지가 나의 온 정신을 혼미하게 합니다.
이제 그 들려오는 소리들을 기록할까 합니다.
오래전부터 너무나도 기록하고 싶었던 그 속삭임들을 들려주고 싶습니다.
결국 우리의 삶이 허공에 재가 되어 뿌려 지겠지만
우리들의 소중한 이야기들은 어디엔가 부딫쳐 메아리가 되어 다시 되돌아오고
또 되돌아오고 수없이 반복되는 과정에서 진실을 찾아 마음의 창을 열고
끝이 없는 영원한 세계로 함께 갑니다.
우리들의 한이 맺힌 눈물의 이야기
우리들의 고통의 신음으로 가득한 원통한 이야기
우리들의 희생과 사랑의 아름다운 이야기
진실하시고 영화로우신 예수님을 만나기 위한 긴 여정의 이야기
시작과 끝을 사랑으로 매듭을 지으신 거룩하신 하나님을 향한 우리들의 이야기
잊혀진 마음의 본향 삼층천을 찾아서 그곳의 아름답고 숭고한 찬란한 빛의 이야기
이 모든 이야기들은 메아리가되어 환상의 노래와 연주곡으로 다시 탄생되어
영원한 세계에 보여지고 있게 될것입니다.
이제 깊은잠을 잡시다.
아침이 오기를 기다리지 맙시다.
새로운 시간은 지금까지 온 시간으로도 충분합니다.
내 마음의 본향에는 진실이 있고 숭고한 사랑만이 가득한 아름다운 곳입니다.
그곳에 진실하시고 자애로우신 예수님이 우리를 기다리고 계십니다.
현실의 세상은 거짓과 잔인함과 위선과 증오로 가득합니다.
그냥 깊은 잠을 잡시다.
그 꿈속에는 그 안에 영원한 본향이 있습니다.
메아리는 영원한 메세지로 변하여 노래가되고 춤이되어
이 세상에 기쁨과 사랑을 남기게 될것입니다.
그분의 따뜻한 역사안에서 우리는 쉬임을 얻을수 있고
그분의 능력안에서 영원한 생명이 존재합니다.
메아리 안으로 스며드는 진실한 사랑의 고백이 내 마음의 본향에
전하여지기를 간절한 마음으로 기도합니다.
그리고
그곳에서 들려오는 메세지와 아름다운 광경을 기록합니다.

02
소음과 향기

　세상 소음의 소용돌이 안에는 수많은 사연들이 폭포수처럼 쏟아져 내립니다. 우리는 이 모든 소음을 안고 듣고 살아갑니다. 소음의 근원은 어디서부터 시작되었는지 좋은 것은 좋은 대로, 나쁜 것은 나쁜 대로, 참혹한 것은 참혹한 모습으로 그렇게 갈망하는 사랑의 결실의 몸부림으로 소중한 것은 소중한 대로 세상의 아우성이 소음으로 세상을 진동하게 합니다. 모양은 진실한 듯 보이는데 모든 것이 대부분 허수아비의 모습으로 나타납니다. 그 어떤 것도 소유할 수 없음을 자인하면서 잠시 소유한 세상 것들에 취하여 박수를 치며 주먹을 휘두르며 소리 소리 지르며 먼지 같은 존재들은 알 수 없는 소음으로 이 땅에 가득 가득 채워갑니다. 진정 이 세상에 필요한 소음은 조용히 침묵하며 이 세상을 빈하게 하러 노력하는데 바람소리며, 시냇물 소리며, 싹이 새롭게 돋는 소리며, 새 생명이 태어나는 소리며, 흘러가는 구름이며 해와 달과 별들의 묵언의 소리들은 이 세상을 아름답게 수를 놓으며 들려오는데 이 사연들을 나는 마음의 문을 활짝 열어 마음에 가득히 담았습니다. 소음의 시작은 우리의 잘못된 계획과 판단으로 소용돌이 회오리 안에 우리의 존재를 처참하게 무너지게 합니다. 시작은 보기에 좋은 듯하였지만 그 끝의 결말은 언제나 소리 없이 사라집니다. 사라지며 쏟아내는 소음은 이 땅에 쓰레기처럼 쌓이고 악취로 진동하게 합니다. 우리가 그리워하고 찾아야 하는 것이 이 쓰레기 더미 안에 있습니다. 내가 너를 찾고 너가 나를 알아보고 서로 얼굴을 맞대고 두 손을 꼭 잡고 이 쓰레기 더미 안에서 벗어나야만 합니다. 이 노력만이 더럽고 추악한 곳에서 향기로움이 가득한 곳으로 갈 수 있습니다. 하나님이 우리에게 주신 세상엔 진실이 담긴 사랑이 젖어 있습니다. 우리의 마음엔 그 진실한 사랑이 스며 있고 인쳐져 있습니다. 그 사랑으로 향기를 사방에 보내고 어디에든 사랑을 심고 줄 수 있습니다. 탐심과 유혹의 소음으로 마음을 어지럽게 이루지 말고 우리의 마음에 이미 담겨진 하나님의 진실한 사랑을 전하는 삶이 우리들을 빛나게 하고 고요한 세상, 아름다운 세상, 향기로운 세상으로 변하게 할 겁니다. 이 노력은 본향을 향한 긴 여정의 첫걸음이 될 겁니다. 그곳은 향기로운 향기로 가득하고 모든 것이 그리움으로 피어나고 진실이 영원한 세상을 덮고 있습니다. 그곳은 그분의 마음에 담긴 새로운 세상입니다. 그곳은 삼층천입니다.

소음과 향기

세상 소음의 소용돌이 안에는 수많은 사연들이 폭포수 처럼 쏟아져 내립니다
우리는 이 모든 소음을 안고 듣고 살아갑니다
소음의 근원은 어디서 부터 시작 되었는지 좋은것은 좋은대로 나쁜것은 나쁜대로
참혹한 것은 참혹한 모습으로 그렇게 갈망하는 사랑의 결실의 몸부림으로
소중한것은 소중한대로 세상의 아우성이 소음으로 세상을 진동하게 합니다
모양은 진실한듯 보이는데 모든것이 대부분 허수아비의 모습으로 나타납니다
그 어떤것도 소유할수 없음을 자인 하면서 잠시 소유한 세상것들이 취한때
박수를 치며 주먹을 휘두르며 소리소리 치르며 먼지같은 존재들은
알수없는 소음으로 이 땅에 가득 가득 채워 갑니다
진정 이 세상에 필요한 소음은 조용히 침묵하며 이 세상을 변하게 하려 노력하는데
바람소리며 시냇물소리며 싹이 새롭게 돋는 소리며 새 생명이 태어나는 소리며
흘러가는 구름이며 해와 달과 별들의 움직임의 소리들은
이 세상을 아름답게 수를 놓으며 들려 오는데
이 사연들을 나는 마음의 문을 활짝 열어 마음에 가득히 담았습니다
소음의 시작은 우리의 잘못된 계획과 판단으로 소용돌이 회오리 안에
우리의 존재는 처참하게 무너지게 합니다
시작은 보기에 좋은듯 화려지만 그 끝의 결말은 언제나 소리없이 사라집니다
사라지며 쏟아내는 소음은 이 땅에 쓰레기 처럼 쌓으고 악취로 진동하게 합니다
우리가 그리워하고 찾아야하는 것이 이 쓰레기 더미 안에 있습니다
내가 너를 찾고 너가 나를 알아보고 서로 얼굴을 맞대고 두손을 꼭 잡고
이 쓰레기 더미 안에서 벗어나야만 합니다
이 노력만이 더럽고 추악한 곳에서 향기로움이 가득한곳으로 갈수있습니다
하나님이 우리에게 주신 세상엔 진실이 담긴 사랑이 적여 있습니다
우리의 마음엔 그 진실한 사랑이 스며있고 인쳐져 있습니다
그 사랑으로 향기를 사방에 보내고 어디에든 사랑을 싣고 줄수있습니다
탄식과 유혹의 소음으로 마음을 어지롭게 이루지 말고 우리의 마음에 이미 담겨진
하나님의 진실한 사랑을 전하는 삶이 우리들을 빛나게하고
고요한 세상 아름다운 세상 향기로운 세상으로 변하게 할겁니다
이 노력은 본향을 향한 긴여정의 첫 걸음이 될겁니다
그곳은 향기로운 향기로 가득하고 모든것이 그리움으로 피어나고
진실이 영원한 세상을 덮고 있읍니다
그곳은 그분의 마음이 담긴 새로운 세상 입니다
그곳은 삼층천 입니다

03

나의 고백

또 밤은 말없이 지나가고 소리 없이 아침이 찾아왔습니다. 또 하루의 분주함이 사방으로부터 들려옵니다. 나는 커피 한 잔과 빵 한 조각을 접시에 담았습니다. 오늘 아침에는 옛적에 즐겨 듣던 감동적인 음악도 듣고 있습니다. 나의 태어남의 시절과 고향에 대한 그리움으로 내 마음에 충만합니다. 어머니와 함께 아롱진 그리운 시절, 어린 시절 친구들과 함께 뛰놀던 그곳 그때로 영롱한 추억 안으로 여행을 합니다. 그리고 피어오르는 선명하지 않은 모습들, 그리고 나의 지나간 모습들이 어지럽게 상상의 나래를 펼쳐집니다. 그때 그 시절은 되돌아올 수 없지만 나는 그 시절 그때의 시간 안으로 되돌아갈 수 있습니다. 지금의 나의 모습은 세상에 단련되고 단련되어 쉽게 부서지지 않는 단단하고 거친 돌이 되어 있습니다. 나의 마음을 마음껏 열고 소리치며 웃으며 울며 함께 누구와도 하지 못합니다. 슬픈 사연의 긴 기억이 나의 존재를 캄캄한 동굴에서 그 어두움 때문에 나의 아름다운 모습을 볼 수 없습니다. 어두움과 적막한 고통이 점점 더 심하게 엄습하고 주위를 돌아볼 수 없습니다. 나의 주위 사방에서 나의 측은한 모습에 위로의 말이 전해지고 위대한 사랑의 전설이 노래가 되어 들려옵니다. 그러나 단단하게 단련되어진 나는 당신과 함께 울고 웃지 못합니다. 그런 나는 당신을 미워합니다. 당신은 그런 나를 미워합니다.

이렇게 살아가는 인생들이 이 세상에는 가득합니다.
이런 이 세상을 그리워하지 맙시다.
이런 이 세상을 사랑하지 맙시다.
이런 이 세상을 분노하지 맙시다.

절망의 어두움이 가득한 동굴에 한 가닥 희미한 빛이 영롱한 모습으로 나의 마음에 다가와 비치고 있습니다. 그 빛이 소중한 나의 진실한 모습을 보게 합니다. 그 빛은 사랑의 노래로 사랑의 서사시로 진실한 사랑의 고백을 담고 그분이 영원히 비추시고 계십니다. 나는 다시 태어납니다.

나의 고백

또 밤은 말없이 지나가고 소리없이 아침이 찾아 왔읍니다.
또 하루의 분주함이 사방으로 부터 들려 옵니다.
나는 커피 한잔과 빵 한조각을 접시에 담았읍니다.
오늘 아침에는 옛적에 즐겨듣던 감동적인 음악을 듣고 있읍니다.
나의 태어남의 시절과 고향에 대한 그리움으로 내 마음에 충만합니다.
어머니와 함께 아늑진 그리운 시절
어린시절 친구들과 함께 뛰놀던 그곳 그때로 영롱한 추억안으로 여행을 합니다.
아련히 떠오르는 선명하지 않은 모습들
그리고 나의 지나간 모습들이 어지럽게 상상의 나래에 펼쳐집니다.
그때 그시절은 되 돌아 올수 없지만
나는 그 시절의 그 때의 시간안으로 되돌아 갈수 없읍니다.
지금의 나의 모습은 세상에 단련되고 단련되어
쉽게 부셔지지 않는 단단하고 거칠은 돌이 되어 있읍니다.
나의 마음을 마음껏 열고 소리치며 웃으며 울며 함께 부대껴도 쳐지 못합니다.
슬픈 사색의 긴 기억이 나의 존재를 캄캄한 동굴에서
그 어두움때문에 나의 아름다운 모습을 볼수 없읍니다.
어두움과 적막한 고통이 점점 더 심하게 엄습하고 주위를 돌아 볼수 없읍니다.
나의 주위 사방에선 나의 축은한 모습에 위로의 말이 전해지고
위대한 사랑의 전설이 노래가 되어 들려옵니다.
그러나 단단하게 단련되어진 나는 당신과 함께 울고 웃지 못합니다.
그런 나는 당신을 미워합니다.
당신은 그런 나를 미워합니다.
어렵게 살아가는 인생들이 이 세상에는 가득합니다
이런 이세상을 그리워하지 맙시다
이런 이세상을 사랑하지 맙시다
이런 이세상에 분노하지 맙시다.
절망의 어두움이 가득한 동굴에 한가닥 희미한 빛이
영롱한 모습으로 나의 마음에 다가와 비치고 있읍니다.
그 빛이 소중한 나의 진실한 모습을 보게 합니다.
그 빛은 사랑의 노래로 사랑의 서사시로 진실한 사랑의 고백을 담고.
그 분은 영원히 비추시고 계십니다.
나는 다시 태어납니다.

십자가

어느 날 깊은 잠에 취하여 꿈속을 헤매이는데 눈뜬 자처럼 지난 시간들 사이로 지나갑니다. 그 시간을 볼 수 없지만 눈을 뜬 채로 그때를 보고 있습니다. 나의 몸은 잔뜩 웅크리고 누운 채 거친 숨소리가 나의 귓전에 들려옵니다. 지난 시간을 왜 그렇게 그리워하며 안타까움에 가슴에 사무쳐 있는지… 돌이킬 수 없는 그때를 왜 지금의 시간으로 되돌리려 애를 쓰는지… 나의 숨소리는 점점 더 거칠어지고 무엇엔가를 향한 원망과 분노함과 초라함과 연약함으로 무기력한 고통이 다가옵니다. 지금은 만질 수 없고 볼 수 없고 이야기할 수 없는 시간입니다. 주위를 돌아보니 어느덧 한 사람 한 사람 그들의 갈 길을 향하여 떠나갔습니다. 서로 안아도 보고 웃기도 하고 위로도 하고 서로 사랑한다고 고백도 해야 하는데 안개 속 희미한 광경 안으로 그때의 그 사람들이 그냥 스치며 지나갑니다. 나는 흐르는 눈물을 손등으로 훔치며 허공을 향하고 목청을 높여 소리치며 두 주먹을 꽉 쥐고 휘두르며 나의 목숨이 무엇에 필요하여 무슨 소용으로 사용되어지고 있는지 누군가에 묻고 묻고 그 의문의 답을 얻고 싶습니다. 그 묻고 싶은 대상이 이 세상을 조성하신 전능하신 분일지라도 이 잔인한 이별의 순간들을 우리에게 감당케 하신 이 계획이 무엇을 위함이며 무엇으로의 필요로 한 것이며, 무엇에 의한 것인지를 나는 어린아이가 되어 펑펑 소리 내어 울면서 발버둥치며 또 묻고 싶습니다. 나는 공의로우신 정의로우신 분을 알고 있습니다. 나는 사랑의 고귀하고 소중함을 알고 있습니다. 그리고 공평하시고 거룩하신 분이 계신 것을 알고 있습니다. 성경을 통하여 전해지는 수많은 메시지는 무엇을 알려주시기 위함인지 알고 있습니다. 죄를 지었습니다. 악한 인생들이 되었습니다. 당신의 존재를 부정했습니다. 당신이 원하심대로 행하지 않고 교만하였습니다. 하나님은 사랑이십니다. 나를 우리를 이 고통으로 휘몰아 넣으시고 순종하시기를 원하신다면 나의 영혼도 죽임을 당하고 흑암 속으로 사라지기를 원합니다. 그런데 왜 이 시간에 십자가 위에서 못 박혀 피 흘리시며 고통으로 몸부림치시는 그분이 보입니다. 그 깊은 눈에는 피눈물을 흘리시고 계십니다. 당신은 전능하시고 거룩하시고 존귀하신 하나님이십니다. 나는 이 고백을 하며 다시 깊은 잠을 자기를 청합니다. 그분을 만나 더 깊은 이야기를 나누고 싶습니다. 그분은 살아계신 분입니다.

십자가

어느날 깊은잠에 취하여 꿈속을 헤매이는데 눈뜬자 처럼되어 지난 시간들 사이로 지나갑니다
그 시간을 붙잡을 수 없지만 눈물 뜬채로 그때를 보고 있습니다
나의 몸은 잔뜩 웅크리고 누운채 거친 숨소리가 나의 귓전에 들려옵니다
지난 시간을 왜 그렇게 그리워하며 안타까움에 가슴에 사무쳐 있는지 —
돌이킬수 없는 그 때를 왜 지금의 시간으로 되 돌리려 애를 쓰는지 —
나의 숨소리는 점점 더 거칠어지고 무엇인가를 향한 원망과 분노함과
초라함과 연약함으로 무기력한 고통이 다가옵니다
지금은 만질수 없고 볼수없고 이야기 할수없는 시간입니다
주위로 둘러보니 어느덧 한사람 한사람 그들의 갈길을 향하여 떠나 갔습니다
서로 안아도 보고 웃기도하고 위로도하고 서로 사랑한다고 고백도 해주는데
안개속 희미한 광경안으로 그때의 그 사람들이 그냥 스치며 지나갑니다
나는 흐르는 눈물을 손등으로 훔치며 허공을 향하고 목청을 돋아 소리치며
두 주먹을 꽉 쥐고 휘두르며 나의 목숨이 무엇에 필요하여
무슨 소용으로 사용되어지고 있는지 누군가에 묻고 묻고 그 이유의 답을 얻고 싶습니다
그 묻고 싶은 대상이 이 세상을 조성하신 전능하신 분일지라도
이 잔인한 이별의 순간들을 우리에게 감당케 하신 이 계획이 무엇을 위함이며
무엇으로 필요한 것이며 무엇에 의한 것인지를
나는 어린아이가 되어 땅땅 소리내어 울면서 발버둥 치며 또 묻고 싶습니다
나는 공의로우신 정의로우신 분을 알고 있습니다
나는 사랑의 고귀하고 소중함을 알고 있습니다
그리고 공평하시고 거룩하신분이 계신것을 알고 있습니다
성경을 통하여 전해지는 수많은 메세지는 무엇을 알려 주시기 위함인지 알고 있습니다
죄를 지었습니다. 악한 인생들이 되었습니다. 당신의 존재를 부정 했습니다.
당신이 원하심대로 행하지 않고 교만 하였습니다.
하나님은 사랑이십니다
나를 우리를 이 고통의 휘 몰아 넣으시고 순종하시기를 원하신다면
나의 영혼도 죽임을 당하고 흑암속으로 사라지기를 원합니다.
그런데 왜 이시간에 십자가 위에서 못 박혀 피 흘리시며
고통으로 몸부림 치시는 그분이 보입니다
그 깊은 눈에는 피 눈물을 흘리시고 계십니다
당신은 전능하시고 거룩하시고 존귀하신 하나님 이십니다
나는 이 고백을 하며 다시 깊은 잠을 자기를 청합니다
그분을 만나 더 깊은 이야기를 나누고 싶습니다.
그분은 살아 계신 분입니다

05
지혜

아침입니다. 나는 방 안의 커튼을 걷고 창문을 활짝 열었습니다. 맑고 상쾌한 아침 공기가 나의 방 안으로 가득히 스며드는데 나는 크게 기지개를 켜고 큰 호흡으로 내가 살아있음을 세상에 알립니다. 창밖으로 보이는 작은 세상엔 나무들이 소슬바람에 그 가지와 잎들이 흔들리고 사방에서 새들의 지저귀는 소리가 다정하게 들립니다. 오늘 하늘은 뿌연 연기가 퍼진 듯 온통 뿌연 구름이 덮고 있습니다. 한 사람이 부모로부터 생명을 얻고 힘차게 살아갑니다. 세상의 많은 지식이 필요합니다. 그 지식을 얻은 만큼 삶의 토대를 세울 수 있습니다. 가난한 사람은 가난한 대로 부자는 부자의 모습으로 병약한 사람은 가여운 대로 건강한 사람은 건강을 누리고 불쌍하고 어리석은 사람은 늘 부족한 채로 사악한 자는 그 일을 즐기고 사랑을 하는 사람은 눈물을 흘리며 살아갑니다.

자신만의 얻어진 경험은 그 경험으로 자신의 위상을 세울 수 있습니다. 이 모든 것과 어떤 상관이 연결되어 있지 않고 잔인한 시간은 그 심판의 판결을 내리고 그 집행을 연기하거나 제어하지 않습니다. 이제 많은 지식과 경험으로 지혜로우신 한 사람이 삶의 끝자락에 서 있습니다. 사방에서 들려오던 수많은 소리들이 귓전에 멈추고 그 많은 사람들의 모습들은 보이지 않고 세상에 이룬 찬란한 영광들은 모두가 연기되어 사라졌습니다. 각자의 마음으로 각자의 판단으로 그들만의 세상을 만들고 비슷한 존재들을 찾기 위해 열변을 토합니다. 애를 태우며 모으기를 힘씁니다. 세상의 옳고 그름은 삶의 중요한 판단 요소이지만 결국은 서로의 마음 안에 상처와 허탈한 후회로 깊은 자국만 남길 뿐입니다. 한 사람이 사명이라 하여 그 충동으로 목숨을 불태우고 몸에 난도질을 합니다. 우리는 그 어떤 충동에도 하나님이 주신 마음을 빼앗기고 그 누군가의 소유가 되어지게 해서는 안 됩니다. 그분은 우리에게 진정 지혜롭고 슬기로운 삶을 허락하셨습니다. 사상과 이념과 그 판단은 우리의 몫이 아닙니다. 그것은 세상의 몫입니다. 그분은 우리들이 새처럼, 물고기처럼, 들의 짐승들처럼 자유함 안에 서로 의지하고 사랑하고 이해하고 나의 날개의 따스한 깃털 안에 생명을 키우라고 말씀하십니다. 삶의 끝자락에선 아무것도 소용없고 필요하지 않습니다. 다시 만나는 영원한 새로운 세계에서 그분을 만나기 위한 나그네의 지혜로운 여정이 필요합니다. 지혜는 그분을 만나는 길에 있습니다.

지혜

아침입니다. 나는 방안의 커텐을 걷고 창문을 활짝 열었습니다.
맑고 상쾌한 아침 공기가 나의 방안으로 가득히 스며 드는데
나는 크게 기지개를 펴고 큰 호흡으로 내가 살아 있음을 세상에 알립니다.
창밖으로 보이는 작은 세상엔 나무들이 소슬바람에 그 가지와 잎들이 흔들리고
사방에서 새들의 지저귀는 소리가 다양하게 들립니다.
오늘 하늘은 뿌옇게 연기가 퍼진듯 온통 뿌연 구름이 덮고 있습니다.
한 사람이 부모로 부터 생명을 얻고 힘차게 살아갑니다
세상의 많은 지식이 필요합니다. 그 지식을 얻은 만큼 삶의 토대를 세울수 있습니다.
가난한 사람은 가난한 대로 부자는 부자의 모습으로 병약한 사람은 가여운 대로
건강한 사람은 건강을 누리고 불쌍하고 외로운 사람은 늘 부족한 채로
사악한 자는 그 일을 좇기고 사랑을 아는 사람은 늘 눈물을 흘리며 살아갑니다.
자신만이 얻어진 경험은 그 경험으로 자신의 위상을 세울수 있습니다.
이 모든 것과 어떤 상관이 연관되어 있지 않고
잔인한 시간은 그 심판의 판결을 내리고 그 집행을 연기하거나 제외하지 않습니다
이제 많은 지식과 경험으로 지혜로우신 한 사람의 삶의 끝자락에 서 있습니다.
사방에서 들려오던 수많은 소리들이 귓전에 멈추고 그 많은 사람들의 모습들은
보이지 않고 세상에 이룬 찬란한 영광들은 모두가 연기되어 사라졌습니다
각자의 마음으로 각자의 판단으로 그들만의 세상을 만들고
비슷한 존재들을 찾기 위해 열변을 토합니다. 애를 태우며 모으기를 힘씁니다.
세상의 옳고 그름은 삶의 중요한 판단 요소이지만 결국은 서로의 마음안에
상처와 허탈한 후회로 깊은 자욱만 남길 뿐입니다.
한 사람이 사명이라 하여 그 충동으로 목숨을 불태우고 몸에 난도질을 합니다.
우리는 그 어떤 충동에도 하나님이 주신 마음을 빼앗기고
그 누군가의 소유가 되어지게 해서는 안됩니다.
그분은 우리에게 진정 지혜롭고 슬기로운 삶을 허락하셨습니다.
사상과 이념과 그 판단은 우리의 몫이 아닙니다. 그것은 세상의 몫입니다.
그분은 우리들이 새처럼 물고기 처럼 들의 짐승들 처럼 자유함안에
서로 의지하고 사랑하고 이해하고
나의 날개의 마지막 깃털안에 생명을 키우라고 말씀하십니다.
삶의 끝자락에선 아무것도 소용없고 필요하지 않습니다.
다시 맞는 영원한 새로운 세계에서 그분을 만나기 위한
나그네의 지혜로운 여정이 필요합니다.
지혜는 그분을 만나는 길에 있습니다.

06 기차 여행

　기차에 몸을 싣고 긴 여행을 떠납니다. 차창 밖의 풍경이 수많은 상념 가운데를 지나 흐르는 강물처럼 흘러 지나갑니다. 작은 산들을 지나고 옹기종기 모여 있는 작은 집들의 동네를 지나고 다리를 지나 터널을 지나고 덜컹대며 갑니다. 기차 안은 별 감동도 없고 두려움도 없고 평화로운 듯한데 창밖의 풍경은 쉴 새 없이 변화의 순간순간을 맞이합니다. 먼 산을 보며 나무들과 벌판의 곡식들과 들의 초록의 아름다운 모습과 동물들의 한가로운 몸짓이 다가오고 멀어지고 기억 안에 두고 싶은 수없이 많은 상황들이 기억에서 멀어지고 다시 기억에 담겨지고 기차는 쉬지 않고 기적을 울리며 갑니다. 호수에 담겨진 주위의 풍경이 거울에 비춰지듯 선명하게 떠오르고 강물을 따라 철새들이 날아들고 기찻길 옆 바위에 파도가 하얗게 부서지고 해변가에 밀려오는 파도는 추억의 시간으로 찾아가게 합니다. 대단한 무대의 조명 아래 음악이 연주되고 가수의 열창이 있고 대단히 유명한 화가의 값비싼 그림이 전시회를 열고 무슨 대단한 명작이 있어 그 글을 낭독하고 그 감동이 나의 가슴에 알알이 맺혀 있지만 이 대자연의 숨소리 안에 허울의 거추장스런 모양으로 스며들며 사라집니다. 나는 조용히 숨을 고르고 이 자연의 숨결 안에 나의 존재를 심습니다. 그리고 거짓되고 포악해진 나의 단련되어진 모습을 발견합니다. 이 세상을 결코 이길 수 없고 가질 수도 없는 무능함이 순복하며 순응해야 삽니다. 종착역을 향해 쉬지 않고 달리는 기차 바퀴의 소음이 이 세상 길이라면 멈춤의 시간이 옵니다. 아무 소득 없이 지나간 기차 여행이 꿈처럼 기억에 남아 있습니다. 돈도 없고 명예도 없고 추억도 사라지고 사랑도 얻지 못하고 지나간 기차 여행은 꿈처럼 기억의 공간에 스며 있습니다. 나의 존재는 나와 연결되어진 모든 인연으로부터 멀어지고 결국은 연기처럼 사라집니다. 모든 것을 잃어버리고 사라지고 흩어지고 추억도 도망가고 그 자취를 감추고 숨어버립니다. 어디엔가 확실히 나를 위해 지어진 집이 있을 텐데 본 적이 없고 살아본 적도 없는 그 집을 향한 나의 마음은 병든 소망에 불과합니다. 하지만 나그네는 언젠가 자신의 본향을 찾아가야 나그네 삶을 청산함을 압니다. 나는 이 세상의 나그네입니다. 마음의 본향이 존재합니다. 그곳은 하나님의 나라입니다. 나의 안식처입니다. 그분의 사랑이 숨결처럼 다가오고 느낄 수 있는 유일한 곳입니다. 그곳은 복음으로 이루어진 영원한 나라입니다.

기차 여행

기차에 몸을 싣고 긴 여행을 떠납니다. 차 창밖의 풍경이 수많은 사연 가운데를 지나
흐르는 강물처럼 흘러 지나 갑니다. 작은 산등을 지나고 옹기 종기 모여있는 작은집들의
동네를 지나고 다리를 지나 터널을 지나고 덜컹거리며 갑니다
기차안은 별 감동도 없고 두려움도 없고 평화로운듯 한데 창밖의 풍경은
쉴새없이 변화의 순간 순간을 새롭게 맞이 합니다
먼산을 보며 나무들과 벌판의 곡식들과 들의 초록의 아름다운 모습과
동물들의 한가로운 몸짓이 다가오고 멀어지고 기억안에 두고싶은 수많은 상황들이
기억에서 멀어지고 다시 기억에 담겨지고 기차는 쉬지않고 기적을 울리며 갑니다.
호수에 담겨진 주위의 풍경이 거울에 비춰지듯 선명하게 떠오르고
강물을 따라 철새들이 날아들고 기찻길옆 바위에 파도가 하얗게 부서지고
해변가에 밀려오는 파도는 추억의 시간으로 찾아 가게 합니다
대단한 무대의 조명아래 음악이 연주되고 가수의 열창이 있고
대단한 유명한 화가의 값비싼 그림이 전시회를 열고
무슨 대단한 명작이 있어 그 글을 낭독하고 그 감동이 나의 가슴에 알알히 맺혀 있지만
이 대자연의 순리안에 허울의 거추장스런 모양으로 스며들며 사라집니다
나는 조용히 숨을 고르고 이 자연의 순결안에 나의 존재를 심습니다
그리고 거짓되고 포악해진 나의 단련되어진 모습을 발견합니다
이 세상을 결코 이길수 없고 갖을수도 없는 무능함이 순복하며 순응해야 삽니다
종착역을 향해 쉬지 않고 달리는 기차 바퀴의 소음이 이 세상길이라면 멈춤의 시간이 옵니다
아무 소득 없이 지나간 기차여행이 꿈처럼 기억에 남아 있습니다
모두 없고 떠매도 없고 추억도 사라지고 사랑도 얻지못하고 지나간 기차여행은
꿈처럼 기억의 공간에 스며 있습니다
나의 존재는 나와 연관되어진 모든 인연으로 부터 멀어지고 결국은 연기처럼 사라집니다
모든 것을 잃어버리고 사라지고 흘러지고 추억도 도망가고 그 자취를 감추고 숨어버립니다
어딘가 확실히 나를 위해 지어진 집이 있을텐데 본적이 없고
살아본적도 없는 그 집을 향한 나의 마음은 별든 소망에 불과합니다
하지만 나그네는 언젠가 자신의 본향을 찾아가야 나그네 삶을 청산함을 압니다
나는 이 세상의 나그네 입니다
마음의 본향이 존재 합니다
그곳은 하나님의 나라 입니다 나의 안식처 입니다
그분의 사랑이 숨결처럼 다가오고 느낄수 있는 유일한 곳입니다
그곳은 복음으로 이루어진 영원한 나라입니다

기도

　태양이 어두움을 걷어가고 창으로 그 빛을 가득히 비추고 깊은 잠에서 깨우며 아침을 알려줍니다. 추억의 음악을 틀고 몸을 기대고 눈을 다시 감고 생각에 잠깁니다. 산 정상에 등산하여 산과 산들 사이로 펼쳐진 계곡의 아름다운 광경 사이로 지나갑니다. 기억 속에서 나타난 한 사람 한 사람과 함께 추억을 더듬으며 그 시절로 되돌아가 즐겁고 기쁜 마음으로 가득합니다. 지금은 그들을 만질 수 없고 사랑을 줄 수 없고 기쁨을 공유할 수 없지만 그들의 마음 안에 나를 기억하여 나의 존재를 잊지 않고 함께하기를 원하지만 나는 나의 부족함을 압니다. 나의 마음에서 잊혀진 기억들을 새롭게 하여 그들과 함께하기를 갈망하지만 찾을 수 없는 사람들, 다시 만날 수 없는 사람들을 그리워하는 안타까움에 아쉬움에 쓰린 기억으로 마음에 다가옵니다. 어떤 간절한 기도는 언젠가는 다 무너져 버리고 허탈한 마음으로 눈물 흘리며 초라해진 나의 모습을 원망하겠지만 그래도 그분을 향하고 기도합니다. 세상에서 얻어진 모든 것들을 남김없이 강물에 흘려보내고 빈손으로 그분을 향해 가벼워진 마음으로 가까이 다가갑니다. 그분은 나의 기억에서 희미해진 보고픈 사람들, 지금 나의 소중한 사람들 모두를 함께 영원한 세상에서 동반자로 만나게 하여 주십니다. 이 추억이 가득한 기도의 희망으로 모두가 다시 태어나고 함께 존재합니다. 세상을 향하고 간구하였던 모든 기도는 다 사라질 헛된 꿈에 불과합니다. 우리의 기도는 기억 안의 소중한 사람들과 지금 만난 소중한 인연들과 슬픔이 없고 헤어짐이 없고 안타까운 고통이 없는 그 영원한 세상에서 함께하기를 소망하는 기도가 이루어지기를 간구하는 기도의 전부가 되어야 합니다. 우리의 기도가 그분을 존귀하게 하는 행위가 아닙니다. 우리의 기도가 그분을 사랑한다는 고백으로 사랑할 수 없습니다. 우리의 기도로 이 땅의 모든 것을 변하게 할 수 없습니다. 우리의 기도로 이 땅에서 소원하는 일들을 이룰 수 없습니다. 우리의 기도는 전에 사랑했던 사람들, 사랑을 나누어야 할 사람들, 지금 사랑을 해야 하는 사람들 이 모든 사람들과 함께 영원한 나라 그분의 은혜 가운데 진실한 사랑이 역사하는 곳에 그분과 동행하는 축복이 임하기를 기도해야 합니다. 동반자를 위한 기도가 전부입니다.

기도

태양이 어두움을 걷어가고 창으로 그 빛을 가득히 비추고 깊은 잠에서 깨우며 아침을 알려줍니다
추억의 음악을 듣고 의자에 몸을 기대고 눈을 다시 감고 생각에 잠깁니다
산 정상에 등산하여 산과 산들 사이로 펼쳐진 계곡의 아름다운 광경사이로 지나갑니다
기억속에서 나타난 한사람 한사람과 함께 추억을 더듬으며 그 시절로 되돌아가
즐겁고 기쁜 마음으로 가득합니다
지금은 그들을 만질수 없고 사랑을 줄수 없고 기쁨을 공유 할수 없지만
그들의 마음안에 나를 기억하여 나의 존재를 잊지 않고 함께 하기를 원하지만
나는 나의 부족함을 압니다
나의 마음에서 잊혀진 기억들을 새롭게 하여 그들과 함께 하기를 갈망하지만
찾을수 없는 사람 다시 만날수 없는 사람들을 그리워하는 안타까움에 아쉬움이
소리 기억으로 마음에 다가옵니다
어떤 간절한 기도는 언젠가는 다 무너져 버리고 허탈한 마음으로 눈물 흘리며
초라해진 나의 모습을 원망하겠지만 그래도 그분을 향하고 기도합니다
세상에서 얻어진 모든것들을 남김없이 강물에 흘려 보내고
빈손으로 그분을 향해 가벼워진 마음으로 가까이 다가갑니다
그분은 나의 기억에서 희미해진 보고픈 사람들 지금 나의 소중한 사람들
모두를 함께 영원한 세상에서 동반자로 만나게 하여 주십니다
이 추억이 가득한 기도의 희망으로 모두가 다시 태어나고 함께 존재합니다
세상을 향하고 간구하였던 모든 기도는 다 사라질 헛된 꿈에 불과합니다
우리의 기도는 기억안의 소중한 사람들과 지금 만난 소중한 인연들과 슬픔이 없고 헤어짐이 없고
안타까운 고통이 없는 그 영원한 세상에서
함께하기를 소망하는 기도가 이후의 지기들 간구하는 기도의 전부가 되어야 합니다
우리의 기도가 그분을 존재하게 하는 행위가 아닙니다
우리의 기도가 그분을 사랑한다는 고백으로 사랑 할수 없습니다
우리의 기도로 이땅의 모든것을 변하게 할수 없습니다
우리의 기도로 이땅에서 소원하는 일들을 이룰수 없습니다
우리의 기도는 전에 사랑했던 사람들 사랑을 나누어야 할 사람들
지금 사랑을 해야 하는 사람들 이 모든 사람들과 함께
영원한 나와 그분의 은혜가운데 진실한 사랑이 역사 하는 곳에
그분과 동행하는 축복이 있기를 기도해야 합니다
동반자를 위한 기도가 전부입니다

08
나의 아내

　별들이 찬란하게 이 땅에 비추면 이 광대하고 장엄하고 엄숙한 순간에 시인은 이 별들 사이로 미지를 향하고 정처 없이 여행을 떠납니다. 이 고요한 감동의 글들이 이 세상 밤하늘에 뿌려진 별들처럼 수많은 방황하는 사람들에게 시인의 마음이 담겨진 노래를 기록하여 전합니다. 밤하늘 별들 사이로 수놓아진 아름다운 추억의 순간들이 시인의 시로 정지되어 그려집니다. 어두운 밤과 별들은 사라지고 온 세상을 태양은 황홀하게 그 빛을 주면 시는 시인에 의해 그 진실한 마음이 보여지는 모든 것들을 품게 하고 노래합니다. 시작과 끝이 보이지 않는 사이에서 무엇인가 간절히 갈망하여 손을 뻗고 잡으려 애를 씁니다. 나는 황홀한 밤을 지나 찬란한 아침을 맞이하며 시인이 되었습니다. 기억되어진 순간 순간들을 마음 안에 정지시키고 영상으로 복원하여 그 시간 안에 머무

룹니다. 사방의 주위가 고요함으로 충만한데 태양의 햇살이 산 위의 나무들 사이로 쏟아져 내리고 오랜 고옥들이 호수 주위에 드문드문 지어져 있고 양들과 소와 말들이 풀을 뜯고 캥거루가 뛰는 모습이 시골길 옆으로 너무나도 평화롭고 자유한 시간을 줍니다. 어느 순간에 한 사람이 나의 시야에 들어오고 이 광경 안에 나타나 나를 보고 있습니다. 근 반백 년의 세월이 지나왔는데 아내의 젊은 시절의 모습이 선명하게 나타나고 나는 그 사람을 바라보며 흘러가듯이 길을 따라 기억을 회상하는데 두 눈엔 눈물이 흐릅니다. 영원히 변함없이 간직하고픈 그 시절의 모습과 이야기는 한 편의 시로 그려지고 나의 시야에서 현실의 분주함에 순간 사라졌습니다. 지금은 비록 늙고 초라한 서로의 모습이지만 마치 이 땅 위에 별들이 찬란하게 비추듯이 우리의 이야기는 우리의 후손에서 후손으로 들려지고 기억되어지기를 소망합니다. 아내와의 이야기들은 별들이 되어지고 태양의 따스한 햇살이 되어 온 누리에 들려질 겁니다. 늙음의 시간은 지나가지만 서로 손을 잡고 서로 두 눈을 바라보며 이 세월을 맞이합니다. 기도합니다. 나를 병상에서 일으켜 세워주고 나를 위해 기꺼이 눈물을 흘릴 수 있는 이 사람이 내 마음의 본향에서 영원히 함께하기를 두 손을 모읍니다. 그리고 전능하시고 거룩하신 그분이 우리들을 위하여 아낌없이 목숨을 내어주신 그 감사함과 사랑으로 나는 또 눈물을 하염없이 흘립니다. 아내와 축복하심으로 주신 자녀들과 손주들과 후손들 그리고 기억 안의 소중한 사람들과 변함없는 영원한 세상에서 새로운 축복으로 모든 것을 회복하고 함께 영원히 존재하기를 또 간절히 기도합니다. 그분만이 우리의 기억들을 아름답게 승화시켜 주시고 간직하게 하십니다. 그분은 우리의 모든 간절한 소원을 듣고 계십니다. 그리고 기억하시고 이루어 주십니다.

나의 아내

별들이 찬란하게 이땅에 비추면 이 광대하고 장엄한 엄숙한 순간에 시인은
이 별들사이로 미지를 향하고 정처없이 여행을 떠납니다
이 고요한 감동의 물결이 이 세상 밤하늘에 뿌려진 별들처럼
수많은 방황하는 사람들에게 시인의 마음이 담겨진 노래를 기록하여 전합니다
밤하늘 별들사이로 수놓아진 아름다운 추억의 순간들이 시인의 시로 정지되어 그려집니다
어두운 밤과 별들은 사라지고 온 세상을 태양은 황홀하게 그 빛을 주며
시는 시인에 의해 그 진실한 마음이 보여지는 모든 것들을 즐겁게 노래 합니다
시작과 끝이 보이지 않는 사이에서 무엇인가 간절히 갈망하며 손을 뻗고 잡으려 애를 씁니다
나는 황홀한 밤을 지나 찬란한 아침을 맞이하며 시인이 되었습니다
기억되어 진 순간 순간들을 마음안에 정지 시키고 영상으로 복원하여 그 시간안에 머무릅니다
사방의 주위가 고요함으로 충만한데 태양의 햇살이 산위의 나무들 사이로 쏟아져 버리고
오랜 고목들이 호수주위에 듬성 듬성 지어져 있고 양들과 소와 말들이 풀을 뜯고
캥거루가 뛰는 모습이 사막길 옆으로 너무나도 평화롭고 자유한 시간을 줍니다
어느순간에 한사람이 나의 시야에 들어오고 이 광경안에 나타나 나를 보고 있습니다
곧 반백년의 세월이 지나 왔는데 아내의 젊은 시절의 모습이 선명하게 나타나고
나는 그 사람을 바라보며 흘러 가듯이 길을 따라 기쁨을 회상 하는데 두눈엔 눈물이 흐릅니다
영원히 변함없이 간직하고픈 그 시절의 모습과 이야기는 한편의 시로 그려지고
나의 시야에서 현실의 분주함에 순간 사라졌습니다
지금은 비록 늙고 초라한 서로의 모습이지만 마치 이땅위에 별들이 찬란하게 비추이듯이
우리의 이야기는 우리의 후손에서 후손으로 들려지고 기억 되어지기를 소망 합니다
아내와의 이야기들은 별들이 되어지고 태양의 따스한 햇살이 되어 온누리에 들려질겁니다
늙음의 시간은 지나가지만 서로 손을 잡고 서로 두눈을 바라보며 이 세월을 맞이 합니다
기도 합니다 나를 병상에서 일으켜 세워 주시고 나를 위해 기꺼이 눈물을 흘릴수 있는
이 사람이 내 마음의 본향에서 영원히 함께 하기를 두손을 모읍니다
그리고 전능하시고 거룩하신 그분이 우리들을 위하여 아낌없이 목숨을 내어주신
그 감사함과 사랑으로 나는 또 눈물을 하염없이 흘립니다
아내와 축복하심으로 주신 자녀들과 손주들과 후손들과 그리고 기억안의 소중한 사람들과
변함없는 영원한 세상에서 새로운 축복으로 모든것을 회복하고
함께 영원히 존재하기를 또 간절히 기도합니다
그분만이 우리의 기억들을 아름답게 승화 시켜 주시고 간직하게 하십니다
그분은 우리의 모든 간절한 소원을 듣고 계십니다
그리고 기억하시고 이루어 주십니다

09 달리는 말

두 눈에는 형형한 광채를 뿌리고 울부짖는 소리는 하늘을 가르고 그 말이 내딛는 말굽은 이 대지 위에 거대한 자국을 남기고 나는 눈이 부시도록 멋진 말을 타고 달려갑니다. 짙은 갈색의 말은 누구도 감당할 수 없는 힘이 있어 채찍질을 하지 않아도 얼마나 빠르게 그리고 일정한 방향으로 향하고 쉬임 없이 콧소리를 내며 달립니다. 나의 화려한 옷은 바람에 나풀대는 나비처럼 이 드넓은 벌판을 한없이 달려갑니다. 나는 이 상쾌한 공기를 가르며 그 말과 함께 한 몸이 되어 말이 되었습니다. 폭주하는 기관차처럼 달리는 말을 아무도 막을 수도 없고 세울 수도 없습니다. 이 말은 좀 지칠 듯도 한데 좀 쉬어가면 좋을 듯한데 무엇엔가 쫓기듯이 지치지도 않은 채 이 황막한 대지를 가로지르며 달리고 있습니다. 마치 활에서 떠난 화살이 총알처럼 날아가듯이 달립니다. 나는 혼미한 상태에서 정신을 가다듬고 쉬임을 얻고 싶어 말에서 내리고 싶습니다. 좀 일찍 이 생각을 하였다면 생명수 흐르는 물가에 가서 청량한 물도 마시고 울창한 나무 그늘에서 하늘을 보며 여유로운 여행이 되었을 듯한데 나는 무엇 때문에 이렇게 힘들게 달리고 있는지 달려온 길을 뒤돌아보았습니다. 모래 먼지에 연기가 퍼진 듯 뿌옇게 되어 그 길이 선명하게 보이지 않습니다. 미친 듯이 달리는 갈색의 말 위에서 마치 곡예사가 되어 돌아보고 뒤돌아봅니다. 누군가 나의 뒤에서 나를 붙잡아 말에서 내려주기를 간절하게 부탁합니다. 아무도 할 수 없습니다. 아무도 세울 수 없습니다. 아무도 나를 구할 수 없습니다. 나는 압니다. 언젠가는 이 넓고 황량한 들판의 끝에 다다를 것을 알고 있습니다. 그것을 깨닫고 느낄 때는 이 말은 조롱하듯 더욱더 힘을 내어 달립니다. 이 말은 자신의 일에만 집중하고 처음부터 나의 존재는 알지 못합니다. 이제 그만 쉬어가자고 아무리 소리치고 발버둥쳐도 이 말은 대답하지 않습니다. 나의 화려한 옷은 검은색으로 바래지고 초라한 거지의 모습으로 변했습니다. 나는 예전의 나의 어린 시절의 모습으로 돌아가고 싶습니다. 후회 없는 세상, 아름다운 세상, 고요한 세상에서 고운 옷을 입고 다시 시작하고 싶습니다. 그리고 눈부시게 화려하지 않아도 선함과 감사함의 따뜻함이 흐르고 영원히 변치 않는 사랑이 충만한 나의 본향을 그리워합니다. 그분은 나를 믿고 의지하고 기도하면 모든 것을 아낌없이 주신다고 힘을 주십니다. 나는 비로소 허망한 말에서 내려 그분을 바라보고 안식을 취할 수 있습니다. 그분은 처음부터 새롭게 영원한 세상 안에 우리의 삶을 자유함과 풍요로움으로 가득 채워주십니다. 믿음이 필요합니다.

달리는 말

두눈에는 형형한 광채를 뿌리고 울부짖는 소리는 하늘을 가르고 그 발이 내딛는 발굽은
이 대지위에 거대한 자국을 남기고 나는 눈이 부시도록 멋진 말을 타고 달려 갑니다.
짙은 갈색의 말은 누구도 감당할수 없는 힘이 앞어 채찍질을 하지 않아도
얼마나 빠르게 그리고 일정한 방향으로 향하고 쉬임없이 웃소리를 내며 달립니다.
나의 화려한 옷은 바람에 나풀대는 나비처럼 이 드넓은 벌판을 한없이 달려 갑니다.
나는 이 상쾌한 공기를 가르며 그 말과 함께 한몸 되어 말이 되었습니다.
폭주하는 기관차처럼 달리는 말을 아무도 막을수도 없고 세울수도 없습니다.
이 말은 좀 지칠듯도 한데 좀 쉬어가면 좋을듯도 한데 무엇인가 쫓기듯이
지치지도 않은채 이 황량한 대지를 가로지르며 달리고 있읍니다.
마치 활에서 떠난 화살이 총알처럼 날아 가듯이 달립니다.
나는 흔미한 상태에서 정신을 가다듬고 쉬임을 얻고싶어 말에서 내리고 싶읍니다.
좀 일찍 이 생각을 하였다면 생명수 흐르는 물가에 가서 청량한 물도 마시고
울창한 나무 그늘에서 하늘을 보며 여유로운 여행이 되었을듯 한데
나는 무엇때문에 이렇게 힘들게 달리고 있는지 달려온 길을 뒤돌아 보았습니다.
오래 먼지에 연기가 퍼진듯 뿌옇게 되어 그 길이 선명하게 보이지 않습니다.
미친듯이 달리는 갈색의 말위에서 마치 곡예사가 되어 돌아보고 뒤돌아 봅니다.
누군가 나의 뒤에서 나를 붙잡아 말에서 내려 주기를 간절하게 부탁을 합니다.
아무도 할수없읍니다. 아무도 세울수없읍니다. 아무도 나를 구할수 없읍니다.
나는 압니다. 언젠가는 이 넓고 황량한 들판의 끝에 다다를 것을 알고있읍니다.
그것을 깨닫고 느낄때는 이말은 조용하듯 더욱 더 힘을 내어 달립니다.
이 말은 자신의 일에만 집중하고 처음부터 나의 존재는 알지 못합니다.
이제 그만 쉬어가자고 아무리 소리치고 발버둥쳐도 이 말은 대답하지 않읍니다.
나의 화려한 옷은 검은색으로 바뀌지고 초라한 거지의 모습으로 변했읍니다.
나는 예전의 나의 어린시절의 모습으로 돌아 가고 싶읍니다.
후회없는 세상. 아름다운 세상. 고요한 세상에서 고운옷을 입고 다시 시작하고 싶읍니다.
그리고 눈부시게 화려하지 않아도 선함과 감사함의 따뜻함이 흐르고
영원히 변치 않는 사랑이 충만한 나의 본향을 그리워 합니다.
그분은 나를 믿고 의지하고 기도하면 모든것을 아낌없이 주신다고 힘을 주십니다.
나는 비로서 허망한 말에서 내려 그분을 바라보고
안식을 취할수 있읍니다.
그분은 처음부터 새롭게 영원한 세상 안에 우리의 삶을
자유함과 풍요로움으로 가득 채워 주십니다.
믿음이 필요합니다.

10
사랑의 실체

　사랑이 세상을 움직이고 사랑이 새싹되어 돋아나오고 사랑이 진리 가운데 진실을 증거하고 내 몸에 내 안에 나의 모든 정신이 온통 사랑 안에 존재하여지고 사랑의 이야기는 이 세상에선 찾을 수 없고 느낄 수 없습니다. 그곳은 사랑 안의 세계입니다. 그곳에 있는 모든 은혜의 존재는 사랑의 단어를 알지 못합니다. 모든 것들이 사랑 그 자체로 존재하고 어우러져 거짓의 단어가 없습니다. 사랑의 단어를 팔고 속삭이는 것은 사랑이 주는 거대한 실체가 무엇인지를 전혀 알지 못하는 거짓의 유혹입니다. 유혹의 세상에는 사랑의 달콤함이 어디에든 스며 있고 단골 소재로 쓰여지는 사랑은 우리의 정신을 혼미하게 하고 슬프게 합니다. 사랑은 찾아가는 것도 베푸는 것도 소유하는 것도 아닙니다. 이 세상에만 존재하는 거대한 거짓의 실체입니다. 당신이 만약 이 사랑을 갈구하는 간절함으로 이 세상을 지나간다면 그 허망한 소용돌이 안에 당신은 결코 그 사랑을 찾을 수가 없습니다. 사랑을 소유하신 분, 또 그 일을 행하시는 분은 오직 한 분 하나님이십니다. 이미 그 거룩하신 뜻을 우리에게 부어주셨습니다. 당신과 나는 그 사랑을 주신 그분과의 대화에만 그 단어의 의미를 부여합니다. 세상과의 타협은 사랑의 울타리 허울 안에서 구속하고 처절하게 몸부림치게 합니다. 하나님은 사랑이십니다. 지금 우리의 마음 안에 역사하는 사랑의 그 끝은 언제나 깊은 고통으로 이어집니다. 그것을 지나, 그 일들을 지나, 그 아픔을 지나, 그 간절함을 지나 우리는 사랑을 느끼고 알고 지나가지만 사랑을 소유하지 못합니다. 내 마음의 본향에선 이 세상의 훈련되어진 사랑이 아니고 그 본향은 사랑입니다. 그곳에선 사랑의 단어가 사용되지 않습니다. 전능하시고 은혜로우신 분 안의 사랑의 노래는 영원한 생명들의 찬양으로 새로운 세상의 고요한 기쁨 가운데 장엄한 연주와 함께 영원히 울려 퍼질 겁니다. 사랑에 배신당하고 세상의 사랑에 사기당하고 세상 사랑에 몸부림치지 맙시다. 세상의 사랑 그 훈련을 통해 사랑을 알고 참사랑이신 그분을 만나야만 합니다. 그분은 우리의 모든 슬픔과 원망과 고통과 초라함을 깨끗하게 씻겨주시고 우리를 위대한 존재로 사랑의 존재로 다시 태어나게 하실 겁니다. 우리는 그 참사랑을 찾아가야만 합니다. 그분이 계신 그곳 내 마음의 본향을 찾아서 가야만 합니다. 우리를 기다리시는 그분은 영원한 사랑이십니다.

사랑의 실체

사랑이 세상을 움직이고 사랑이 새벽되어 돋아 나오고 사랑이 진리 가운데 진실을 중개하고
서로의 내 안의 나의 모든 정신이 온통 사랑안에 존재하여지고
사랑의 이야기는 이 세상에선 찾을수 없고 느낄수 없습니다.
그곳은 사랑안의 세계입니다
그곳에 있는 모든 은혜의 존재는 사랑의 단어를 알지 못합니다
모든것들이 사랑 그 자체로 존재하고 어울려져 거짓의 단어가 없습니다
사랑의 단어를 팔고 속삭이는 것은 사랑이 주는 거대한 실체가 무엇인지를
전혀 알지 못하는 거짓의 우롱입니다
유혹의 세상에는 사랑의 달콤함이 어디에든 스며있고 단골 소재로 쓰여지는 사랑은
우리의 정신을 혼비하게 하고 슬프게 합니다
사랑은 찾아 가는것도 배우는 것도 소유하는 것도 아닙니다
이 세상에만 존재하는 거대한 거짓의 실체입니다
당신이 만약 이 사랑을 갈구하는 간절함으로 이 세상을 지나 간다면, 그 허망한 소용돌이 안에
당신은 결코 그 사랑을 찾을수가 없습니다.
사랑을 소유하신 분 또 그 일을 행하시는 분은 오직 한분 하나님이십니다.
이미 그 거룩하신 뜻을 우리에게 부어 주셨습니다.
당신과 나는 그 사랑을 주신 그분과의 대화에만 그 단어의 의미를 부여합니다
세상과의 타협은 사랑의 울타리 거울안에서 구속하고 처절하게 몸부림치게 합니다
하나님은 사랑이십니다.
지금 우리의 마음안에 역사하는 사랑의 그 끝은 언제나 깊은 고통으로 이어집니다.
그것을 지나 그 일들을 지나 그 아픔을 지나 그 간절함을 지나
우리는 사랑을 느끼고 알고 지켜가지만 사랑을 소유하지 못합니다.
내 마음의 본향에선 이 세상의 훈련되어진 사랑이 아니고 그 본향은 사랑입니다.
그곳에선, 사랑의 단어가 사용되지 않습니다.
전능하시고 은혜주신 분 안의 사랑의 노래는 영원한 생명들의 찬양으로
새로운 세상의 고요한 기쁨 가운데 장엄한 연주와 함께 영원히 울려 퍼질 겁니다
사랑이 배신당하고 세상의 사랑에 사기 당하고 세상사랑에 몸부림치지 맙시다.
세상의 사랑 그 훈련을 통해 사랑을 알고 참사랑이신 그분을 만나야만 합니다
그분은 우리의 모든 슬픔과 원망과 고통과 초라함을 깨끗하게 씻겨 주시고
우리를 위대한 존재 사랑의 존재로 다시 태어나게 하실겁니다
우리는 그 참사랑을 찾아 가야만 합니다
그분이 계신 그곳 내 마음의 본향을 찾아서 가야만 합니다
우리를 기다리시는 그분은 영원한 사랑이십니다

11

미련

　마음을 울리는 환상적인 멜로디에 이 글을 싣고 진실의 세계로 여행을 떠납니다. 이 자유함에, 감사함에, 그리움에 가득하고 사무쳐 있습니다. 지금 이 시간에 어떤 미련으로 휘몰아치는 폭풍의 중심에서 지나간 기억의 흔적으로 아파하고 안타까워합니다. 거대한 쓰나미가 쓸고 간 흔적의 기억 안으로 지나가고 있습니다. 지나가는 길에 만났던 수많은 인생들 그들과 함께 영원한 추억의 소야곡이 되어 쓰나미 파도에 밀려 사라져 버렸습니다. 공허함과 쓸쓸함이 주위에 가득합니다. 한 분이 인자하시고 다정하신 모습으로 나의 어두운 마음에 빛을 주십니다. 그 빛은 삶의 소중함을 열어주고 애절한 마음, 위로의 마음이 나타나고 이 빛으로 서로의 노래가 되고 춤이 되고 수많은 꽃으로 변화되기를 원하십니다. 그 분은 나의 지어진 예배, 거짓된 예배, 강요된 예배의 하나님이 아니십니다. 온 우주와 이 강산을 너에게 선물로 주었으니 너는 나를 따라오고 나를 믿으라고 말씀하시는데 나는 이 세상의 가득히 채워진 미련으로 그분의 부름에 점점 멀어져 갑니다. 되돌아보면 어떤 미련으로 안타까운 사연으로 그리움으로 절절히 젖어 있지는 않지만 지나간 시간 순간 사이로 어린 시절로부터 이 시간에 이르는 더 많은 것들에 대한 미련은 베풀어 주고 감싸주고 함께하지 못한 한이 못이 되어 나의 가슴에 깊게 박혀 있습니다. 나의 마음에 젖어 있는 인생의 사랑이 그리고 펼쳐진 소중한 광경들이 주마등처럼 지나가는데 그분이 나를 부르십니다. 그리워하고 안타까워하는 모든 것을 기억에 남기고 나에게 오라고 손을 흔드십니다. 너의 모든 기억들, 미련들, 소중한 것들 그리고 슬픔과 고통과 아픔들, 안타까워 한이 되어진 것들, 이 모든 것들을 빛으로 다시 찬란하게 비춰주시고 노래가 되고 춤이 되게 하시고 꽃으로 다시 피우고 충만하신 능력으로 나를 잠잠히 이끌어 주십니다. 그분을 의지하지 않으면 그 빛 가운데로 갈 수가 없습니다. 끝없이 방황하는 영원한 나그네가 될 겁니다. 그러나 그분은 계십니다. 그리고 기다리십니다. 미련은 기억에서 가장 아름답게 이루어집니다. 미명 안의 미련의 아픔은 사랑의 멜로디에 담긴 메아리의 시작입니다.

미련

마음을 울리는 환상적인 멜로디에 이끌려 실고 진실의 세계로 여행을 떠납니다
이 자유함에 감사함에 그리움에 가득하고 사무쳐 있습니다
지금 이 시간엔 어떤 미련으로 휘몰아치는 폭풍의 중심에서
지나간 기억의 흔적으로 아타하고 안타까워 합니다
거대한 소나기가 쏟아간 흔적의 기억안으로 지나가고 있습니다
지나는 길에 만났던 수많은 인생들 그들과 함께 영원한 추억의 소야곡이 되어
소나기 파도에 밀려 사라져 버렸습니다
공허함과 쓸쓸함이 주위에 가득합니다
한분이 인자하시고 다정하신 모습으로 나의 어두운 마음에 빛을 주십니다
그 빛은 삶의 소중함을 열어주고 애정한 마음 위로의 마음이 나타나고
이 빛으로 서로의 노래가 되고 춤이되고 수많은 꽃으로 변화 되기를 원하십니다
그분은 나의 지어진 예배 거짓된 예배 강요된 예배의 하나님이 아니십니다
온 우주와 이 강산을 너에게 선물로 주었으니
너는 나를 따라오고 나를 믿으라고 말씀 하시는데
나는 이 세상의 가득히 채워진 미련으로 그분의 부름에 점점 멀어져 갑니다
뒤돌아 보면 어떤 미련으로 안타까운 사연으로 그리움으로 정정리
젖어 있지는 않지만 지나간 시간 순간사이로 어린시절로 부터
이 시간에 이르는 더 많은 것들에 대한 미련은 베틀어 주고 감싸주고
함께 하지 못한 한이 못이되어 나의 가슴에 깊게 박혀 있습니다
나의 마음에 젖어 있는 인생의 사랑이 그리고 펼쳐진 소중한 광경들이
주마등처럼 지나가는데 그분이 나를 부르십니다
그리워하고 안타까워하는 모든것을 기억에 남기고 나에게 오라고 손을 흔드십니다
너의 모든 기억들 미련들 소중한것들 그리고 슬픔과 고통과 아픔들
안타까워 한이 되어진것들 이 모든것들을 빛으로 다시 찬란하게 비춰 주시고
노래가 되고 춤이 되게 하시고 꽃으로 다시 피우고 충만하신 능력으로
나를 잔잔히 이끌어 주십니다
그분을 의지 하지 않으면 그 빛 가운데로 갈수가 없습니다
끝없이 방황하는 영원한 나그네가 될겁니다
그러나 그분은 계십니다
그리고 기다리십니다
미련은 기억에서 가장 아름답게 이루어집니다
미련안의 미련의 아픔은 사랑의 멜로디에 담긴
메아리의 시작입니다

12

슬픔

　적막이 숨 쉬는 곳에 고요가 흐르고 그 위로 소리 없이 흰 눈이 하염없이 내립니다. 대지 위의 모든 것들을 하얗게 물들이고 쌓이고 또 쌓입니다. 인생들의 삶은 이 광경을 바라보며 옆에 누군가와 함께 있기를 소망합니다. 깊은 산속 가난한 사람들이 집을 둥지 삼고 이 겨울을 지나며 눈 덮인 세상에서 살아갑니다. 홀로 외롭게 눈 내리는 밤에 밤하늘을 바라봅니다. 간절히 보고 싶은 부모님이 있습니다. 남편이 있습니다. 아내가 있습니다. 곁에 늘 있어야 할 사람들이 보이지 않습니다. 말을 해도 대답이 없습니다. 여지껏 함께한 모든 것들에 그들의 숨소리와 손길이 따뜻하게 스며 있어 옆에 있는데 사라져 버린 그들의 모습은 허상이 되어 나의 옆으로 옷는 모습으로 다가옵니다. 홀로 있는 이 밤에 저절한 나의 신음소리와 울음소리로 메아리가 되어 다시 오고 다시 들리고 눈 내리는 밤의 허공에 울려 안개처럼 퍼집니다. 서러움이 밀려오는 파도처럼 슬픈 눈물이 되어 하염없이 흘러 가슴에 내립니다. 나에게 지금 가장 간절함은 이 기억들을 다시 현실의 무대 위에 오르게 하여 그들과 함께 밭을 갈고 나무를 심고 열매를 따고 밥을 짓고 아궁이에 불을 지피고 따뜻한 방에서 서로의 체온을 느끼며 손을 잡는 순간입니다. 이제 이 세상이 얼마나 잔인한 소굴인가를 체험합니다. 함께 있을 때 더 많은 시간을 노래 부르며 춤을 추며 더 꼭 안아줄 것을, 이제 그때 그 시절을 생각하며 세상을 원망합니다. 모든 것이 곁에 있을 때는 풍족한 것을 알지 못합니다. 사랑의 실체는 곁에 있을 때엔 굴러가는 바퀴의 요란한 소음처럼 지나갑니다. 어느 날 어느 때 말없이 사라져 버리고 떠난 후에 끝없이 하늘거리며 온 대지를 향해 내리는 하얀 눈이 되어 나타납니다. 너무 너무 보고 싶습니다. 너무 너무 사랑합니다. 이 간절한 고백이 온통 하얗게 물들인 대지 위에 수를 놓고 있습니다. 고마운 사람들, 정겨운 사람들, 다정한 사람들, 따뜻한 사람들, 이 살날 동안에 결코 잊지 못할 사람들인데 나는 아무 일도 할 수가 없습니다. 그 누구도 어떤 위로의 말도 어떤 풍족함도 어떤 황홀한 광경도 슬픔이 가슴에 맺혀 있는 사람에겐 슬픈 모습에 잠겨 살아갑니다. 하지만 이 세상의 조롱에도 우리들은 잊혀진 것들을 다시 회복하고 그 사랑을 찾아야 합니다. 그 사랑은 기억으로 남아 슬픔이 늘 나를 지배하지만 그분이 이 모든 사랑의 소중한 순간들을 하나도 빠짐없이 회복시켜 주시고 두 뺨에 하염없이 흐르는 눈물을 멈추어 주십니다. 이 세상에서 우리가 만들고 소유하였던 사랑은 참사랑의 시작입니다. 사랑은 사라지지 않는 영원한 현실입니다. 그분은 사랑을 회복하시는 사랑이십니다. 깊은 진실한 사랑을 합니다.

슬픔

적막이 숨쉬는 곳에 고요가 흐르고 그 위로 소리없이 흰눈이 하염없이 내립니다
대지위의 모든것들을 하얗게 물들이고 쌓이고 또 쌓입니다
인생들의 삶은 이 광경을 바라보며 옆에 누군가와 함께 있기를 소망합니다
깊은 산속 가난한 사람들이 집을 둥지삼고 이 겨울을 지나며 눈물의 세상에서 살아갑니다
홀로 외롭게 눈내리는 밤에 밤하늘을 바라봅니다
간절히 보고싶은 부모님이 않읍니다 남편이 않읍니다 아내가 않읍니다
곁에 늘 있어야 할 사람들이 보이지 않읍니다 말을 해도 대답이 없읍니다
여지껏 함께한 모든것들에 그들의 숨소리와 손길이 따뜻하게 스며있어 옆에 앉는데
사라져 버린 그들의 모습은 허공어디에 나의 옆으로 웃는 모습으로 다가 옵니다
홀로있는 이 밤에 처절한 나의 신음소리와 울음소리로 메아리가 되어
다시 오고 다시 들리고 눈내리는 밤의 허공에 울려 안개처럼 퍼집니다
서러움이 밀려오는 파도처럼 슬픈 눈물이 되어 하염없이 흘러 가슴이 버립니다
나에게 지금 가장 간절함은 이 기억들을 다시 현실의 무대위에 오르게하여
그들과 함께 밭을 갈고 나무를 심고 열매를 따고 밥을 짓고 아궁이에 불을 지피고
따뜻한 방에서 서로의 체온을 느끼며 손을 잡는 순간입니다
이제 이 세상이 얼마나 잔인한 소굴인가를 체험 합니다
함께 있을때 더 많은 시간을 노래 부르며 춤을 추며 더 꼭 안아 줄것을
이제 그때 그시절을 생각하며 세상을 원망 합니다
모든것이 곁에 있을때는 풍족한것을 알지 못합니다
사랑의 실체는 곁에 있을때엔 굴러가는 바퀴의 요란한 소음 처럼 지나 갑니다
어느날 어느때 말없이 사라져 버리고 떠난후에
끝없이 하늘거리며 온 대지를 향해 내리는 하얀 눈이 되어 나타납니다
너무 너무 보고싶읍니다 너무 너무 사랑 합니다
이 간절한 고백이 온통 하얗게 물들인 대지위에 수를 놓고 있읍니다
고마운 사람들 정겨운 사람들 다정한 사람들 따뜻한 사람들
이 산날동안에 결코 잊지 못할 사람들인데 나는 아무일도 할수가 없읍니다
그 누구도 어떤 위로의 말도 어떤 풍족함도 어떤 황홀한 광경도
슬픔이 가슴에 맺혀 있는 사람에겐 슬픈 모습에 잠겨 살아 갑니다
하지만 이 세상의 조롱에도 우리들은 잊혀진 것들을 다시 회복하고 그 사랑을 찾아야 합니다
그 사랑은 기억으로 남아 슬픔이 늘 나를 지배하지만
그분이 이 모든 사랑의 소중한 순간들을 하나도 빠짐없이 회복시켜 주시고
두빰에 하염없이 흐르는 눈물을 멈추어 주십니다
이 세상에서 우리가 만들고 소유하였던 사랑은 참사랑의 시작입니다
사랑은 사라지지 않는 영원한 현실입니다
그분은 사랑을 회복하시는 사랑이십니다
같은 진실한 사랑을 합시다

이민자

어느 날 고국을 떠나 삶의 터전을 이국의 공항에 발을 딛고 이민자의 삶이 시작되었습니다. 익숙한 모든 것들로부터 나는 또 새로운 시작을 해야 합니다. 듣지 못하니 벙어리가 되었고 몸짓이 말이 되었고 눈빛으로 나의 사정을 나타냅니다. 근 사십 년의 세월이 지나갔는데 지금도 고국의 소식이 궁금합니다. 어머님과 두 딸아이의 손을 잡고 호주 시드니 공항에 도착했습니다. 친척들, 친구들, 이웃들 그리고 고향의 그리움을 남기고 이곳 시드니에 왔습니다. 외롭고 고독한 시간에 가족이 위로를 해주고 그 사이 남자아이 하나를 더 안겨주셨습니다. 두 딸은 훌륭한 사위들을 맞이하였고 아들은 곱게 단장한 신부를 얻었습니다. 얼마나 많은 시간을 고독한 외로움에 거리를 헤매이는 방황자의 모습으로, 때로는 반항하는 거친 범죄자의 모습으로, 때로는 불쌍한 거지의 모습으로, 때로는 슬픔에 그 고통을 감당하지 못하고 자신을 형틀에 묶고 채찍으로 온몸을 쓰린 상처로 가득 그 자국을 냅니다. 내 고향에서 얼마나 자유롭게 마음껏 크게 소리 지르고 원하는 행위를 하였던가? 권력과 돈의 위력이 그곳에선 최고의 권위를 상징하고 그것을 누리기 위해서 그것을 쟁취한 자들은 타락한 세상의 점령자가 되었습니다. 나의 육신과 영혼이 그것들에 잘 길들여져 있음을 깨닫게 되었을 때 그 전유물로부터 벗어나야 하는 고통에 너무 힘이 듭니다. 나는 갈 곳이 없습니다. 나의 사정을 누구에게도 전할 수 없습니다. 나의 고독은 점점 더 깊은 나락으로 떨어지고 슬픔의 깊은 한숨이 온통 감싸고 조롱하는 웃음이 들립니다. 어느 날 나는 살길을 찾아 교회의 문을 두드렸습니다. 오랜 시간 동안 먼동이 트기 전 교회의 차디찬 바닥에 무릎을 꿇었습니다. 무릎과 팔꿈치엔 굳은살이 박히고 애절한 마음의 소리가 교회 안을 가득히 채웠습니다. 한참의 시간이 지난 후 지금 그분의 침묵의 말씀을 듣고 있습니다. 나의 태어남도 고국의 향취도 그것을 누림도 이곳에 온 것도 나의 방황도 지금의 모습도 이 모든 것들은 나로부터 시작하여 내 안에서 나를 발견하고 지금 스스로 얻어진 결과인 것을 그분은 침묵하시며 불쌍히 바라보고 계십니다. 이 과정을 통하여 한 인생의 삶을 인정하여 주시고 파멸의 길을 걷지 않게 막아주시고 아무런 말씀도 없이 나의 손을 잡아주셨습니다. 이제 나의 마음 안에 그분이 함께하십니다. 육신의 고향을 그리는 그리움으로 슬픈 사연들로 이민자들의 한 권의 눈물의 자서전이 되었지만 우리들의 마음의 본향에선 그 슬픈 사연들이 기쁨의 환상의 연주로 노래로 춤으로 변하여 그곳에 가득 채워질 겁니다. 그분은 기다리고 계십니다. 나는 그분의 잡은 손을 결코 놓지 않으렵니다.

이민자

어느날 고국을 떠나 삶의 터전을 이국의 공항에 발을 딛고 이민자의 삶이 시작 되었읍니다
익숙한 모든것들로 부터 나는 또 새로운 시작을 해야 합니다
듣지 못하니 벙어리가 되었고 몸짓이 말이 되었고 눈빛으로 나의 사정을 나타냅니다
근 사십여의 세월이 지나갔는데 지금도 고국의 소식이 궁금합니다
어머님과 두딸아이의 손을 잡고 호주 시드니 공항에 도착했읍니다
친척들 친구들 이웃들 그리고 고향의 그리움을 남기고 이곳 시드니에 왔읍니다
외롭고 고독한 시간에 가족이 위로를 이루고 그 사이 남자아이 하나를 더 안겨주셨읍니다
두딸은 훌륭한 사위들을 맞이하였고 아들은 곱게 단장한 신부를 얻었읍니다
얼마나 많은 시간을 고독한 외로움에 거리를 헤메이는 방황자의 모습으로
때로는 방황하는 거칠은 범죄자의 모습으로 때로는 불상한 거지의 모습으로
때로는 슬픔에 그 고통을 감당하지 못하고 자신을 철들게 묶고 채찍으로
온몸을 소리 섞처로 가득 그 자국을 냅니다
내 고향에선 얼마나 자유롭게 마음껏 크게 소리 지르고 원하는 행위를 하였던가
권력과 돈의 위력이 그곳에선 최고의 권위를 상징하고 그것을 누기기 위해서
그것을 쟁취한 자들은 타락한 세상의 점령자가 되었읍니다
나의 육신과 영혼이 그것들에 잘 길들여져 앓음을 깨닫게 되었을때
그 전유물로 부터 벗어나야 하는 고통에 너무 힘이 듭니다
나는 갈곳이 없읍니다. 나의 사정을 누구에게도 전할수 없읍니다
나의 고독은 점점 더 깊은 나락으로 떨어지고 슬픔의 깊은 한숨에 온통 감싸고 조용하는 음성이 들립니다
어느날 나는 살길을 찾아 교회의 문을 두드렸읍니다
오랜시간 동안 먼동이 트기전 교회의 차디찬 바닥에 무릎을 꿇었읍니다
무릎과 팔꿈치엔 굳은살이 박히고 애절한 마음의 소리가 교회안을 가득히 채웠읍니다
한참의 시간이 지난후 지금 그분의 침묵의 말씀을 듣고 앉읍니다
나의 태어났도 고국의 향취도 그것을 누림도 이곳에 온것도 나의 방황도 지금의 모습도
이 모든것들은 나로부터 시작하여 내안에서 나를 발견하고 지금 살도로 연어진 결과일 것을
그분은 침묵하시며 불상히 바라보고 계십니다
이 과정을 통하여 한 인생의 삶을 인정하여 주시고 타령의 길을 걷지않게 막아주시고
아무런 말씀도 없이 나의 손을 잡아 주셨읍니다
이제 나의 마음안에 그분이 함께 하십니다
육신의 고향을 그리는 그리움으로 슬픈 사연들을 이민자들의 환권의 눈물의 자서전이 되었지만
우리들의 마음의 본향에선 그 슬픈 사연들이 기쁨의 환성의 연주로
노래로 춤으로 변하여 그곳에 가득 채워질 겁니다
그분은 기다리고 계십니다
나는 그분의 잡은 손을 결코 놓지 않으렵니다

14
할아버지

　추억으로의 여행은 순간 순간 스치는 소슬바람처럼 다양한 사건들로 가득한데 어느 순간은 고마운 사람을 향한 그리움으로, 어느 순간은 다시 회상하고 싶지 않은 아픔의 기억들로, 또 어떨 때는 삶의 여정에서 만난 잊지 못할 소중한 분들이 가을 하늘 위로 드문드문 지나가는 구름처럼 점점 더 가까이 다가옵니다. 사랑을 얻은 사람은 그 사랑을 찾아 그 사랑의 그리움으로 안타까움에 눈물을 흘립니다. 범죄자는 그 죄의 기억으로 추억의 시간에 술에 취한 듯 비틀거리며 후회합니다. 살인자는 추억을 지우고 악마의 잔인한 눈으로 세상을 바라봅니다. 나는 오늘 이 새벽의 시간에 커피 한 잔과 비스켓 한 조각과 경음악으로 추억의 여행을 시작합니다. 빈백 년이 더 지난 그때 서울역이 보이고 그 앞 남산 쪽으로 큰 교회의 십자가가 보이고 그 옆에 빈민촌의 건물들이 음산한 모습으로 보이는데 그곳은 사창가입니다. 나는 한 식당에 홀로 앉아서 튀김 한 접시와 막걸리 한 잔으로 허기를 채우고 있는데 할아버지 한 분이 껌을 팔기 위해 나에게 다가왔습니다. 얼굴은 대머리에 동그스름한 모습에 깨끗하고 단정한 검정색 작업복에 흰 고무신을 신으신 작은 키의 할아버지를 만났습니다. 그분을 나의 앞 의자에 앉게 하고 막걸리 한 잔을 권하고 드렸습니다. 다음날 나는 그곳에서 다시 할아버지를 만나 서로의 안부를 묻고 소담을 나누었습니다. 이곳의 사창가는 삶의 처절한 비명이 들리지 않는 날이 단 하루도 없습니다. 이곳에 단 하루의 시간만이라도 조용한 날이 있다면 온 세상에 평화가 온다고 합니다. 호객하는 창녀들과 도피처로 숨어든 범죄자들과 술주정뱅이들의 괴성과 하루 하루를 겨우 살아가는 가난한 사람들이 서로 어울려 이곳에서 살아갑니다. 할아버지는 자신이 머무르는 방으로 나와 함께 가는데 수많은 창녀들의 시선을 지나 한 작은 방의 문을 열고 안으로 들어갔습니다. 단 한 명이 잘 수 있는 공간에 과자며 빵이며 과일이며 그리고 좋은 라디오가 있습니다. 할아버지는 나에게 그 방 열쇠를 쥐여주시며 쉬고 싶고 배고프면 언제든지 이곳에 와 편하게 지내라고 하시며 환하게 웃으시며 도움을 주셨습니다. 어느 일요일 비몽사몽의 아침 시간에 할아버지가 나를 만나러 찾아오셨습니다. 나는 지하 음침한 방에서 눈을 뜨고 계단 위에 계신 할아버지를 보았습니다. 봄날의 따스한 햇살이 지하실을 향하여 눈이 부시게 비추는데 할아버지의 모습은 형태만 보입니다. 할아버지는 나를 위하여 머리에 손을 얹고 하나님께 기도하시기를 원하는데 나의 의향을 물었습니다. 한 손에는 성경책이 들려 있고 나는 계단 아래에서 그분의 간절한 기도를 들었습니다. 껌을 팔러 다니던 할아버지는 천사이셨습니다. 그 천사의 모습은 예수님의 순결한 모습입니다. 나는 그 추억의 소중한 시간에 눈물로 감사함으로 화답합니다.

할아버지

추억으로의 여행은 순간 순간 스치는 소슬바람처럼 다양한 사건들로 가득한데
어느 순간은 고마운 사람을 향한 그리움으로 어느 순간은 다시 회상하고 싶지 않은 아픔의 기억들로
또 어떤 때는 삶의 여정에서 만난 잊지 못할 소중한 분들이 가을 하늘 위로
드문 드문 지나가는 구름처럼 점점 더 가까이 다가옵니다.
사랑을 얻은 사람은 그 사랑을 찾아 그 사랑의 그리움으로 안타까움의 눈물을 흘립니다.
범죄자는 그 죄의 기억으로 추억의 시간에 술에 취한듯 비틀거리며 후회합니다.
살인자는 추억을 지우고 악마의 잔인한 눈으로 세상을 바라봅니다.
나는 오늘 이 새벽의 시간에 커피 한잔과 비스켓 한조각과 껌 한알으로 추억의 여행을 시작합니다.
반백년이 더 지난 그때 서울역이 보이고 그 앞 남산쪽으로 큰 교회의 십자가가 보이고
그 옆에 빈민촌의 건물들이 남루한 모습으로 보이는데 그곳은 사창가 입니다.
나는 한 식당에 홀로 앉아서 튀김 한접시와 막걸리 한잔으로 허기를 채우고 있는데
할아버지 한분이 껌을 팔기 위해 나에게 다가왔읍니다.
얼굴은 대머리에 둥그스레한 모습에 깨끗하고 단정한 검정색 작업복에
흰 고무신을 신으신 작은키의 할아버지을 만났읍니다.
그 분을 나의 앞 의자에 앉게하고 막걸리 한잔을 권하고 드렸읍니다.
다음날 나는 그곳에서 다시 할아버지를 만나 서로의 안부를 묻고 소담을 나누었읍니다.
이곳의 사창가는 삶의 처절한 비명이 들리지 않는 날이 단 하루도 없읍니다.
이곳에 단 하루의 시간만이라도 조용한 날이 있다면 온 세상에 평화가 온다고 합니다.
호객하는 창녀들과 도피처로 숨어든 범죄자들과 술주정뱅이들의 괴성과
하루 하루를 겨우 살아가는 가난한 사람들이 서로 어울려 이곳에서 살아갑니다.
할아버지는 자신이 머무르는 방으로 나와 함께 가는데
수많은 창녀들의 시선을 지나 한 작은방의 문을 열고 안으로 들어갔읍니다.
단 한명이 잘수있는 공간에 과자며 빵이며 과일이며 그리고 좋은 라디오가 있읍니다.
할아버지는 나에게 그 방 열쇠를 손에 쥐어주시며 쉬고 싶고 배고프면
언제든지 이곳에 와 편하게 지내라고 하시며 환하게 웃으시며 도움을 주셨읍니다.
어느 일요일 비봉사동의 아침시간에 할아버지가 나를 만나러 찾아 오셨읍니다.
나는 지하 음침한 방에서 눈을뜨고 계단 위에 계신 할아버지를 보았읍니다.
봄날의 따스한 햇살이 지하실을 향하여 눈이 부시게 비추이는데
할아버지의 모습은 형태만 보입니다.
할아버지는 나를 위하여 머리에 손을 얹고 하나님께 기도하시기를 원하는데
나의 의향을 물었읍니다.
한손에는 성경책이 들려 있고 나는 계단 아래에서 그분의 간절한 기도를 들었읍니다.
껌을 팔러 다니던 할아버지는 천사이셨읍니다.
그 천사의 모습은 예수님의 순결한 모습입니다.
나는 그 추억의 소중한 시간에 눈물로 감사함으로 화답 합니다.

15

생명록

가장 감동적인 아름다운 선율에 서사시를 담은 애절한 기록은 평화롭고 신비한 세계로 인도할 겁니다. 이 기록이 스치고 지나가는 한 편의 이야기가 아니기를 간절한 마음으로 기도합니다. 마음의 본향을 사모하고 그리워하는 간절함이 삶의 지혜로 마음에 스며 있기를 부탁합니다. 실존으로 다가오는 본향을 체험하는 과정에서 진정 자유로운 삶이 이루어지기를 소원합니다. 우리의 천국은 이 땅에서 이루지 못한 욕망을 실현하고 그것들을 소유하는 허구에 사로잡혀 그 환상에서 벗어나지 못합니다. 우리의 천국은 아름다운 건물과 집이 있고 가장 하고픈 일을 할 수 있고 마음껏 찬양드리고 예배드리고 무엇인가 이 땅에서의 부족한 것들을 가득 채우기를 기대합니다. 이 천국을 소유하기 위하여 끊임없이 기도하며 선한 일에 집중합니다. 우리는 서로 사랑하고 우리는 서로 돕고 우리는 서로 희생하여야 한다고 전도자들은 한목소리로 열변을 토하며 감동을 줍니다. 그런데 아무리 이 일들을 애쓰며 정성을 다해 끝없이 노력하여도 늘 채워지지 않는 여운이 허탈한 나의 모습을 감싸고 사방에서 들려오는 상상의 천국은 전도자들로부터 각인되어진 환상으로 그것들의 노예가 되어 허공을 헤매입니다. 영원한 생명의 축복이 이루어진 천국은 우리의 인위적인 산물이 지배하는 곳이 아닙니다. 그곳은 이곳의 기억들과 아름다운 자연과 수많은 종류의 동물들과 풍요로움으로 가득한 결코 악이 존재하지 않는 이미 이루어진 사랑이 지배된 세계입니다. 하나님이 나에게 주신 하나님의 삶을 영원히 함께 누릴 수 있는 곳입니다. 우리는 하나님이 하시는 일을 돕고 하나님이 원하시는 사랑 안에 속삭임과 영원한 자유의 실현이 전부입니다. 하나님은 우리의 나그네 삶을 기준으로 심판하시고 결정하시지 않습니다. 이 땅에서 자행된 모든 일이 선하든 악하든 하나님이 계신 곳에 영향을 주지 못합니다. 나그네 삶을 지나는 동안 가족들과의 기억, 이웃들과의 기억, 친구와 친척들과의 기억, 아름다운 자연과 동물들과의 선한 기억들은 천국에서 소중한 재산이 될 겁니다. 그리고 영원한 우리의 새로운 세상에 이루어 주신 축복의 선물입니다. 어리석은 자들은 세상의 모든 것들을 소유함으로 천국을 얻는다고 아우성이지만 하나님은 너의 이름이 영원히 지워지지 않는 생명록에 기록되어진 것을 기뻐하고 이미 심판은 입양된 자녀의 기록으로 나의 소중한 자녀가 되었다고 판결이 되었음을 확증하셨습니다. 생명록은 그분의 존귀하신 마음 안에 있습니다. 그분이 보실 수 있도록 마음의 창문을 활짝 열고 본향을 향하십시오. 그분은 나를, 너를, 우리를 결코 무심하게 지나치지 않으십니다.

생명록

가장 감동적인 아름다운 선율의 서사시를 담은 애절한 기록은 평화롭고 신비한 세계로 인도 할겁니다. 이 기록이 스치고 지나가는 한편의 이야기가 아니기를 간절한 마음으로 기도 합니다.
마음의 본향을 사모하고 그리워하는 간절함이 삶의 지혜로 마음에 스며있기를 부탁합니다.
실존으로 다가오는 본향을 체험하는 과정에서 진정 자유로운 삶이 이루어지기를 소원합니다.
우리의 천국은 이 땅에서 이루지 못한 욕망을 실현하고 그것들을 소유하는 허상에 사로잡혀
그 환상에서 벗어나지 못합니다.
우리의 천국은 아름다운 건물과 집이 있고 가장 하고픈 일을 할수 있고
마음껏 찬양드리고 예배드리고 무엇인가 이 땅에서의 부족한것들을 가득 채우기를 기대합니다.
이 천국을 소유하기 위하여 끊임없이 기도하며 선한 일에 집중 합니다.
우리는 서로 사랑하고 우리는 서로 돕고 우리는 서로 희생 하여야 한다고
전도자들은 한 목소리로 열변을 토하여 감동을 줍니다.
그런데 아무리 이 일들을 애쓰며 정성을 다해 끊임없이 노력하여도
늘 채워지지 않는 여운의 허탈한 나의 모습을 감추고 사방에서 들려오는 상상의 천국은
전도자들로부터 각인되어진 환상으로 그것들의 노래가 되어 허공을 헤메입니다.
영원한 생명의 축복이 이루어진 천국은 우리의 인위적인 산물이 지배 하는곳이 아닙니다.
그곳은 이웃의 기억들과 아름다운 자연과 수많은 종류의 동물들과 풍요로움으로 가득한
결코 악이 존재하지 않는 이미 이루어진 사랑이 지배된 세계 입니다.
하나님이 나에게 주신 하나님의 삶을 영원히 함께 누릴수 있는 곳 입니다.
우리는 하나님이 하시는 일을 돕고 하나님이 원하시는 사랑안에 속삭임과
영원한 자유의 실현이 전부 입니다.
하나님은 우리의 나그네 삶을 기준으로 심판하시고 결정하시지 않습니다.
이 땅에서 자행된 모든 일이 선하든 악하든 하나님이 계신곳에 영향을 주지 못합니다.
나그네 삶을 지나는 동안 가족들과의 기억 이웃들과의 기억 친구 친척들과의 기억
아름다운 자연과 동물들과의 선한 기억들은 천국에서 소중한 재산이 될겁니다.
그리고 영원한 우리의 새로운 세상에 이루어 주신 축복의 선물 입니다.
어리석은 자들은 세상의 모든것들을 소유함으로 천국을 얻는다고 아우성이지만
하나님은 너의 이름이 영원히 지워 지지 않는 생명록에 기록 되어진것을 기뻐하고
이미 심판은 입양된 자녀의 기록으로 나의 소중한 자녀가 되었다고
판결이 되었음을 확증 하셨읍니다.
생명록은 그분의 존재하심 마음안에 있읍니다.
그분이 보실수 있도록 마음에 창문을 활짝 열고 본향을 향하십시오.
그분은 나를 너를 우리를 결코 무심하게
지나치지 않으십니다.

어부

지평선 위로 태양이 오르면 숨어 있던 모든 것들이 그 자태를 드러내고 아침의 소리로 온 세상에 가득합니다. 산과 들에는 수많은 동물들이 그들의 먹이를 찾아 바쁘게 움직이고 드넓은 들판에는 향기로 맺힌 꽃들을 찾아 벌과 나비들이 소리 없이 날아오릅니다. 땅에는 개미들이 집을 짓고 그들만의 세상을 만들어 갑니다. 주위의 모든 이루어지는 계획이 나름대로 정렬이 되어 조화롭게 섬세하게 잘 어울립니다. 강과 바다에는 수많은 고기들이 자유롭게 헤엄치는데 그 물결을 따라 작은 배는 작은 그물을 내리고 큰 배는 큰 그물을 아주 깊은 곳까지 내립니다. 아무것도 모르고 무슨 일이 다가오는지 알지 못한 채 고기들의 자유로움은 강에서 태평양을 지나 대서양을 지나 침으로 풍족한 삶이 행복을 줍니다. 하나님은 이 모든 것들을 바라보시며 평화롭고 사랑스럽고 정겨움으로 이 세상을 채우셨습니다. 그물을 내려 고기를 잡는 어부는 그 잡은 고기를 팝니다. 그들의 풍요로움을 위하여 얼마나 많이 잡는지에 철저히 계획하고 집중하여 실행합니다. 풍요롭고 자유로움에서 어느 날 그 그물에 갇혀 그들의 먹이가 되어지고 재물로 변하고 불쌍하고 가련한 존재가 되었습니다. 소리치며 떠들어대고 웃는 자들 사이로 경매자의 손짓으로 어부들은 호주머니에 재물로 가득 채우고 풍족하여 그들의 뱃살엔 기름이 가득 차고 교만이 얼굴에 흘러넘치고 발목의 심줄이 튼튼해져 강하여지고 그들의 눈에는 거짓의 눈물이 흐르고 그들의 입술은 독주를 가득 담아 쏟아내고 그들의 목은 숙일 줄 모르는 잔인함이 가득한데 그들은 더 많은 고기를 잡기 위해 더 촘촘한 그물을 만들고 더 좋은 배에 더 좋은 성능의 기계로 장착하고 더 치밀한 계획을 세우고 더 넓은 바다를 향하여 항해를 계속합니다. 그물이 조용히 내려지고 평화롭고 고요한 곳에 아우성치는 소음으로 가득합니다. 누구도 그물에서 그들을 구출하지 못하고 바라보고 슬픈 눈물만 가득합니다. 세상이란 그물, 나라라는 그물, 민족이란 그물, 정치라는 그물, 종교라는 그물, 사상과 이념의 그물, 헤아릴 수조차 없는 촘촘히 짜여진 그물을 내리고 그들은 기다립니다. 어느 날 각종 오물로 가득한 그들의 배가 터져 피가 흐르고 창자가 흘러나와 이 땅에 쏟아집니다. 그 땅은 풀 한 포기 나지 않는 회복할 수 없는 저주의 땅에 한 명도 빠짐없이 영원한 지옥에 쓰레기로 버려질 것입니다. 어부는 사람입니다. 예수님이 제자 시몬 베드로에게 고기를 잡는 어부에서 이젠 사람을 낚는 어부가 되라고 말씀하십니다. 사람은 사람을 낚아야 합니다. 어부는 그 낚인 것을 즐거워하며 터질 배를 채우지만 사람을 낚는 어부는 그 사람과 함께 그분이 계신 곳으로 갑니다. 그곳은 영원한 사랑이 숨 쉬는 마음의 본향입니다.

어부

지평선 위로 태양이 오르면 숨어있던 모든것들이 그 자태를 드러내고 아침의 소리로 온세상에 가득합니
산과 들에는 수많은 동물들이 그들의 먹이를 찾아 바쁘게 움직이고
드넓은 들판에는 향기로 맺힌 꽃들을 찾아 벌과 나비들이 소리없이 날아 모읍니다.
땅에는 개미들이 집을 짓고 그들만의 세상을 만들어 갑니다.
주위의 모든 이주어지는 계절이 나름대로 질서가 되어 조화롭게 섬세하게 잘 어울립니다.
강과 바다에는 수많은 고기들이 자유롭게 헤엄치는데 그물결을 따라
작은배는 작은 그물을 내리고 큰배는 큰 그물을 아주 깊은곳까지 내립니다.
아무것도 모르고 그 손길이 다가오는지 알지 못한채 고기들의 자유로움은
강에서 태평양을 지나 대서양을 지나 참으로 풍족한 삶이 행복을 줍니다.
하나님은 이 모든것들을 바라보시며 평화롭고 사랑스럽고 정겨움으로 이세상을 채우셨읍니다.
그물을 내려 고기를 잡는 어부는 그 잡은 고기를 팝니다.
그들의 풍요로움을 위하여 얼마나 많이 잡는지에 철저히 계획하고 집중하여 실행합니다.
풍요롭고 자유로움에서 어느날 그 그물에 갇혀 그들의 먹이가 되어지고
재물로 변하고 불쌍하고 가련한 존재가 되었읍니다.
소리치며 떠들어대고 웃는자들 사이로 경매자의 손짓으로 어부들은 호주머니에
재물로 가득 채우고 풍족하여 그들의 뱃살엔 기름이 가득차고
교만이 입초에 흘러 넘치고 발목의 심줄이 튼튼해져 강하여지고
그들의 눈에는 거짓의 눈물이 흐르고 그들의 입술은 독주를 가득담아 쏟아내고
그들의 목은 숙일줄 모르는 잔인함이 가득한데 그들은 더 많은 고기를 잡기위해
더 촘촘한 그물을 만들고 더 좋은배에 더 좋은 성능의 기계로 장착하고
더 치밀한 계획을 세우고 더 넓은 바다를 향하여 항해는 계속됩니다.
그물이 조용히 내려지고 평화롭고 고요한 곳에 아우성치는 소음으로 가득합니다.
누구도 그그물에서 그들을 구출하지 못하고 바라보고 숨은 눈물만 가득합니다.
세상이란 그물/ 나라라는 그물/ 민족이라는 그물/ 정치라는 그물/ 종교라는 그물/
사상과 이념의 그물/ 헤아릴수 조차 없는 촘촘히 짜여진 그물을 내리고 그들은 기다립니다.
어느날 각종 오물로 가득한 그들의 배가 터져 피가 흐르고 창자가 흘러나와 이땅에 쏟아집니다.
그 땅은 풀 한포기 나지 않는 회복할수 없는 저주의 땅에
한명도 빠짐없이 영원한 지옥에 쓰레기로 버려질것입니다.
어부는 사람입니다. 예수님이 제자 시몬 베드로에게
고기를 잡는 어부에서 이젠 사람을 낚는 어부가 되라고 말씀하십니다.
사람은 사람을 낚아야 합니다
어부는 그 낚인것을 즐거워하며 터질 배를 채우지만
사람을 낚는 어부는 그 사람과 함께 그 분이 계신곳으로 갑니다.
그곳은 영원한 사랑이 숨쉬는 마음의 본향 입니다.

어린아이

　나는 깊은 잠을 자고 있습니다. 꿈속입니다. 황홀한 고요가 흐르는 드넓은 꽃들 사이로 해맑은 미소를 머금은 어린아이가 되어 걷고 뛰고 춤을 추며 즐기며 하염없이 가고 있습니다. 이 미지의 세상은 무지개 찬란한 빛이 온통 하늘을 맑고 깨끗한 수정과 같이 나의 두 눈에 한 점의 티도 없이 비춰지고 모든 것들이 기쁨으로 충만합니다. 무엇을 잡으려 애를 써도 잡히지 않는 그 무엇인가를 끝없이 갈구하며 뛰어갑니다. 끝이 보이지 않는 이 미지의 세상에는 시간도 정지되고 순간 기억들도 다 사라진 채 나는 한 천진난만한 어린아이가 되어 있습니다. 이곳에선 세상에서 얻어진 지식과 지혜와 과학과 종교와 수고함과 부요함과 권세의 힘이 사라져 그 형태조차 찾을 수가 없습니다. 하나님의 말씀이 기록된 성경조차도 이곳에선 그 흔적을 볼 수가 없습니다. 면류관이며 그 어떤 위로의 말씀이며 칭찬의 말씀이 이곳에선 존재하지 않습니다. 나의 수고와 헌신과 노력의 보상은 아무것도 없습니다. 이미 이곳은 그 모든 것을 초월한 영원한 숭고한 거룩한 세상입니다. 영원함이 이루어진 이 세상은 영원한 안식의 깊음 안에 새 생명을 주었습니다. 당신은 이곳에서 심판의 대상이 아닙니다. 당신은 이미 심판을 받고 세상의 형장에서 집행을 당하였습니다. 그 심판으로부터 모든 것을 지불하고 자유로운 한 고귀한 존재로 다시 태어났습니다. 하나님의 그 지혜의 깊음과 광대함을 우리는 판단조차 허락하지 않습니다. 우리는 우리의 존재함 그 자체로 충분합니다. 나는 나를 지금 지배하고 있는 모든 것들에 대하여 침묵으로 대신합니다. 한 곳에선 무엇에 억울하다고 억울하다고 땅을 치며 통곡합니다. 한 곳에선 어찌 이런 일들이 보여지고 천벌을 받을 일들이 일어난다고 소리칩니다. 한 곳에선 전쟁의 처참한 실상이 두려움으로 다가오고 한 곳에선 사고와 자연재해로 인한 극한의 공포의 거친 울음으로 가슴을 칩니다. 우리는 이 모든 것들에 대하여 침묵해야 합니다. 이런 모든 것들에 대하여 이미 영원한 자유함을 우리에게 주셨습니다. 이 자유함에서 참사랑을 소유하고 이 자유함에서 어린아이가 되어 하나님의 영화로우심으로 이미 이루어 주신 영원한 세상의 새로운 변화된 존재가 됩니다. 이 세상에서 살아갈 동안 이미 이루어 주신 감동의 세계를 인정하고 깨닫고 얻어야만 어린아이가 될 수 있습니다. 어린아이는 그분을 만날 수 있습니다. 그곳은 우리의 본향입니다.

어린아이

나는 깊은 잠을 자고 있읍니다. 꿈속입니다. 황홀한 고요가 흐르는 드넓은 꽃들사이로
해맑은 미소를 머금은 어린아이가 되어 걷고 뛰고 춤을추며 즐거워 하염없이 가고 있읍니다.
이 미지의 세상은 무지개 찬란한 빛이 온통 하늘을 맑고 깨끗한 수정과 같이
나의 두눈에 한점의 티도 없이 비추어 지고 모든것들이 기쁨으로 충만합니다.
무엇을 잡으려 애를 써도 잡히지 않는 그 무엇인가를 끝없이 갈구하며 뛰어 갑니다.
끝이 보이지 않는 이 미지의 세상에는 시간도 정지되고 순간 기억들도 다 사라진채
나는 한 천진난만한 어린아이가 되어 있읍니다.
이곳에선 세상에서 얻어진 지식과 지혜와 과학과 종교와
수고함과 부요함과 권세의 힘이 사라져 그 형태조차 찾을수가 없읍니다.
하나님의 말씀이 기록된 성경 조차도 이곳에선 그 흔적을 볼수가 없읍니다.
면류관이며 그 어떤 위로의 말씀이며 칭찬의 말씀이 이곳에선 존재하지 않읍니다.
나의 수고와 헌신과 노력의 보상은 아무것도 없읍니다.
이미 이곳은 그 모든것을 초월한 영원한 숭고한 거룩한 세상 입니다.
영원함이 이루어진 이 세상은 영원한 안식의 깊음 안에 새생명을 주었읍니다.
당신은 이곳에서 심판의 대상이 아닙니다.
당신은 이미 심판을 받고 세상의 현장에서 집행을 당하였읍니다.
그 심판으로 부터 모든것을 지불하고 자유로운 한 고귀한 존재로 다시 태어났읍니다.
하나님의 그 지혜의 깊음과 광대함을 우리는 판단 조차 허락하지 않읍니다.
우리는 우리의 존재함 그 자체로 충분합니다.
나는 나를 지금 지배하고 있는 모든것들에 대하여 침묵으로 대신합니다.
한곳에선 무엇이 억울하다고 억울하다고 땅을 치며 통곡합니다.
한곳에선, 어찌 이런일들이 보여지고 천벌을 받을 일들이 일어난다고 소리 칩니다.
한곳에선 전쟁의 처참한 실상이 두려움으로 다가오고
한곳에선 사고와 자연재해로 인한 극한의 공포의 거친 울음으로 가슴을 칩니다.
우리는 이 모든것들에 대하여 침묵해야 합니다.
이런 모든것들에 대하여 이미 영원한 자유함을 우리에게 주셨읍니다.
이 자유함에서 참 사랑을 소유하고
이 자유함에서 어린아이가 되어 하나님의 영화로우심으로
이미 이루어 주신, 영원한 세상의 새로운 변화된 존재가 됩니다.
이 세상에서 살아갈 동안 이미 이루어 주신 감동의 세계를 인정하고
깨닫고 얻어야만 어린아이가 될수있읍니다.
어린아이는 그분을 만날수 있읍니다.
그곳은 우리의 본향 입니다.

18

어떤 자

 입 안에 달콤한 초콜릿 한 조각을 넣고 그 맛을 음미하고 목구멍을 통해 그 달콤함이 나의 혀의 감각을 무디게 하고 흘러 몸 안으로 스며듭니다. 이 달콤한 유혹이 어떤 결과를 나에게 줄지 모르지만 이 달콤함을 잊지 못하고 계속해서 찾아 그 맛을 목 안에 간직합니다. 육신은 살아 움직이는 동안 끊임없이 먹을 것을 요구합니다. 마치 먹기 위해 이 땅에 태어난 듯 먹을 것을 향해 늘 찾아 헤매입니다. 다른 모든 것들을 포기하여도 생명을 유지하려면 먹어야 삽니다. 갖은 노력으로 먹어야 하지만 그 음식에 영양분이 없다면 그 먹이는 생명을 살리는 어떤 영향도 주지 못하고 멈추게 합니다. 육신은 살기 위해 쉬임 없이 먹이를 구했지만 검은 머리는 하얗게 변하고 얼굴에는 주름이 가득 지고 손에는 지팡이를 들고 허리는 굽어진 육신이 되었습니다. 여전히 영양분을 얻기 위해 맛있는 요리로 목구멍으로 음식을 보내지만 그 결과는 모두에게 동일한 모습으로 세상 안에 보여지고 나타납니다. 그렇게 애를 쓰고 발버둥치며 살아왔는데 결과는 더 좋은 모습으로 보여지지 않고 쓰러진 고목처럼 썩어가는 냄새로 진동하고 싱그러운 향기는 허공 어디엔가 안개처럼 사라져 버렸습니다. 어떤 자는 하나님이 계시한 특별한 말씀이라 하여 충동하게 하고 그 일을 실천하기 위하여 목표를 세우고 최선을 다하라고 선포합니다. 어떤 자는 하나님과 동행하며 그분의 말씀만을 전한다고 소리칩니다. 어떤 자는 나는 하나님으로부터 능력을 받아 기적을 베푸는 전도자라고 손을 흔듭니다. 어떤 자는 나는 하나님의 말씀으로 세상에 빛을 비춘다고 믿음을 독려합니다. 어떤 자는 나를 통하여 하나님이 모든 일을 준비시키고 역사하신다고 목소리를 높입니다. 이제 나는 달콤한 음식의 유혹이 결과에는 어떤 유익이 없음을 압니다. 그냥 생명을 유지하는 영양분에 불과합니다. 어떤 자들의 소리는 지금은 달콤한 초콜릿과 같고 건강을 지키는 영양제가 되고 상상의 것들로부터 기적 같은 모습으로 나타나게 하지만 그 결과는 허망하게 다가오는 허공의 뜬구름 같은 흘러가는 소식입니다. 나그네는 지금 가장 소중한 삶의 가치를 깨닫습니다. 그분을 만나고 그분을 바라보는 일생입니다. 그분은 우리에게 영원한 음식을 나누어 먹게 하십니다. 그분은 진정 고귀하신 하나님이십니다.

어떤자

입안에 달콤한 초콜릿 한조각을 넣고 그 맛을 음미하고 목구멍을 통해 그 달콤함이
나의 혀에 감각을 무디게하고 흘러 몸안으로 스며듭니다
이 달콤한 유혹이 어떤 결과를 나에게 줄지 모르지만, 이 달콤함을 잊지못하고
계속해서 찾아 그 맛을 몸안에 간직합니다
육신은 살아 움직이는 동안 끝임없이 먹을것을 보충합니다
마치 먹기위해 이 땅에 태어난듯 먹을것을 향해 늘 찾아 헤메입니다
다른 모든것을을 포기하여도 생명을 유지하려면 먹어야 삽니다
갖은 노력으로 먹어야하지만 그 음식이 영양분이 없다면, 그 먹이는
생명을 살리는 어떤 영향도 주지 못하고 멈추게 합니다
육신은 살기위해 쉬임없이 먹이를 구하지만 검은 머리는 하얗게 변하고
얼굴에는 주름이 가득지고 손에는 지팡이로 들고 허리는 굽어진 육신이 되었읍니다
어쩌피 영양분을 얻기위해 맛있는 요리로 목구멍으로 음식을 보내지만
그 결과는 모두에게 동일한 모습으로 세상안에 보여지고 나타납니다
그렇게 애를쓰고 발버둥 치며 살아 왔는데 결과는 더 좋은 모습으로 보여체 않고
소리쳔 고통처럼 썩어가는 냄새로 진동하고
싱그러운 향기는 허공 어디인가 안개처럼 사라져 버렸읍니다
어떤자는 하나님이 계시한 특별한 말씀이라 하여 흥둥하게하고
그 일을 실천하기 위하여 목표를 세우고 최선을 다하라고 선포합니다
어떤자는 나는 하나님와 동행하며 그분의 말씀만을 전한다고 소리칩니다
어떤자는 나는 하나님으로부터 능력을 받아 기적을 베푸는 전도자라고 손을 흔듭니다
어떤자는 나는 하나님의 말씀으로 세상에 빛을 비춘다고 믿음을 독려 합니다
어떤자는 나를 통하여 하나님이 모든일을 준비 시키고 역사하신다고 목소리를 높입니다
이제 나는 달콤한 음식의 유혹이 결과에는 어떤 유익이 없음을 압니다
그냥 생명을 유지하는 영양분에 불과합니다
어떤자들의 소리는 지금은 달콤한 초콜릿과 같고 건강을 지키는 영양제가 되고
상상의 것들로 부터 기적같은 모습으로 나타나게 하지만
그 결과는 허망하게 다가오는 허공의 뜬 구름같은 흘러가는 소식입니다
나그네는 지금 가장 소중한 삶의 가치를 깨닫읍니다
그분을 만나고 그분을 바라보는 일상입니다
그분은 우리에게 영원한 음식을 나누어 먹게 하십니다
그분은 진정 고귀하신 하나님이십니다

19
관객과 연주자

 수없이 많은 별들의 축제 안으로 고요한 어둠이 스며들고 초자연적인 기적의 찬란함이 밤하늘에 수를 놓고 펼쳐져 있는데 트럼펫을 부는 한 사람이 이 넓고 깊고 광대한 하늘을 향하여 이 땅의 소식을 전합니다. 트럼펫에 온 세상이 들리도록 큰 확성기를 달고 천심을 다하여 인생의 허무함과 슬픔을 전하고 사랑을 전하고 누구를 향한 연주는 밤이 새도록 계속합니다. 눈물의 감동이 울려 퍼지고 이룬 업적을 인정받고 모두에게 끊임없이 박수를 받습니다. 아름답고 찬란한 별들을 품은 세상의 동반자가 되기 위해 트럼펫을 불고 또 붑니다. 마음을 적시는 감동은 가슴에 알알이 맺히고 한 편의 시가 되어 밤하늘 한 별이 되었습니다. 우리는 결코 쉴 수 없는 우리의 일이 있습니다. 우리의 사명이 있습니다. 이 광장에 손님으로 초대받은 관람자는 존귀한 사람입니다. 관람자는 그 연주회에 참여하고 연주자는 연주의 사명을 거부할 수 없습니다. 이 황홀한 광경을 조성하시고 재능을 주시고 능력을 주시고 이 환경을 주신 분이 관람석에 함께 관람을 하십니다. 우리는 그분 안에 그분이 주시는 축복으로 같이 관람할 수 있는 자격이 있습니다. 그분의 풍족함과 부요함으로 사랑이든, 아름다움으로 이루어진 무엇이든, 감동이든 우리의 마음에 가득 담고 축복을 누릴 수 있습니다. 한 무리의 사명자들은 이런 사실을 누가 이 세상에 전하리요 하고 이 진실을 누가 이 세상에 전파하며 그 일을 누가 담당하리요 하고 이 일이 우리의 일이고 사명이고 목숨이라고 소리치며 온 세상을 진동합니다. 성경 안의 사랑은 그분을 알게 하고 만나게 하여 주십니다. 그분의 사랑을 만나면 그 사랑의 힘으로 내 마음의 창문을 활짝 열고 그분과 진실한 대화를 나눌 수 있습니다. 당신이 관객이든 연주자이든 어느 누구에라도 충동하는 영향력을 주지 마십시오. 그냥 관람자는 관람하는 기쁨이 있고 연주자는 그냥 연주하십시오. 그것이 우리의 일이고 우리의 사명이고 우리의 노력의 최선입니다. 영원히 우리가 함께 동행해야 할 마음의 본향에서 보여지고 들려오는 향기를 담은 미풍에 전하여 오는 그분의 소식입니다. 살아있으나 죽어 있으나 그곳은 언제나 변함없는 우리의 마음의 본향입니다. 그 사랑을 결코 지나치지 마시기를 진심으로 부탁합니다.

관객과 연주자

수없이 많은 별들의 축제 안으로 고요한 어둠이 스며들고 초자연적인 기적의 찬란함이
밤하늘에 수를 놓고 펼쳐져 있는데 트럼펫을 부는 한 사람이
더 높고 깊고 광대한 하늘을 향하여 이 땅의 소식을 전합니다
트럼펫에 온 세상이 듣도록 큰 확성기를 달고 전심을 다하여
인생의 허무함과 슬픔을 전하고 사랑을 전하고 누구를 향한 연주는 밤이 새도록 계속됩니다
눈물의 감동이 울려 퍼지고 이는 입력을 연장받고 모두에게 끊임없이 박수를 받습니다
아름답고 찬란한 별들을 품은 세상의 동반자가 되기 위해 트럼펫을 불고 또 붑니다
마음을 적시는 감동은 가슴에 알알이 맺히고 한편의 시가되어 밤하늘 한 별이 되었습니다
우리는 결코 헐수없는 우리의 일이 있습니다. 우리의 사명이 있습니다.
이 광장에 손님으로 초대받은 관람자는 초청한 사람입니다
관람자는 그 연주회에 참여하고 연주자는 연주의 사명을 거부할수 없습니다.
이 황홀한 광경을 조성하시고 재능을 주시고 능력을 주시고
이 환경을 주신 분이 관람석에 함께 관람을 하십니다
우리는 그분안에 그분이 주시는 축복으로 같이 관람할수 있는 자격이 있습니다
그분의 풍족함과 부요함으로 사랑이든 아름다움으로 이루어진 무엇이든 감동이든
우리의 마음에 가득 담고 축복을 누릴수 있습니다
한 두의 사명자들은 이런 사실을 누가 이세상에 전하리요 하고
이 진실을 누가 이세상에 전파하며 그 일을 누가 담당하리요 하고
이 일이 우리의 일이고 사명이고 목숨이라고 소리치며 온 세상을 진동합니다.
성령안의 사랑은 그분을 알게하고 만나게 하여 주십니다.
그분의 사랑을 만나면 그 사랑의 힘으로 내 마음의 창문을 활짝 열고
그분과 진실한 대화를 나눌수 있습니다
당신이 관객이든 연주자이든 어느 누구에게라도 충동하는 영향력을 주지 마십시오
그냥 관람자는 관람하는 기쁨이 있고
연주자는 그냥 연주하십시오
그것이 우리의 일이고 우리의 사명이고 우리의 노력의 최선입니다.
영원히 우리가 함께 동행해야 할 마음의 본향에서
보여지고 들려오는 향기를 담은 미풍이 전하여 오는 그분의 소식입니다.
살아 있으나 죽어 있으나 그곳은 언제나 변함없는
우리의 마음의 본향입니다.
그 사랑을 결코 지나치지 마시기를
진심으로 부탁합니다

유언

　수많은 사람을 죽인 살인범이 드디어 잡혔습니다. 고귀한 인생들을 즐기며 살해한 살인범이 그 얼굴에 잔인한 미소를 띠우고 그 정체를 드러내고 잡혔습니다. 그 잔인하고 포악한 행위를 재현하는데 모두 살인범을 죽이라고 아우성칩니다. 그런데 순결하고 사랑스러운 아름다운 곳, 꽃밭이든 숲속이든 강이든 바다든 그 어느 곳이나 죽임의 잔인함이 악취와 함께 나타나고 보여집니다. 이 세상에 태어난 후로부터 다가오는 죽음의 공포는 가장 가까운 주위로 시작되어 갯벌에 밀물이 바다로부터 밀려들어 순식간에 모든 것을 삼키듯이 범위를 넓혀갑니다. 늘상 이런 잔인함은 드러나지 않고 숨어 있는데 나는 처참한 죽음의 현장에서 목격자가 되었지만 그냥 바라보며 공포스런 나날을 거칠게 흐르는 강물에 무심히 흘려보냅니다. 밤하늘을 가르는 유성의 신비로운 모습을 바라보며 이 땅을 쳐다보니 공동묘지 위로 음산하고 처참한 모습들이 안개 속에 피어오릅니다. 단 하루에 한 도시의 사람들이 죽임을 당하고 연기되어 사라집니다. 여기 하루에 수십만 명이 죽어 이 땅에 묻히고 그 원통함이 세상에 진동합니다. 살인범의 잔인한 행위는 결코 용서받을 수 없습니다. 연쇄살인범은 이 세상에서 고용한 불쌍하고 어리석은 인생에 불과합니다. 한 치의 자비도 없는 세상의 잔인함에 모든 생명들이 처참하게 무너집니다. 한마디 간절한 말조차 용납이 안 되는 그 잔인함의 범위는 우리가 대적하여 이길 수 없고 땅을 치고 원통해하여도 변하지 않습니다. 거대하고 단단한 바위에 던져지는 우리들의 허탈하고 처참한 발버둥만 남아 있습니다. 이 잔인한 세상에 무슨 미련으로 그 무덤을 화려하게 치장하고 업적의 비석을 세우고 나를 천 년 만 년 기억하라고 간절함을 담고 떠납니다. 나는 나의 아이들에게 피도 눈물도 없는 잔인한 세상에 무덤을 만들고 비석을 세워 다시 반복하여 비굴하게 또다시 굴복하는 치욕을 당하지 않도록 유언으로 지금 기록합니다. 세상을 싸워 이길 수 있는 유일한 방법은 이 세상에서 나라는 존재를 그 흔적조차 남기지 않는 처절한 절규에 있습니다. 육신은 화장하고 남은 뼛가루는 세상의 비웃음에 조롱당하지 말고 사방에 뿌려 그 흔적을 남기지 말고 이후에 친척 친구들에게 알려 슬픔을 함께하고 나의 삶에 동행하였던 많은 사람들과 함께 좋은 기억들로 서로 위로하고 즐거운 삶의 여정을 이루기를 진심으로 부탁드립니다. 이 세상에 굴복한 듯하여도 나의 승리는 우리의 승리는 영원한 나라 내 마음의 본향에 향기로운 향기가 되어 있고 빛이 되어 있고 그 사랑의 고요함에 진정 자유로운 새 생명으로 다시 태어나서 승리를 이루고 그분의 영원한 아름다운 나라에서 나의 사랑하는 가족과 친척과 친구들과 이웃과 함께 영생을 이룰 겁니다. 우리는 꿈이 있습니다.

유언

많은 사람을 죽인 살인범이 드디어 잡혔읍니다. 고귀한 인생들을 즐기며 살해한 연쇄범이
있습니다 잔인한 미소를 띠우고 드디어 그 정체를 드러내고 잡혔읍니다
잔인하고 포악한 행위를 재현하는데 모두 살인범을 죽이라고 아우성 칩니다.
그런데 순결하고 사랑스러운 아름다운곳 꽃밭이든 숲속이든 강이든 바다든
그 어느곳이나 죽음의 잔인함이 악취와 함께 나타나고 보여집니다
세상에 태어난 후로 부터 다가오는 죽음의 공포는 가장 가까운 주위로 시작되어
썰물에 밀물이 바다로 부터 밀려들이 순식간에 모든것을 산기슭이 범위를 넓혀 갑니다.
늘 이런 잔인함은 드러나지 않고 숨어 있는데
나는 처참한 죽음의 현장에서 목격자가 되었지만 그냥 바라보며 공포스런 나날을
거칠게 흐르는 강물에 무심히 흘려 보냅니다.
밤하늘을 가르는 유성의 신비로운 모습을 바라보며 이 땅을 쳐다보니
공동묘지위로 음산하고 처참한 모습들이 안개속에 피어 오릅니다.
그 하루에 한 도시의 사람들이 죽음을 당하고 연기되어 사라집니다
거기 하루에 수십만명이 죽어 이땅에 묻히고 그 원통함이 세상에 진동합니다.
살인범의 잔인한 행위는 결코 용서 받을수 없읍니다
본래 살인범은 이 세상에서 고독한 불쌍하고 역겨운 인생에 불과 합니다
한치의 자비도 없는 세상의 잔인함에 모든 생명들이 처참하게 무너집니다.
한마디 간절한 말조차 용납이 안되는 그 잔인함의 범위는
우리가 대적하여 이길수 없고 땅을치고 원통해 하여도 변하지 않읍니다.
거대하고 단단한 바위에 던져지는 우리들의 허탈하고 처참한 발버둥만 남아 있읍니다.
그 잔인한 세상에 무슨 미련으로 그 무덤을 화려하게 치장하고 입적의 비석을 세우고
그를 천년 만년 기억하라고 간절함을 담고 떠납니다.
나는 나의 아들에게 피도 눈물도 없는 잔인한 세상에 무덤을 만들고 비석을 세워
다시 반복하여 비굴하게 또다시 굴복하는 치욕을 당하지 않도록 유언으로 지금 기록합니다.
세상을 싸워 이길수 있는 유일한 방법은 이 세상에서 나라는 존재를
그 흔적조차 남기지 않는 처절한 절규에 있읍니다
육신은 화장하고 남은 뼈가루는 세상의 비웃음에 조롱당하지 말고
사방에 뿌려 그 흔적을 남기지 말고 이후에 친척 친구들에게 일견 슬픔을 함께하고
나의 삶에 동행하였던 많은 사람들과 함께 좋은 기억들로 서로 위로하고
즐거운 삶의 여정을 이루기를 진심으로 부탁합니다
이 세상에 굴복한듯 하여도 나의 승리는 우리의 승리는 영원한 나라
내 마음의 보향에 향기로운 향기가 되어 있고 빛이 되어 있고 그 사랑의 고요함에
진정 자유로운 새 생명으로 다시 태어나서 승리를 이루고
그분의 영원한 아름다운 나라에서 나의 사랑하는 가족과
친척과 친구들과 이웃과 함께 영생을 이룰겁니다.
우리는 꼭이 있읍니다.

21 그분과 함께

 아지랑이가 피어오르는 언덕 너머 끝이 보이지 않는 광활한 대지 위로 수많은 꽃들이 미풍에 흔들리며 향기를 사방에 뿜어내고 꽃들 사이로 풀벌레 소리와 벌과 나비가 춤을 추고 그 위로 새들이 노래하며 날고 어디선가 끊임없이 들려오는 감동적인 음악이 들려오는데 눈물을 흘립니다. 사방을 둘러보니 산이며 강이며 바다와 구름이며 다 살아 움직이는데 그 모습들이 전에 어디에서도 보지 못했던 웅장하고 고요함이 충만한 이 환상의 광경에 나는 꿈을 꾸는 아이가 되었습니다. 나의 곁에는 사랑하는 기억 안의 사람들과 그분이 계시고 모두 함께 찬란한 빛 가운데 하얀 백색의 세마포 드레스를 입고 얼굴에는 기쁨이 가득하고 애절한 사랑의 추억의 그리움이 가득합니다. 우리는 그분과 함께 이 넓은 광활한 꽃길을 지나 산으로, 강으로, 바다로, 구름 위로, 밤하늘 별들 사이로 환상의 곡이 들려오는 곳에서 춤을 춥니다. 사랑이 주는 그 깊은 의미가 얼마나 고귀하고 장엄하고 충격적이고 소중한 것임을 나는 모두에게 간절한 마음으로 전해주고 싶습니다. 그분 안에서 이 세상의 모든 고난과 고통을 이겨내는 슬기로움과 비밀을 간직합시다. 어떤 노력과 충성으로 강요당하고 설득당하고 이용당하는 어리석은 존재가 아닙니다. 진실을 가장한 허상의 유혹과 허탄한 거짓으로 우롱당하고 어둠에 갇혀 허우적이며 후회하는 슬픈 존재가 아닙니다. 그분의 진실함에 거한다면 그 어떤 노력과 헌신이 그 의미를 상실합니다. 그것을 요구하는 자는 우리를 악의 구렁으로 밀어 결코 벗어나지 못하게 합니다. 마귀의 조롱이 비웃음이 진동합니다. 그분은 우리와 함께 진실이 감동으로 다가오는 이 땅보다 수천만 배 더 광대한 세상에서 시간의 존재가 사라진 영원한 곳에서 함께 형제자매의 부름 안에서 동행하시기를 간절히 원하시고 기다리십니다. 자유하십시오. 그리고 그분과 함께 늘 동행하십시오. 당신의 간절한 소원과 가장 갖고픈 소중한 것을 그분이 이루어 주시고 주실 겁니다. 믿으십시오.

그분과 함께

아지랑이가 피어오르는 언덕너머 끝이 보이지 않는 광활한 대지위로
수많은 꽃들이 미풍에 흔들리며 향기를 사방에 뿜어내고
꽃들 사이로 풀벌레 소리와 벌과 나비가 춤을 추고 그 위로 새들이 노래하며 날고
어디선가 끊임없이 들려오는 감동적인 음악이 들려오는데 눈물을 흘립니다.
사방을 둘러보니 산이며 강이며 바다와 구름이며 다 살아 움직이는데
그 모습들이 전에 어디에서도 보지 못했던 웅장하고 고요함이 충만한
이 환상의 광경에 나는 꿈을 꾸는 아이가 되었습니다.
나의 곁에는 사랑하는 기억안의 사람들과 그분이 계시고
모두 함께 찬란한 빛 가운데 하이얀 백색의 세마포 드레스를 입고
얼굴에는 기쁨이 가득하고 애절한 사랑의 추억의 그리움이 가득 합니다.
우리는 그분과 함께 이 넓은 광활한 꽃길을 지나 산으로 강으로 바다로
구름위로 밝하는 별들사이로 환상의 곡이 들려오는곳에서 춤을 춥니다.
사랑이 주는 그 깊은 의미가 얼마나 고귀하고 값있고 충격적이고 소중한 것임을
나는 모두에게 간절한 마음으로 전해 주고 싶습니다.
그분안에서 이 세상의 모든 고난과 고통을 이겨내는 슬기로움과 비밀을 간직합시다
어떤 노력과 충성으로 강요당하고 설득당하고 이용당하는 어리석은 존재가 아닙니다.
진실을 가장한 허상의 유혹과 허탄한 거짓으로 우롱당하고
어두움에 갖혀 허우적이며 후회하는 슬픈 존재가 아닙니다
그분의 진실함에 거한다면 그 어떤 노력과 헌신이 그 의미를 상실합니다.
그것을 요구하는 자는 우리를 악의 구렁으로 멸의 곁코 벗어나지 못하게 합니다.
마귀의 조롱이 비웃음이 진동합니다.
그분은 우리와 함께 진실이 감동으로 다가오는 이 땅보다 수천만배 더 광대한 세상에서
시간의 존재가 사라진 영원한 곳에서
함께 형제 자매의 부음안에서 동행하시기를 간절히 원하시고 기다리십니다.
자유하십시오 그리고 그분과 함께 늘 동행하십시오
당신의 간절한 소원과 가장 갖고픈 소중한 것을
그분이 이루어 주시고 주실 겁니다.
믿으십시오

기억

    나는 우주선을 타고 먼 하늘을 갈 수가 없습니다. 나는 날개가 없습니다. 그러나 나는 하늘을 향해 끝없이 날아오릅니다. 뒤돌아볼 겨를도 없이 우주의 한가운데로 가고 있는데 점점 더 수천억 년의 지나온 고요와 침묵이 나를 감싸고 엄습합니다. 뒤돌아보니 푸른색을 띤 작은 별 하나가 있는데 너무 아름답고 소중합니다. 이 허공에 덩그러니 놓여진 이 작은 별 하나에 나는 환희의 노래를 보냅니다. 사방을 둘러보아도 아무도 나를 부르고 찾지 않지만 무엇인가 끝없이 나를 이끌고 갑니다. 갑자기 나는 내가 어디로부터 이곳에 왔는지 당황하여 어찌할 바를 모릅니다. 이 고요와 침묵이 모든 고통과 슬픔을 그 흐름에 앗아갔지만 나는 어느 때와 어느 장소를 선명하게 추억 안에서 기억합니다. 나는 무엇인기의 구속에서 자유한 사람이 되었는데 그리움에 슬픈 마음으로 가득합니다. 나를 이끄는 순간 순간의 기억들이 다시 그 시절 그곳으로 향하게 하고 그 기억들이 나를 만들었고 나의 존재함이 그 안에 있습니다. 기억들은 나의 존재의 이유를 설명하고 알려주고 있습니다. 나는 다시 그 추억의 기억 안으로 가고 싶은 간절한 그리움에 젖어 있지만 나는 갈 수가 없습니다. 잠시 스쳐 간 기억들이 얼마나 소중한 것인지 지금 이 순간 깨닫고 있습니다. 영원한 세상에선 이 기억 속의 만남과 헤어짐과 원통함과 슬픔과 아픔과 사랑의 속삭임이 미세한 소리와 영상으로 쉬임 없이 들려오고 나타납니다. 소중하고 소중한 기억들을 더듬어 기억하였던 모든 것들을 이 영원한 세상에서 그 기억들을 간직하여 잊지 않기 위하여 나는 그분께 이 그리움이 담긴 기억들을 영원히 언제까지라도 함께 존재하여 동행하기를 부탁하고 애원할 겁니다. 수천억 년이 지나가도 영원토록 영원히 그 순간들을 간직하고 온 우주에 그리움의 기억으로 가득히 채울 겁니다. 모든 지나온 추억들을 너와 나의 사랑의 서사시로 변하게 하여 이 땅에서의 지나온 모든 소중한 기억은 절대로 잊혀지지 않도록 붙잡고 붙잡고 놓지 않을 겁니다. 영원히 기억할 겁니다. 그분은 이루어 주시고 하실 수 있습니다.

기억

나는 우주선을 타고 먼하늘을 갈수가 없습니다. 나는 날개가 없습니다.
그러나 나는 하늘을 향해 끝없이 날아오릅니다.
뒤돌아볼 겨를도 없이 우주의 한 가운데로 가고 있는데
점점더 수천억년의 지나온 고요와 침묵이 나를 감싸고 있습니다.
뒤돌아보니 푸른색을 띤 작은 별하나가 있는데 너무 아름답고 소중합니다.
이 허공에 덩그렇게 놓여진, 이 작은별 하나에 나는 환희의 노래를 보냅니다.
사방을 둘러보아도 아무도 나를 부르고 찾지 않지만 무엇인가 끝없이 나를 이끌고 갑니다.
갑자기 나는 내가 어디로 부터 이곳에 왔는지 당황하여 이제 한바를 모릅니다.
그 고요와 침묵이 모든 고통과 슬픔을 그 흐름에 앉아 갔지만,
나는 어느때와 어느 장소를 선명하게 추억안에서 기억합니다.
나는 무엇인가의 구속에서 자유한 사람이 되었는데 그리움에 슬픈마음으로 가득합니다.
나를 이끄는 순간순간의 기억들이 다시 그시절 그곳으로 향하게 하고
그 기억들이 나를 받들었고 나의 존재함이 그안에 있습니다.
기억들은 나의 존재의 이유를 설명하고 알려주고 있습니다.
나는 다시 그 추억의 기억안으로 가고싶은 간절한 그리움이 젖어 있지만
나는 갈수가 없습니다.
잠시 순재한 기억들이 얼마나 소중한것인지 지금 이순간 깨닫고 있습니다.
영원한 세상에서 이 기억속의 만남과 헤어짐과 원통함과 슬픔과
아픔과 사랑의 속삭임이 미세한 소리와 영상으로 쉬임없이 들려오고 나타납니다.
소중하고 소중한 기억들은 더듬어 기억하였던 모든것들을
이 영원한 세상에서 그 기억들을 간직하며 잊지 않기 위하여
나는 그분께 이 그리움이 담긴 기억들을 영원히 언제까지라도 함께
존재하여 동행하기를 부탁하고 애원할겁니다.
수천억년이 지나가도 영원토록 영원히 그 순간들을 간직하고
온 우주에 그리움의 기억으로 가득히 채울겁니다.
모든 지나온 추억들은 너와 나의 사랑의 서사시로 변하게 하여
이 땅에서의 지나온 모든 소중한 기억은
절대로 잊혀지지 않도록 붙잡고 붙잡고 놓지 않을 겁니다.
영원히 기억할겁니다.
그분은 이루어 주시고 하실수 있습니다.

23 철새

　나는 눈을 감고 한 마리 철새가 되어 그 무리들과 함께 새로운 보금자리를 찾아 긴 여정을 떠납니다. 에베레스트의 장엄한 설산을 지나고 아마존의 깊은 숲을 지나고 황하의 긴 강을 따라 나르고 사하라의 황막한 사막 한가운데를 지나고 세렝게티의 물소들의 끝없는 행렬을 지나 태평양의 평화로운 바다 위를 하염없이 날고 온 땅이 하얗게 눈으로 쌓인 동네를 지나 꽃들이 만발하게 피어 있는 들을 지나 아침에 떠오르는 황홀한 해를 바라보며 날아갑니다. 보여지는 모든 것들이 꿈결같이 흘러가는데 어떤 아쉬움도 미련도 슬픔도 고통도 기쁨도 사랑도 이 모든 광경 안에 묻혀 지나갑니다. 나는 한 마리 철새가 되어 있습니다. 이 모든 것들의 세계는 나의 삶을 어디에도 충분히 충족시키지 못합니다. 나는 이 보여지는 세계에 나의 안식처를 찾기 위해 끊임없이 날아갑니다.

내가 소원하는 안식처는 그 어디에도 보이지 않습니다. 이 보여지는 세계는 얼마나 오랜 시간으로 완성되었지만 지금도 새롭게 변화하고 움직입니다. 육으로 태어난 것은 허망한 세상 가운데 날아가는 철새와 같은 연약한 모습인데 무엇을 소유하고 얻고자 하는 악착같은 집착은 무엇에 그 의미를 부여할 수 있는지 나는 한 마리 철새가 되어 차가운 겨울바람을 온몸에 맞으며 날아갑니다. 나는 진정한 보금자리가 이 땅 어디엔가 있을 텐데 그곳에 도착하여 보니 황량하게 처참한 모습에 또 다른 안식처를 찾아가야만 합니다. 두 눈을 감고 나의 존재를 확인하고 주위를 돌아봅니다. 세상은 나의 존재를 전혀 의식하지 않고 이 세상은 이 세상의 일을 합니다. 태어나게 하고 피어오르게 하고 흘러가게 하고 파도치게 하고 숲을 이루게 하고 해를 돋게 하고 밤하늘의 달과 별들을 이 땅에 비추게 하고 나의 존재는 기억에조차 없는 형태로 이 세상 기억에서 사라지고 지워질 슬픈 먼지 같은 인생입니다. 나의 존재가 스며 있는 안식처를 찾아 기억의 여행을 다시 떠납니다. 그곳에는 나의 할머니, 부모님과 친척들과 가족들과 친구들과 고맙고 감사한 보고 싶은 사람들과 어울려 하늘 위 뭉개구름 사이로 그들의 얼굴을 그려 나타내고 그들을 만나고 그들과 노래하고 그들과 손을 잡고 나의 존재가 이 세상에 새롭게 비추어질 때 온 우주 안에 거대한 사랑의 실존함이 그 느낌의 숨결이 이 세상 어디에든 스며듭니다. 나를 안식으로 이끄는 힘은 세상의 힘이 아닙니다. 나를 진정 안식으로 인도하는 힘은 사랑의 힘입니다. 이 사랑의 힘으로 나의 소중한 분들과 연결되어지고 영원한 안식처의 동반자가 됩니다. 이 노력은 이 세상에서 찾아야 할 가장 소중하고 존귀한 일입니다. 이 사랑은 그분의 십자가로부터 더 간절하게 시작되었습니다. 그분은 사랑이십니다.

철새

나는 눈을 감고 한마리 철새가 되어 그 무리들과 함께 새로운 보금자리를 찾아 긴 여정을 떠납니다
에베레스트의 장엄한 설산을 지나고 아마존의 깊은 숲을 지나고
황하의 긴 강을 따라 나르고 사하라의 황량한 사막 한가운데를 지나고
세렝게티의 동물들의 끝없는 행렬을 지나 태평양의 평화로운 바다위를 하염없이 나르고
온 땅이 하얗게 눈으로 쌓인 동네를 지나 꽃들이 만발하게 피어있는 들을 지나
가치에 떠오르는 황홀한 해를 바라보며 날아 갑니다
보여지는 모든것들이 꿈결같이 흘러가는데 어떤 아쉬움도 미련도 슬픔도 고통도
기쁨도 사랑도 이 모든 광경안에 묻혀 지나 갑니다.
나는 한마리 철새가 되어 있습니다.
이 모든것들의 세계는 나의 삶을 어디에도 충분히 충족시키지 못합니다
나는 이 보여지는 세계에 나의 안식처를 찾기위해 끝임없이 날아 갑니다.
내가 소원하는 안식처는 그 어디에도 보이지 않습니다
이 보여지는 세계는 얼마나 오랜시간으로 완성 되었지만 지금도 새롭게 변화하고 움직입니다.
육으로 태어난 것은 허망한 세상 가운데 날아가는 철새와 같은 연약한 모습인데
무엇을 소유하고 얻고자하는 악착같은 집착은 무엇에 그 의미를 부여 할수 있는지
나는 한마리 철새가 되어 차가운 겨울 바람을 온몸에 맞으며 날아 갑니다
나의 진정한 보금자리가 이땅 어디엔가 있을텐데 그곳에 도착하여 보니
황량하게 처참한 모습에 또다른 안식처를 찾아 가야만 합니다.
두눈을 감고 나의 존재를 확인하고 주위를 돌아 봅니다
세상은 나의 존재를 전혀 의식하지 않고 이세상은 이세상의 일을 합니다.
태어나게 하고 피어 오르게 하고 흘러가게 하고 파도치게 하고 숲을 이루게 하고
해를 돋게하고 밤하늘 달과 별들을 이땅에 비추게 하고 나의 존재는 기억에 조차 없는 형태로
이 세상 기억에서 사라지고 지워질 순간 먼지같은 인생입니다.
나의 존재가 스며있는 안식처를 찾아 기억의 여행을 다시 떠납니다.
그곳에는 나의 할머니 부모님과 친척들과 가족들과 친구들과 고맙고 감사한 보고싶은 사람들과
어울려 하늘위 뭉개구름 사이로 그들의 얼굴들이 그려 나타나고
그들을 만나고 그들과 노래하고 그들과 손을잡고 나의 존재가 이 세상에 새롭게 비추어질때
온 우주안에 거대한 사랑의 실존함이 그 느낌의 숨결이 이 세상 어디에든 스며 듭니다.
나를 안식으로 이끄는 힘은 세상의 힘이 아닙니다.
나를 진정 안식으로 인도하는 힘은 사랑의 힘입니다.
이 사랑의 힘으로 나의 소중한 분들과 연결되어지고
영원한 안식처의 동반자가 됩니다
이 노력은 이 세상에서 찾아야 할 가장 소중하고 존귀한 일입니다
이 사랑은 그분의 십자가로 부터 더 간절하게 시작 되었습니다
그분은 사랑이십니다.

24 죄와 악

　에덴동산에 아침의 고요가 찾아오면 온 천하만상이 온통 하나님의 은혜로 감사와 찬양의 메아리가 되어 온 세상에 충만하게 임합니다. 이 광활한 대지의 바다와 들과 산과 하늘 아래 모든 만상이 사랑으로 가득합니다. 이 모든 것들의 속삭임은 아름다운 모습과 함께 환희의 순간으로 다가옵니다. 그러나 어느 때 하늘에 검고 어두운 구름이 가득 드리우고 이 대지를 향하여 하나님의 진노하심이 광풍을 일으키고 폭풍우가 되어 하늘로부터 이 대지로 죄의 형벌로 쏟아져 내렸습니다. 이 비가 산에서 들로, 강으로, 바다로 온 천지에 스며들었습니다. 이 땅 위의 모든 생명체와 모든 형태들은 그 빗물에 젖어 있습니다. 피할 곳이 없습니다. 갈 곳이 없습니다. 하지만 나는 한 분을 만났습니다. 그분은 말없이 나를 그분의 거처로 인도하셨습니다. 동굴 안에는 모닥불이 환하게 타고 있고 따뜻한 차와 포근하고 안락한 의자가 있습니다. 이 땅을 향하고 쏟아지는 비는 그치지 않고 그때부터 지금까지 조금도 쉬임 없이 계속 내리고 있습니다. 살아있는 모든 생명체들은 그 생명을 지탱하기 위하여 본능적으로 번식을 위하여 치열한 경쟁을 하여야만 합니다. 나도 이 모든 것들과 싸움에서 이겨야만 살아갈 수 있습니다. 나는 이 죄의 비를 피한 그분의 거처에서 다시 나와 죄의 비를 맞고 악의 노예가 됩니다. 이 비를 피해 그분의 동굴 안에 있으면 언제나 쉬임을 얻을 수 있습니다. 나는 이 죄의 비를 피할 수 있는 동굴이 어디에 있음을 압니다. 그러나 나는, 우리는 악의 노예가 되어 악인으로 살아갑니다. 죄의 비에 젖은 모든 만상들은 악을 스스로 만들고 스스로 소유하여 살아갑니다. 그분은 나그네 인생길에 피할 수 있는 피신처를 만들어 주셨고 에덴의 고요하고 아름다운 죄와 악이 존재하지 않는 모든 것을 다시 회복하신 새로운 세상에서 우리 모두를 기다리고 계십니다. 나그네 일생 동안 이 죄의 비를 피하여 그분의 동굴 안에 거할 수 있다면 나는 그분 앞에 기쁨이 가득한 모습으로 환하게 웃으며 만날 수 있을 겁니다. 하지만 나는 살날 동안 이 동굴을 나와 생명과 주어진 상황에 악의 모습을 소유하여 악한 자가 아니 되면 나의 존재가 힘을 잃어버립니다. 이런 나는 언제나 슬픈 모습으로 눈물을 흘리며 참회하며 이 삶을 지탱합니다. 그러나 예수님은 나의 한이 맺힌 슬픈 눈물을 다 씻겨주시고 악의 노예에서 해방하시고 죄에서 사유함을 주시고 영원한 기쁨과 사랑이 충만한 세상 마음의 본향에서 함께하여 주신다고 언약하셨습니다. 예수님이 지신 십자가는 우리의 어리석음의 결과입니다.

죄와 악

에덴동산의 아침의 고요가 찾아오면 온 천하만상이 온통 하나님의 은혜로
감사와 찬양의 메아리가 되어 온 세상에 충만하게 있습니다.
이 광활한 대지의 바다와 들과 산과 하늘아래 모든 만상이 사랑으로 가득합니다.
이 모든것들의 속삭임은 아름다운 모습과 함께 환희의 순간으로 다가옵니다.
그러나 어느때 하늘에 검고 어두운 구름이 가득 드리우고
이 대지를 향하여 하나님의 진노하심이 광풍을 일으키고 폭풍우가 되어
하늘로 부터 이 대지로 죄의 형벌로 쏟아져 내려옵니다.
이 비가 산에서 들로 강으로 바다로 온 천지에 스며들었습니다.
이 땅위의 모든 생명체와 모든 형태들은 그 빗물에 젖어 있습니다.
피할곳이 없습니다. 갈곳이 없습니다.
하지만 나는 한분을 만났습니다. 그분은 말없이 나를 그분의 거처로 인도하셨습니다.
동굴안에는 모닥불이 환하게 타고있고 따뜻한 차와 포근하고 안락한 의자가 있습니다.
이 땅을 향하고 쏟아지는 비는 그치지 않고
그때 부터 지금까지 조금도 쉬임없이 계속 내리고 있습니다.
살아있는 모든 생명체들은 그 생명을 지탱하기 위하여
본능적으로 번식을 위하여 치열한 경쟁을 하여야만 합니다.
나도 이 모든것들과 싸움에서 이겨야만 살아갈수 있습니다.
나는 이 죄의 비를 피한 그분의 거처에서 다시 나와 죄의 비를 맞고 악의 노예가 됩니다.
이 비를 피해 그분의 동굴안에 있으면 언제나 쉬임을 얻을수 있습니다.
나는 이 죄의 비를 피할수있는 동굴이 어디에 있음을 압니다.
그러나 나는 우리는 악의 노예가 되어 악인으로 살아갑니다.
죄의 비에 젖은 모든 만상들은 악을 스스로 만들고 스스로 소유하여 살아갑니다.
그분은 나그네 인생길에 피할수 있는 피신처를 만들어 주셨고
에덴의 고요하고 아름다운 죄와악이 존재하지 않는 모든것을 다시 회복하신
새로운 세상에서 우리 모두를 기다리고 계십니다.
나그네 일생동안 이 죄의 비를 피하여 그분의 동굴안에 거할수 있다면
나는 그분앞에 기쁨이 가득한 모습으로 환하게 웃으며 만날수 있을겁니다.
하지만 나는 살아동안 이 동굴을 나와 생명과 주어진 상황에
악의 모습을 소유하여 악한자가 아니되면 나의 존재가 힘을 잃어버립니다.
이런 나는 언제나 슬픈 모습으로 눈물을 흘리며 참회하며 이 삶을 지탱합니다.
그러나 예수님은 나의 한이 맺친 슬픈 눈물을 다 씻겨 주시고
악의 노예에서 해방하시고 죄에서 자유함을 주시고
영원한 기쁨과 사랑이 충만한 세상 마음의 본향에서
함께 하여 주신다고 언약 하셨습니다.
예수님이 지신 십자가는 우리의 어리석음의 결과입니다.

25

만남

　마음을 온통 감싸고 감동 어린 연주곡이 오케스트라의 웅장한 음악으로 허탈한 마음을 두드리고 깊게 다가옵니다. 나는 예수님을 만난 적이 없지만 아름다운 선율에 담겨 다가오시는 그분의 모습을 봅니다. 나를 조용히 바라보시고 말씀하여 주시고 위로해 주시는 그분이 늘 계심을 느낍니다. 그분은 나의 손을 잡아주시고 점점 진실의 세계로 이끌어 주시고 여행을 떠납니다. 이런 모든 상황이 어디로부터 어떻게 다가와 스며들었는지 신비롭습니다. 나는 이 시간을 조용히 침묵하여 지나칠 수가 없습니다. 이 자유함과 통쾌한 승리의 환성을 이루고 그분과 나는 한 마음 한 연주자가 되었습니다. 나는 기록하여 모두에게 전하고 싶습니다. 이 기록을 통해 또 하나의 마음이 더해지고 더해져서 기쁨과 환희에 가득한 울림이 우리 가운데 충만하기를 기도합니다. 진실한 사랑의 고백이 온 천지에 거대한 종의 울림으로 퍼지기를 간절히 기다립니다. 그분은 길이요 진리요 생명이십니다. 우리의 지난 세월 그리고 지금 그리고 앞날이 그분의 거룩하심에 티끌이 되었습니다. 그분은 결코 우리를 향해 분노하시거나 증오하시지 않으십니다. 만약 분노와 증오가 존재한다면 우리가 스스로 어리석음으로 얻은 결과입니다. 의로우시고 여리신 분은 서로 서로 사랑하라고 격려하고 부탁하십니다. 사랑은 그 어떤 방해의 요소에도 그 본질이 훼손되지 않는 영원한 약속입니다. 사랑이 충만한 세상은 슬픔이 없고 원망이 없고 한 맺힌 통곡이 전혀 없는 곳입니다. 그러나 나의 노력으로 얻어진 사랑의 여운은 늘 어리석음과 허탈함으로 밀려옵니다. 하지만 그분을 만나고 그분의 진실한 사랑을 마음 깊이 새긴다면 강물이 끝없이 흐르고 흐르는 것같이 그 사랑을 이 세상에 끝없이 흘러보낼 겁니다. 만남의 시작은 내 자아의 현명한 판단과 결단이 필요합니다. 만남의 시작은 그분을 향해 시선을 고정하는 일입니다. 만남의 시작은 거룩한 것에 대한 무한한 동경을 마음에 품는 것입니다. 만남의 시작은 부족하고 연약한 자신의 모습을 보아야 합니다. 만남의 시작은 이 땅에서 영원한 세계를 바라보고 인정해야 합니다. 만남은 그분으로부터 시작되고 그분으로부터 존재되어지고 그분으로부터 새 생명을 얻는다는 고백으로 모든 것이 변화되어 이 세상에 사랑으로 나타납니다. 받은 것을 주는 것이 사랑입니다.

만남

마음을 온통 감싸고 감동어린 연주곡이 오케스트라의 웅장한 음악으로
허탈한 마음을 두드리고 깊게 다가옵니다
나는 예수님을 만난적이 없지만 아름다운 선율에 담겨 다가오시는 그분의 모습을 봅니다
나를 조용히 바라보시고 말씀하여 주시고 위로해 주시는 그분의 늘 계심을 느낍니다
그분은 나의 손을 잡아주시고 점점 진실의 세계로 이끌어 주시고 여행을 떠납니다
이런 모든 상황이 어디로부터 어떻게 다가와 스며들었는지 신비롭습니다
나는 이 사랑을 조용히 침묵하며 지나칠수가 없습니다
이 자유함과 통쾌한 승리의 환성을 이루고 그분과 나는 한마음 한 연주자가 되었습니다
나는 기록하여 모두에게 전하고 싶습니다 이 기록을 통해 또 하나의 마음이 더해지고
더해져서 기쁨과 환희에 가득찬 울림이 우리 가운데 충만하기를 기도합니다
진실한 사랑의 고백이 온 천지에 거대한 종의 울림으로 퍼지기를 간절히 기다립니다
그분은 길이요 진리요 생명이십니다
우리의 지난 세월 그리고 지금 그리고 앞날이 그분의 거룩하심에 티끌이 되었습니다
그분은 결코 우리를 향해 분노하시거나 증오하시지 않으십니다
만약 분노와 증오가 존재한다면 우리가 스스로 어리석음으로 얻은 결과입니다
외로우시고 여리신 분은 서로 서로 사랑하라고 격려하고 부탁하십니다
사랑은 그 어떤 방해의 요소에도 그 본질이 훼손되지 않는 영원한 약속입니다
사랑이 충만한 세상은 슬픔이 없고 원망이 없고 한맺힌 통곡이 전혀 없는 곳입니다
그러나 나의 노력으로 얻어진 사랑의 여운은 늘 어리석음과 허탈함으로 덧없습니다
하지만 그분을 만나고 그분의 진실찬 사랑을 마음 깊이 새긴다면
강물이 끝없이 흐르고 흐르는 것 같이 그 사랑을 이 세상에 끝없이 흘려 보낼겁니다
만남의 시작은 내 자아의 현명한 판단과 결단이 필요합니다
만남의 시작은 그분을 향해 시선을 고정하는 일입니다
만남의 시작은 거룩한것에 대한 무한한 동경을 마음에 품는것입니다
만남의 시작은 부족하고 연약한 자신의 모습을 보아야 합니다
만남의 시작은 이 땅에서 영원한 세계를 바라보고 인정해야 합니다
만남은 그분으로부터 시작되고 그분으로부터 존재되어지고
그분으로부터 새 생명을 얻는다는 고백으로
모든것이 변화되어 이 세상에 사랑으로 나타납니다
받은것을 주는것이 사랑입니다

눈물

 길가의 줄지은 가로수가 길을 안내하고 작은 동산 하나 보이지 않는 황량한 벌판 사이로 가고 있습니다. 그 끝이 보이지 않는 길을 따라 하염없이 갑니다. 하늘 위에 펼쳐진 황홀한 구름들의 아름다운 거대한 수채화를 바라보고 가는데 무엇을 그리워하고 무슨 생각에서 머무를 수 없는 허허벌판을 가로지르며 이 끝없이 다가오는 평화롭고 공포스러운 침묵 안에 고요가 바람을 가르는 소리와 맑은 공기의 상쾌함이 보여지는 것들과 보여지지 않는 것들과 조화를 이루고 시간은 지나갑니다. 노을이 하늘에 퍼지고 또 다른 황홀한 물감으로 구름을 물들이고 그 아름다운 광경에서 나의 인생을 되돌아 그 추억을 더듬어 봅니다. 순식간에 어두움이 몰려오고 캄캄한 세상에 달이 떠오르고 수많은 별들이 하나 하나 그 빛을 내고 찬란한 밤의 세계가 아무 소식도 없이 조용히 내려

옵니다. 이 황량한 벌판에 고목나무 한 그루가 처참한 형상으로 서 있습니다. 황홀한 환상의 가득한 세상에서 그 고목이 서 있는 그곳을 향하여 천천히 걸어갑니다. 이미 죽은 고목의 가지에 등잔을 걸고 불을 밝혔습니다. 두 눈에 눈물이 가득 고이고 두 손을 얼굴에 묻고 목소리를 높이고 마음껏 울고 싶습니다. 나는 지난 세월 동안 누구를 위하여 무엇을 위하여 무엇을 바라보며 무엇 때문에 살아왔는지 그냥 끌려져 지금까지 왔습니다. 당신은 곱게 핀 장미 한 송이에 맺힌 맑은 이슬을 바라보며 눈물을 흘려본 적이 있나요? 가을의 산길 낙엽이 쌓인 길을 걸으며 낙엽소리에 눈물을 흘려본 적이 있나요? 사랑하는 사람의 기억으로 간절한 그리움으로 얼마나 많은 눈물을 흘렸나요? 길가의 흐느끼는 가을의 코스모스가 정답게 속삭이는데 당신은 무엇을 하였나요? 호수 위로 물안개가 피어오르고 연꽃의 슬픈 이야기 주인공이 되어 본 적이 있나요? 도시의 호화로움이 이 모든 것을 잃어버리게 하고 눈물을 거두어 버렸습니다. 나는 이 고목이 서 있는 쓸쓸하고 공허한 넓은 들판 가운데 그냥 주저앉아 다가오는 또 다른 세상의 소식에 귀 기울이고 마음에 더럽혀진 창을 이 눈물로 깨끗이 닦고 더욱더 선명하게 그분이 계신 본향을 바라봅니다. 우리의 눈물은 따뜻한 마음으로부터 흘려지는 인생의 가장 소중한 기억 안에 살아있는 보배로운 생명입니다. 많은 눈물을 흘리고 간직한 사람은 그분을 쉽게 만날 수 있습니다. 그분은 눈물 안에서 피어나는 한 송이 찬란한 꽃입니다.

눈물

길가의 줄지은 가로수가 잎을 안내하고 작은 동산하나 보이지 않는 황량한 벌판사이로 가고 있습니다
그 끝이 보이지 않는 길을 따라 하염없이 갑니다
하늘 위에 펼쳐진 황홀한 구름들의 아름다운 거대한 수채화를 바라보고 가는데
무엇을 그리워하고 무슨 생각에서 머무를수 없는 허허 벌판을 가로지르며
기쁨이 다가오는 평화롭고 공포스러운 침묵안에 고요가 바쁨을 가는 소리와
맑은 공기의 상쾌함이 보여지는 것들과 보여지지 않는 것들과 조화를 이루고 시간은 지나갑니다
고운이 하늘에 펼치고 또 다른 황홀한 공간으로 구름을 물들이고
그 아름다운 광경에서 나의 인생을 뒤 돌아 그 추억을 더듬어 봅니다
순식간에 어두움이 몰려오고 캄캄한 세상에 달이 떠오르고 수많은 별들이 하나 하나
그 빛을 내뿜고 찬란한 밤의 세계가 아무 소식도 없이 조용히 내려옵니다
이 황량한 벌판에 고목나무 한그루가 처참한 형상으로 서 있습니다
황홀한 환상이 가득한 세상에서 그 고목이 서 있는 그곳을 향하여 천천히 걸어갑니다
이미 죽은 고목의 가지에 등잔을 걸고 불을 밝혔습니다
두 눈에 눈물이 가득 고이고 두손을 얼굴에 묻고 목소리를 높이고 마음껏 울고 싶습니다
나는 지난 세월 동안 누구를 위하여 무엇을 위하여 무엇을 바라보며
무엇때문에 살아 왔는지 그냥 끌려져 지금까지 왔습니다
당신은 꽃게 핀 장미 한송이에 맺힌 맑은 이슬을 바라보며 눈물을 흘려 본적이 있나요 —
가을의 산길 낙엽이 쌓인 길을 걸으며 낙엽소리에 눈물을 흘려 본적이 있나요 —
사랑하는 사람의 기억으로 간절한 그리움으로 얼마나 많은 눈물을 흘렸나요 —
길가의 느티나무 가을의 코스모스가 정답게 속삭이는데 당신은 무엇을 하였나요 —
호수위로 물안개가 피어오르고 연꽃의 슬픈 이야기 주인공이 되어 본적이 있나요 —
도시의 호화로움이 이 모든것을 잊어버리게 하고 눈물을 거두어 버렸습니다
나는 이 고목이 서있는 쓸쓸하고 공허한 넓은 들판 가운데 그냥 주저 앉아
다가오는 또 다른 세상의 소식에 귀 기울이고
마음에 더럽혀진 창을 이 눈물로 깨끗이 닦고
더욱 더 선명하게 그 분이 계신 분향을 바라 봅니다
우리의 눈물은 따뜻한 마음으로 부터 흘려지는 인생의 가장 소중한
기억안에 살아 있는 보배로운 생명 입니다
많은 눈물을 흘리고 간직한 사람은 그분을 쉽게 만날수 있습니다
그분은
눈물 안에서 피어나는 찬송이 찬란한 꽃입니다

소풍

　사방을 둘러보니 어느 한 곳에 눈을 머무를 수 없는 마치 거대한 병풍이 펼쳐진 것처럼 웅장한 태초의 모습의 깊은 산과 들을 지나 어제 나는 하나님을 사랑하는 교회 교우 몇 분들과 설레는 마음으로 한 정원을 다녀왔습니다. 그 정원의 길을 따라 수많은 꽃들 사이로 바람에 머리를 쓰담으며 웃으며 웃으며 걸었습니다. 우리의 이야기는 나무와 꽃들 사이로 연꽃이 연못의 물 위에 오르고 오솔길 사이로 넓게 펼쳐진 잔디 위로 호수와 폭포수 사이로 돌담 사이로 벤치와 맑은 하늘 위의 구름 사이로 호수 위의 수많은 오리들과 온통 사방의 동산 위에 가득 핀 노란 유채꽃의 감동 사이로 우리들의 이야기는 끝없이 끝없이 피어오릅니다. 그곳에는 세월의 빠름도 지나간 시간의 억울하고 분한 사연들도 한이 맺힌 슬픈 모습들도 볼 수 없고 만질 수 없는 안타까운 잊혀진 사람들도 그곳의 평화롭고 자유함에 다 덮여버렸습니다. 당신이 살아가는 세상, 내가 살아가는 세상, 우리가 살아가는 세상, 이 모든 것이 별반 다르지 않지만 각자의 생각이 다릅니다. 무엇이 마음을 어둡게 하고 무엇이 마음을 슬프게 하고 무엇이 마음을 자유롭지 못하게 하고 훼방하고 충동하고 다른 세상에 있게 합니다. 잠깐 지나간 시간 사이로 수많은 상념이 나를 사로잡고 추억이 되었습니다. 어느 순간 어디서부터인가 불어오는 바람에 꽃잎이 땅에 떨어지고 나무가 흔들리고 어두움이 내려와 적막한 세상이 되었습니다. 내 마음의 본향을 찾아서 그 고요함과 풍성함과 아름다움과 향기로움으로 가득한 그곳, 영원히 변치 않는 그곳, 악이 존재하지 않는 그곳, 그곳에서 영원히 그분과 함께 춤을 추며 노래할 겁니다.

소풍

사방을 둘러보니 어느 한곳에 눈을 머무를수 없는 마치 거대한 병풍이
펼쳐진 것 처럼 웅장한 태초의 모습의 깊은 산과 들을 지나
어제 나는 하나님을 사랑하는 교회 교우 몇분들과 설레이는 마음으로
한 정원을 다녀 왔습니다.
그 정원의 길을 따라 수많은 꽃들사이로 바람에 머리를 쓰담으며 웃으며 웃으며 걸었습니다
우리의 이야기는 나무와 꽃들사이로 연꽃이 연못의 물위에 오르고
오솔길 사이로 넓게 펼쳐진 잔디위로 호수와 폭포수사이로 돌담 사이로
벤치와 맑은 하늘위의 구름사이로 호수위의 수많은 오리들과
온통 사방의 동산위에 가득 핀 노란 유채꽃의 감동사이로
우리들의 이야기는 끝없이 끝없이 피어 오릅니다.
그곳에는 세월의 빠름도 지나간 시간의 억울하고 분한 사연들도
한이 맺힌 슬픈 모습들도 볼수없고 만질수 없는 안타까운 잊혀진 사람들도
그곳의 평화롭고 자유함에 다 덮혀 버렸습니다.
당신이 살아가는 세상 내가 살아가는 세상 우리가 살아가는 세상
이 모든것이 별반 다르지 않지만 각자의 생각이 다릅니다.
무엇이 마음을 어둡게 하고 무엇이 마음을 슬프게 하고
무엇이 마음을 자유롭지 못하게 하고 해방하고 충동하고 다른세상에 있게 합니다.
잠깐 지나간 시간사이로 수많은 상념이 나를 사로잡고 추억이 되었습니다.
어느 순간 어디서 부터인가 불어 오는 바람에
꽃잎이 땅에 떨어지고 나무가 흔들리고
어두움이 내려와 적막한 세상이 되었습니다.
내 마음의 본향을 찾아서
그 고요함과 풍성함과 아름다움과 향기로움으로 가득한 그곳
영원히 변치 않는 그곳
악이 존재하지 않는 그곳
그곳에서 영원히 그분과 함께 춤을 추며 노래 할겁니다.

28
책 한 권

하나님의 말씀이 기록되어진 성경책이 하나님이 되었습니다. 겨우 몇 천 년의 시간과 세월 안에 기록되어진 성경으로 인생들이 목숨으로 지키고 인생들이 서로 앙숙이 되어 처절하게 우리의 승리를 외칩니다. 서로 우리의 기록이 진실한 우리의 하나님이라고 서로 다른 성경으로 대적합니다. 이 작은 책 한 권으로 하나님의 전부라고 우리는 판단합니다. 한 어리석은 자가 기록되어진 성경의 일부로 하나님을 이해하고 사랑하여 사명을 감당하여 고난과 시련의 시간에 처하여 고통으로 신음한다면 참으로 슬프고 슬픈 사연입니다. 헤아릴 수조차 없는 수많은 어리석은 자들이 이 땅에 이 세월에 살아가고 있는지 나의 가슴엔 뜨거운 눈물이 흐릅니다. 이 성경을 수없이 닳도록 읽고 외우고 읽고 외워도 변하지 않는 것은 그냥 책 한 권입니다. 이 책 한 권에는 하나님이 우리를 향한 사랑의 이야기, 단 하나의 이야기입니다. 이 한 이야기의 의미를 한 권의 책으로 채우셨습니다. 이 말씀 안에서 무엇인가 새로운 것을 찾으려 한다면 당신의 교만은, 무지는 하늘을 찌를 것입니다. 당신이 진정 하나님을 아신다면 당신은 하나님이 될 겁니다. 말씀이라 하여 사람을 미혹하고 넘어지게 하는 자는 하나님의 진노하심을 피할 수 없습니다. 말씀이라 하여 처절한 고통을 당하는 어리석은 자가 되어선 안 됩니다. 나의 머리카락 한 가닥을 만드신 기록을 찾는다면, 들에 핀 작은 들꽃 한 송이의 기록을 찾는다면 모래 한 톨의 기록, 물 한 방울의 기록을 찾는다면 이 온 세상을 덮을 것입니다. 하나님의 기록이 필요하다면 이 광대한 우주의 역사보다도 더 광대한 기록이 있을 겁니다. 우리는 성경 위에 계신 그 깊음과 넓음을 측량조차 할 수 없는 하나님을 바라보아야 합니다. 그리고 성경에서 주신 참사랑을 찾으시고 마음에 담고 자유함을 얻어야 합니다. 하지만 그 사랑과 자유함에 도취되어 그냥 세상을 지나친다면 나는 하염없이 눈물을 흘리며 거룩하고 존귀한 분을 향하여 의인이 아니고 죄인이라고 고백하며 용서를 구할 겁니다. 나는 그분의 사랑을 성경을 통하여 전하고 싶습니다. 그 참사랑이 성경입니다. 성경은 하나님의 사랑입니다.

책 한권

하나님의 말씀이 기록되어진 성경책이 하나님이 되었습니다.
겨우 몇 천년의 시간과 세월안에 기록되어진 성경으로
인생들이 목숨으로 지키고 인생들이 서로 앙숙이되어 처절하게 우리의 승리를 외칩니다.
서로 우리의 기록이 진실한 우리의 하나님이라고 서로 다른 성경으로 대적합니다.
이 작은 책 한권으로 하나님의 전부라고 우리는 판단합니다.
한 어리석은 자가 기록되어진 성경의 일부로 하나님을 이해하고 사랑하며 사명을 감당하여
고난과 시련의 시간에 처하며 고통으로 신음한다면, 참으로 슬프고 슬픈 사연입니다.
헤아릴수 조차 없는 수많은 어리석은 자들이 이땅에 이 세월에 살아가고 있는지
나의 가슴엔 뜨거운 눈물이 흐릅니다.
이 성경을 수없이 닳토록 읽고 외우고 읽고 외워도
변하지 않는것은 그냥 책한권 입니다.
이 책 한권에는 하나님이 우리를 향한 사랑의 이야기 단 하나의 이야기 입니다.
이 한 이야기의 의미를 한권의 책으로 채우셨읍니다.
이 말씀안에서 무엇인가 새로운것을 찾으려 한다면, 당신의 교만은 무지는
하늘을 찌를 것입니다.
당신이 진정 하나님을 아신다면 당신은 하나님이 될겁니다.
말씀이라하여 사람을 미혹하고 넘어지게 하는 자는 하나님의 진노하심을 피할수 없읍니다.
말씀이라 하여 처절한 고통을 당하는 어리석은 자가 되어선 안됩니다.
나의 머리카락 한가닥을 만드신 기록을 찾는다면
들에 핀 작은 들꽃 한송이의 기록을 찾는다면
오래 찬돌의 기록 물 한방울의 기록을 찾는다면, 이 온세상을 덮을것입니다.
하나님의 기록이 필요하다면 이 광대한 우주의 역사 보다도
더 광대한 기록이 있을 겁니다.
우리는 성경위에 계신 그 깊음과 넓음을 측량조차 할수없는
하나님을 바라 보아야 합니다.
그리고 성경에서 주신 참사랑을 찾으시고 마음에 담고 자유함을 얻어야 합니다.
하지만 그 사랑과 자유함에 도취되어 그냥 세상을 지나친다면
나는 하염없이 눈물을 흘리며 거룩하고 존귀한 분을 향하여
의인이 아니고 죄인이라고 고백하며 통회는 구할 겁니다.
나는 그분의 사랑을 성경을 통하여 전하고 싶읍니다.
그 참사랑이 성경입니다.
성경은 하나님의 사랑 입니다.

29

새벽의 빛

　고요한 별들의 세상은 사라지고 태양의 찬란한 빛이 새벽의 공기를 가르고 대지 위로 쏟아집니다. 아름답고 보배로운 소중한 모든 것들이 고요함 가운데 서서히 그 모습을 나타냅니다. 눈앞에 펼쳐지는 광대한 대지를 바라보며 나의 애절한 노래와 연주할 수 있는 모든 악기로 정성을 다하여 이 허공을 채워갑니다. 그런데 내가 이루고자 하는 모든 것들, 사랑이며 어떤 노력이며 사명과 헌신은 안개처럼 사라지는데 아름답고 향기로운 추억은 꽃이 되어 이슬로 맺혀 있습니다. 나는 그 어떤 기억이라도 소중히 간직하기를 간절한 마음으로 이 새벽의 아침을 맞이합니다. 잊혀져 가는 모든 것들로부터 다시 그 추억들이 선명하게 떠오를 때 우리의 사랑이 얼마나 고귀한 것인가를 알려줍니다. 아름다운 세상을 볼 수 있는 사람은 감사를 아는 사람입니다. 가족과 이웃을 돌보는 사람은 사랑을 아는 사람입니다. 살아 움직이고 성장하는 모든 것을 느낄 수 있는 사람은 인생의 소중함을 깨닫고 그분과 함께 동행하는 슬기로운 사람입니다. 우리의 모든 기억과 추억은 마음의 본향에서 다시 발현되어집니다. 성령은 우리들을 본향으로 인도하시는 참 빛이십니다. 그 빛은 태고의 참사랑으로 눈이 부시도록 우리들 사이로 가득히 부어주십니다. 그러나 악한 영은 가장된 거짓의 선한 모습으로 우리에게 다가옵니다. 열심과 충성과 헌신과 노력이 면류관이 되어 영생을 이룬다고 선동합니다. 위선과 화려한 치장으로 금빛 왕관을 눌러 쓴 거대한 자 마귀가 그 찬란한 왕좌에 앉아 하나님이 되어 모든 자의 무릎을 꿇게 하고 두 손을 높이 들게 하고 목이 쉬라 찬양케 하고 광란의 춤을 추게 하고 복종케 합니다. 그 위선자와 그와 함께 있는 모든 것들이 멸망의 늪에 떨어지고 떨어지면서 슬피 울며 이를 갈며 후회할 겁니다. 참사랑이신 그분은 기쁨과 환희의 근원이십니다. 참 자유 안의 평강이 이루어진 곳에서 은은히 울리는 종소리를 들으며 울창한 숲속 고목의 그늘 아래 행복한 쉬임을 이루어야 합니다. 그리고 그분과 함께 사랑의 세레나데를 부르며 환희의 가득한 춤을 추고 새벽의 빛의 소리를 기쁨으로 가득 마음에 담고 그리움으로 달려갑니다. 눈물로 젖은 아름다운 사랑의 시를 그분이 계신 곳에 마음을 다하고 정성을 다하여 보냅니다. 새벽의 빛은 내 마음의 본향으로부터 오는 눈물과 감동으로 얼룩진 은혜의 소식입니다.

새벽의 빛

고요한 별들의 세상은 사라지고 태양의 찬란한 빛이 새벽의 공기를 가르고 대지위로 쏟아집니다
아름답고 보배로운 소중한 모든것들이 고요함 가운데 서서히 그 모습을 나타냅니다
눈앞에 펼쳐지는 광대한 대지를 바라보며 나의 애절한 노래와
연주할수있는 모든 악기로 정성을 다하여 이 허공을 채워갑니다
그런데 내가 이루고자하는 모든것들 사랑이며 어떤 노력이며 사명과 헌신은
안개처럼 사라지는데 아름답고 향기로운 추억은 꽃이파리 이슬로 맺혀 있습니다.
나는 그 어떤 기억이라도 소중히 간직하기를 간절한 마음으로 이 새벽의 아침을 맞이합니다
잊혀져가는 모든것들로부터 다시 그 추억들이 선명하게 떠오를때
우리의 사랑이 얼마나 고귀한것인가를 알려 줍니다.
아름다운 세상을 볼수있는 사람은 감사를 아는 사람입니다.
가족과 이웃을 돌보는 사람은 사랑을 아는 사람입니다.
살아 움직이고 성장하는 모든것을 느낄수있는 사람은 인생의 소중함을 깨닫고
그분과 함께 동행하는 슬기로운 사람입니다
우리의 모든 기억과 추억은 마음의 본향에서 다시 발현되어 집니다.
사랑은 우리들을 본향으로 인도하시는 참빛이십니다.
그 빛은 태고의 참사랑으로 눈이 부시도록 우리들 사이로 가득히 부어주십니다.
그러나 악한 영은 가장된 거짓의 선한모습으로 우리에게 다가옵니다.
열심과 충성과 헌신과 노력이 면류관이며 영생을 이룬다고 선동 합니다.
위선과 화려한 치장으로 금빛 왕관을 둘러 쓴 거대한자 마귀가
그 찬란한 왕좌에 앉아 하나님이 되어 모든자의 무릎을 꿇게 하고
두손을 높이 들게하고 목이 쉬어 찬양케하고 광란의 춤을 추게하고 복종케 합니다.
그 위선자와 그와 함께 있는 모든것들이 멸망의 늪에
떨어지고 떨어지면서 슬피 울며 이를 갈며 후회 할겁니다.
참 사랑이신 그분은 기쁨과 환희의 근원이십니다
참 자유안의 평강이 이루어진곳에서 은은히 울리는 종소리를 들으며
울창한 숲속 고목의 그늘아래 행복한 쉬임을 이루어야 합니다.
그리고 그분과 함께 사랑의 세레나데를 부르며 환희의 가득한 춤을 추고
새벽의 빛의 소리를 기쁨으로 가득 마음에 담고 그리움으로 달려갑니다.
눈물로 젖은 아름다운 사랑의 시를
그분이 계신 곳에 마음을 다하고 정성을 다하여 보냅니다
새벽의 빛은 내 마음의 본향으로 부터 오는
눈물과 감동으로 얼룩진 은혜의 소식입니다.

사색

　나는 산자와 죽은 자의 사이에서 사방이 막혀 있는 깊고 어두운 세상을 등지고 사색이라는 모자를 얼굴 전체에 깊게 눌러쓰고 미지를 향하고 긴 여행을 떠납니다. 산자는 살아있으니 세상을 볼 수 있고 느낄 수 있습니다. 죽은 자는 죽었으니 이 세상의 일부분 미세한 존재로 그 안에 스며 나타낼 겁니다. 지금 나는 산자도 죽은 자도 아닌 이 사이에서 방황하고 있습니다. 영과 육의 갈림길에 서 있습니다. 무엇을 할 수 있는 것도 아니고 무엇을 이루어 갈 수도 없는 나약하고 초라한 늙은이의 깊은 한숨만이 온 전신을 휘감고 있습니다. 캄캄한 어두움이 나의 시야에 공포스럽게 밀려옵니다. 한 가지 내가 얻을 수 있는 것은 이 순간의 시간을 유일한 나의 것으로 소유하는 일입니다. 이 세상도 저 세상노 이 시간을 나에게 허용하였습니다. 나와 우리는 이 시간을 소중하게 간직하고 진실함과 자유함을 찾고 나그네 일생을 하나님의 사랑으로 순간 순간 시간 시간을 이어가야 합니다. 한 치의 앞도 보이지 않는 어두운 세상의 노예가 되어 죄인처럼 늘 고통을 안고 한 맺힌 사연으로 산자는 살아갑니다. 산자의 즐거움은 보는 것, 입는 것, 먹는 것 그리고 성취한 전유물들입니다. 모든 것이 다 배설되어지고 지나가는 바람처럼 다가오고 스쳐 지나갑니다. 이 모든 즐거움은 세상이 주는 감미롭고 맛있는 미끼에 불과합니다. 산자는 죽은 자가 아닙니다. 죽은 자는 산자의 사정을 알지 못합니다. 산자는 산자의 할 일이 있어 서로 의지하며 살아갑니다. 죽은 자는 죽은 자들끼리 그들의 세상을 만들어 갑니다. 산자는 산자고 죽은 자는 죽은 자입니다. 나의 판단과 결정을 스스로 내릴 수 있는 시간은 산자와 죽은 자 사이의 시간입니다. 별들이 밤하늘을 아름답게 수를 놓고 평화로움이 마음에 가득할 때 이 순간이 본향을 향하여 그리움으로 편지를 쓸 수 있는 소중한 시간입니다. 산자는 죽은 자의 가는 길을 알 수 없습니다. 죽은 자는 산자의 삶에 그 어떤 영향을 줄 수 없는 아주 아주 먼 곳으로 떠납니다. 지금 이 캄캄한 사색의 시간에 그분을 만나야만 합니다. 찬란한 빛 가운데 계신 존귀하시고 거룩하신 분 그분을 만나야 합니다. 그분은 전혀 무서우신 심판의 하나님이 아니십니다. 용서와 사랑과 인내하심으로 우리 모두를 기다리고 계십니다. 사색의 시간에 우리는 기도해야 합니다. 우리를 위하여 모든 것을 내어주시고 계획하시고 준비하시는 그분께 단 한마디 진심의 고백이 필요합니다. 사랑합니다.

사색

나는 지금 산자와 죽은자의 사이에서 사방이 막혀있는 깊고 어두운 세상을 등지고
사색이 주는 모자를 얼굴전체에 깊게 눌러쓰고 미지를 향하고 긴 여행을 떠납니다.
산자는 살아있으니 세상을 볼수있고 느낄수 있습니다.
죽은자는 죽었으니 이 세상의 일부분 미세한 존재로 그안에 스며 나타날겁니다
지금 나는 산자도 죽은자도 아닌 이 사이에서 방황하고 있습니다
명과 욕의 갈림길에 서 있습니다.
무엇을 할수있는것도 아니고 무엇을 이루어 갈수도 없는 나약하고 초라한
늙은이의 깊은 한숨만이 온 전신을 휘감고 있습니다.
캄캄한 어두움이 나의 시야에 공포스럽게 밀려옵니다
한가지 내가 얻을수 있는것은 이 순간의 시간을 유일한 나의 것으로 소유하는 일입니다.
이 세상도 저 세상도 이 시간을 나에게 허용하였습니다.
나와 우리는 이 시간을 소중하게 간직하고 진실함과 자유함을 찾고
나그네 일생을 하나님의 사랑으로 순간 순간 시간 시간을 이어가야 합니다.
한치의 앞도 보이지 않는 어두운 세상의 노예가 되어 죄인처럼
늘 고통을 안고 한맺힌 사연으로 산자는 살아갑니다
산자의 즐거움은 보는것 입는것 먹는것 그리고 성취한 점유물들 입니다
모든것이 다 배설되어지고 지나가는 바람처럼 다가오고 스쳐 지나갑니다.
이 모든 즐거움은 세상이 주는 값비롭고 맛있는 마취에 불과합니다.
산자는 죽은자가 아닙니다. 죽은자는 산자의 사정을 알지못합니다
산자는 산자의 할일이 있어 서로 의지하며 살아갑니다.
죽은자는 죽은자들끼리 그들의 세상을 만드는 갑니다
산자는 산자고 죽은자는 죽은자 입니다.
나의 판단과 결정을 스스로 내릴수 있는 시간은 산자와 죽은자 사이의 시간입니다.
별들이 반짝들을 아름답게 수를놓고 평화로움이 마음에 가득할때
이 순간이 분향을 향하여 그리움으로 편지를 쓸수있는 소중한 시간 입니다.
산자는 죽은자의 가는길을 알수없습니다.
죽은자는 산자의 삶에 그 어떤 영향을 줄수없는 아주 아주 먼곳으로 떠납니다
지금 이 캄캄한 사색의 시간에 그분을 만나야만 합니다.
찬란한 빛 가운데 계신 존재하시고 거룩하신분 그분을 만나야 합니다.
그분은 결코 무서운 심판의 하나님이 아니십니다
용서와 사랑과 인내하심으로 우리 모두를 기다리고 계십니다.
사색의 시간에 우리는 기도해야 합니다
우리를 위하여 모든것을 내어 주시고 계획하시고 준비 하시는 그분께
단 한마디 진실의 고백이 필요합니다.
사랑합니다.

31

믿음

    당신은 세상의 권력자 앞에서는 그렇게 연약하게 굴복하면서 세상을 주관하시는 하나님에겐 왜 그리 당당하십니까? 당신은 재물을 얻기 위해 갖은 방법으로 연구하고 머리를 굴리는데 거룩하고 영화로운 영원한 세상의 소식에는 왜 그리 둔하십니까? 당신은 당신의 사랑을 얻기 위해 거짓 눈물을 흘리고 거짓 고백을 하며 갖은 애를 쓰는데 진실한 사랑을 얻기 위해 그분과의 대화는 왜 그리 인색하십니까? 당신은 가족에게 희생하고 소중히 하고 숨기고 감싸는데 가족이 함께 영생으로 가는 길을 왜 그리 외면하십니까? 당신은 즐거움과 기쁨을 얻기 위해 정신을 온통 그 일들에 집중하는데 그 시간이 지나면 허망하게 다 사라질 것에 왜 그리 미련을 두십니까? 당신은 안락하고 포근한 삶을 동경하고 그 삶을 이 땅에서 찾으려 하는데 그 어디에도 마음을 두지 못하고 육신조차 허물어지는 삶에 왜 그리 안타까워하십니까? 어디에서부터인가 영하의 찬바람이 불어오고 눈보라가 휘몰아치는데 우리들의 이야기는 여기에서 멈추어 버립니다. 고집스런 나만의 세상에서 만들고 부수고 또 만들고 후회하고 좋은 날이 오리라 손꼽아 기다리지만 나의 세상은 무심히 흘러갑니다. 나는 늘 기도에 힘씁니다. 나는 당신을 위하여 늘 기도합니다. 나는 늘 찬송가를 듣고 목사님들의 훌륭한 말씀을 종일 듣고 삽니다. 나는 언제나 성경을 읽고 묵상하며 하루의 대부분을 지냅니다. 나의 의가 세상에 나타날 때 이 종교적 행위를 높은 산에 올라 세상을 향하고 나누어 줄 때 이 노력의 결과는 다 허공에 사라집니다. 나의 믿음이 장사꾼의 호객하는 행위의 믿음이 되었습니다. 믿음은 그분과 나 자신의 은밀한 깊은 대화에서 얻어지는 비밀스런 진실입니다. 기도하는 사람은 조용히 주님과 대화를 나누는 사람입니다. 그러나 우리의 믿음은 우리의 기도가 누군가에게 전해지기를 원합니다. 기도가 입으로든 마음으로든 세상으로 나타나기를 원한다면 주님과의 약속이 거짓이 되고 요란한 북소리에 불과합니다. 믿음은 메아리가 되어 멀어져 가고 다시는 볼 수 없는 허망한 꿈이 되었습니다. 함께 합심으로 기도할 제목이 있다면 주님은 우리와 함께하실 겁니다. 믿음의 사람들은 만남의 기쁨이 있고 함께 기도할 수 있습니다. 너희 두세 사람이 있는 곳엔 내가 함께하신다고 말씀하셨습니다. 당신의 기도가 세상에 전해지길 원한다면 함께 찬양하고 함께 기도하고 함께 말씀을 듣고 함께 성경을 묵상하고, 이 노력은 세상에 빛과 소금이 될 겁니다. 믿음은 그분과 나의 영원한 약속입니다.

믿음

당신은 세상의 권력자 앞에서는 그렇게 연약하게 굴복하면서
세상을 주관하시는 하나님에겐 왜 그리 당당하십니까 —
당신은 재물을 얻기위해 갖은 방법으로 연구하고 머리를 굴리는데
거룩하고 영화로운 영원한 세상의 소식에는 왜 그리 둔하십니까 —
당신은 당신의 사랑을 얻기위해 거짓눈물을 흘리고 거짓 고백을 하며 갖은 애를 쓰는데
진실한 사랑을 얻기위해 그분과의 대화는 왜 그리 인색하십니까 —
당신은 가족에게 희생하고 소중히 하고 숨기고 감싸는데
가족이 함께 영생으로 가는길은 왜 그리 외면하십니까 —
당신은 즐거움과 기쁨을 얻기위해 정신을 몰두 그일들에 집중하는데
그 시간이 지나면 허망하게 다 사라질것에 왜 그리 미련을 두십니까 —
당신은 안락하고 포근한 삶을 동경하고 그 삶을 이땅에서 찾으려 하는데
그 어디에도 마음을 두지 못하고 육신조차 허물어지는 삶에 왜 그리 안타까워 하십니까 —
어디에서 부터인가 영하의 찬바람이 불어오고 눈보라가 휘몰아 치는데
우리들의 이야기는 여기에서 멈추어 버립니다.
고집스런 나만의 세상에서 만들고 부수고 또 만들고 후회하고 —
좋은날이 오려나 손꼽아 기다리지만 나의 세상은 무심히 흘러갑니다
나는 늘 기도에 힘씁니다 나는 당신을 위하여 늘 기도합니다.
나는 늘 찬송가를 듣고 목사님들의 훌륭한 말씀을 종일 듣고 삽니다.
나는 언제나 성경을 읽고 묵상하며 하루의 대부분을 지냅니다.
나의 의가 세상에 나타날때 이 종교적 행위를 높은산에 올라 세상을 향하고
나누어 줄때 이 오직의 결과는 다 허공에 사라집니다
나의 믿음이 장사꾼의 호객하는 행위의 믿음이 되었습니다
믿음은 그분과 나자신의 은밀한 같은 대화에서 얻어지는 비밀스런 진실입니다.
기도하는 사람은 조용히 주님과 대화를 나누는 사람입니다.
그러나 우리의 믿음은 우리의 기도가 누군가에 전해지기를 원합니다.
기도가 입으로든 마음으로든 세상으로 나타나기를 원한다면 —
주님과의 약속이 거짓이 되고 요란한 북소리에 불과 합니다
믿음은 메아리가 되어 멀어져 가고 다시는 볼수없는 허망한 꿈이 되었습니다
함께 합심으로 기도할 제목이 있다면 주님은 우리와 함께 하실겁니다.
믿음의 사람들은 만남의 기쁨이 있고 함께 기도 할수 있습니다.
너희 두 세사람이 있는곳엔 내가 함께 하신다고 말씀하셨습니다
당신의 기도가 세상에 전해지길 원한다면 —
함께 찬양하고 함께 기도하고 함께 말씀을 듣고 함께 성경을 묵상하고 —
이 오직은 세상에 빛과 소금이 될겁니다
믿음은 그분과 나의 영원한 약속입니다.

악령의 실체

볼 수 없고 만질 수 없는 존재가 영으로 우리의 주위에 늘 함께 하며 역사합니다. 뚜렷하고 선명하게 나타나지는 않지만 우리는 그 존재들을 부정하지 않습니다. 희뿌연 안개 속 먼발치에 존재하는 것들에 대한 동경과 그것들의 능력으로 무엇을 우리에게 주고 있는지 그 정체를 숨기고 우리는 알지 못한 채 굴복을 당합니다. 이미 마음 안에 기생하는 어두움은 점점 더 그 농도를 짙게 하고 덮어갑니다. 그것들의 실체는 악령입니다. 귀신들의 놀이터는 우리의 마음 안에 있습니다. 하지만 그것들이 주는 느낌을, 속삭임을 여과할 수 있는 슬기로움이 우리의 의식에 존재합니다. 그것들의 달콤한 유혹의 춤이 온통 우리 가운데 역사하고 있는데 우리는 그들의 궤계 안에서 즐거움으로 광란의 갈춤을 춥니다. 그들의 속삭임이 더욱더 구체화되고 거짓 사랑으로 유혹을 이루는데 어리석은 자들은 그것들과 포옹하고 악수하고 아우성치며 눈물을 흘립니다. 그것들이 무엇을 원하는지 무엇을 얻으려 하는지 무엇을 위하여 이 칼춤을 추게 하는지 전혀 알지 못한 채 허약하고 부족한 것을 얻기 위해 그들의 노예가 되었습니다. 어리석고 불쌍한 인생들이 길바닥에 너절하게 누워 있습니다. 인생들이 그들의 부속물이 되고 인생들이 끝이 없는 신음과 고통으로 강이 되어 흐르고 그 강이 핏물로 붉게 변하여 흘러가고 있습니다. 본향을 향한 마음의 창문마저 그것들은 굳게 잠가버렸습니다. 그러나 우리는 본향을 향하고 창에 기대어 있을 때 그곳에서 들려오는 사랑의 은은한 교회의 종소리를 마음에 가득 담을 수 있습니다. 그리고 향기롭고 맑은 종소리 안에서 본향의 소식을 전해주시는 고마우신 존귀하시고 거룩하신 능력이 충만하신 성령님을 만날 수 있습니다. 이미 예수님은 이 세상의 거짓된 존재들에게 하나님의 심판을 선포하시고 불쌍히 여기시고 우리의 마음에서 쫓아내셨습니다. 이제 우리는 우리에게 어두움으로 역사하는 악령의 실체에서 해방할 수 있습니다. 그분의 이름으로 성령님의 거대한 능력으로 결국 그들은 영원한 심판으로 무저갱 안으로 가두어지고 불같은 심판의 고통으로 영원히 태워져 연기처럼 사라질 겁니다. 비로소 우리는 우리의 마음의 본향을 향하여 창문을 활짝 열고 그분을 맞이할 수 있습니다. 어두움은 악취로 진동하고 칼춤을 추고 광란의 소란이 전부이지만 맑고 깨끗한 영롱한 향기로 가득한 곳은 우리의 마음의 본향입니다.

악령의 실체

볼수없고 만질수없는 존재가 영으로 우리의 주위에 늘 함께하며 역사합니다
무엇하고 선명하게 나타나지는 않지만 우리는 그 존재들을 부정하지 않습니다
희뿌연 안개속 먼발치에 존재하는것들에 대한 동경과 그것들의 능력으로
무엇을 우리에게 주고있는지 그 정체를 숨기고 우리는 알지못한채 굴복을 당합니다
이미 마음안에 기생하는 어두움은 점점더 그 농도를 짙게하고 덮어갑니다
그것들의 실체는 악령입니다. 귀신들의 놀이터는 우리의 마음안에 있습니다
하지만 그것들이 주는 느낌을 속삭임을 떨쳐버릴수없는 숨기운이 우리의 의식에 존재합니다
그것들의 달콤한 유혹의 춤이 온통 우리가운데 역사하고 있는데
우리는 그들의 체계안에서 즐거움을 찾고 광란의 칼춤을 춥니다
그들의 속삭임이 더욱 더 구체화되고 거짓사랑으로 유혹을 이끄는데
어리석은 자들은 그것들과 포옹하고 악수하고 아우성치며 눈물을 흘립니다
그것들이 무엇을 원하는지 무엇을 얻으려 하는지 무엇을 위하여 이 칼춤을 추게하는지
전혀 알지못한채 허약하고 부족한것을 얻기위해 그들의 노예가 되었읍니다
어리석고 불쌍한 인생들이 길바닥에 너절하게 누워있읍니다
인생들이 그들의 부속물이되고 인생들이 끝이없는 신음과 고통으로 강이되어 흐르고
그 강이 핏물로 붉게 변하여 흘러가고 있읍니다
본향을 향한 마음의 창문마저 그것들은 굳게 잠궈 버렸읍니다
그러나 우리는 본향을 향하고 창에 기대어 앉을때 그곳에서 들려오는
사랑의 은은한 교회의 종소리를 마음에 가득 담을수 있읍니다
그리고 향기롭고 맑은 종소리 안에서 본향의 소식을 전해 주시는
교만우신, 존귀하시고 거룩하신 능력이 충만하신, 성령님을 만날수 있읍니다
이미 예수님은 이 세상의 거짓된 존재들에게 하나님의 심판을 선포하시고
통렬히 여기시고 우리의 마음에서 쫓아내셨읍니다
이제 우리는 우리에게 어두움으로 역사하는 악령의 실체에서 해방할수 있읍니다
그분의 이름으로 성령님의 거대한 능력으로 결국 그들은
영원한 심판으로 무저갱안으로 가두어지고 불같은 심판의 고통으로
영원히 태워져 연기처럼 사라질겁니다
비로서 우리는 우리의 마음의 본향을 향하여 창문을 활짝 열고
그분을 맞이할수 있읍니다
어두움은 악취로 진동하고 칼춤을 추고 광란의 소란이 전부지만
맑고 깨끗한 영롱한 향기로 가득한곳은
우리의 마음의 본향 입니다

탐심

 시골 산길을 따라 한 오두막집을 향하여 한참을 정신없이 걸어가고 있습니다. 흙길을 따라 가을의 코스모스와 옥수수 나무들이 탐스럽게 열매를 맺고 있고 벼들은 영글어 고개를 숙이고 그 위로 메뚜기들이 뛰어오르고 잠자리들이 날고 작은 산들 사이로 맑은 시냇물이 청아한 소리와 함께 흐르고 있습니다. 사람의 손길이 닿지 않는 외진 이곳의 풍경은 실로 한 폭의 그림으로 평화로운 모습입니다. 가을의 따사로운 햇살이 눈이 부시게 쏟아지고 있습니다. 나는 아무 욕심이 없이 이 평화로움에 고요함에 젖어 있습니다. 졸졸졸 흐르는 시냇물의 맑은 소리와 그 위로 무지갯빛 물방울이 사방에서 튀어오르고 흐르는 물밑에는 고운 조약돌이 형형색색의 빛을 물 위로 나타내는데 나는 그 조약돌들을 하나 하나 만져보고 어찌 이리 고울까 경탄하며 이 많은 모든 돌들을 다 소유하고픈 충동으로 마음이 어지럽습니다. 한 폭의 그림으로 마음에 기억하고 간직해야 할 소중한 것을 어리석은 욕심은 할 수 없는 일들을 할 수 있다고 충동을 언제나 일으킵니다. 고운 돌 몇 개를 가져가려고 찾고 있는데 햇살이 비치고 있는 조약돌들은 흐르는 시냇물 안에서 각양각색의 황홀한 빛으로 나를 현혹하였지만 그 조약돌을 주워 밖에 놓으니 둥글둥글한 모습이 그 빛들이 사라지고 평범한 돌이 되었습니다. 나의 시골길 여행은 갖고 싶고 간직하고픈 충동으로 가득하였습니다. 이 갖고 싶고 간직하고픈 영롱한 조약돌들을 나의 수레에 실을 수 없습니다. 이 돌들이 맑은 시냇물 흐르는 물 안에 영롱하게 빛나는 모습으로 기억으로 모으고 남겨야 합니다. 욕심과 탐심이 심판 위에 놓여 있어 얼마나 많은 방황을 이루고 지난날들의 반성의 굴레에서 또 다른 심판을 스스로 내리고 그 고통 안에서 헤어 나오지 못합니다. 나의 마음 안엔 자유함이 있습니다. 나의 마음 안엔 욕정이 있고 욕심이 있고 탐심이 언제나 그 모습을 나타냅니다. 우리 마음 안에 역사하는 모든 상황은 영롱한 빛의 조약돌이 주는 유혹입니다. 우리는 이 모든 유혹에서 벗어날 수 없는 연약한 존재입니다. 그러나 스스로 내린 어리석은 심판으로 고통받고 슬퍼하지 마십시오. 갖고 싶은 것, 소유하고 싶은 것, 만지고 싶은 것들에 대하여 자유하십시오. 내 마음의 본향을 찾아 임할 때엔 나그네 때의 이루고 싶은 모든 것들을 미련조차 다 버려야 합니다. 본향에 이르기 전에 그 탐심들을 스스로의 심판에 가두지 말고 자유로운 나그네의 여행을 하십시오. 심판이라는 칼 아래 노예에서 해방하여 하나님의 사랑을 복음 안에서 붙들고 새로운 세상 영원히 자유한 곳에서 곱고 아름다운 모든 것을 소유합니다.

탐심

꽃 산길을 따라 한 오두막집을 향하여 한참을 정신없이 걸어가고 있습니다.
들길을 따라 가을의 코스모스와 옥수수 나무들이 탐스럽게 열매를 맺고 있고
벼들은 영글어 고개를 숙이고 그 위로 메뚜기들이 뛰어오르고 잠자리들이 나르고
작은 산들 사이로 맑은 시냇물이 청아한 소리와 함께 흐르고 있습니다
사람의 손길이 닿지 않은 외진 이곳의 풍경은 실로 한폭의 그림으로 평화로운 모습입니다
가을의 따사로운 햇살이 눈이 부시게 쏟아지고 있습니다.
나는 아무 욕심이 없이 이 평화로움에 고요함에 젖어 있습니다
졸졸졸 흐르는 시냇물의 맑은 소리와 그 위로 무지개 빛 물방울이 사방에서 튀어오르고
흐르는 물밑에는 고운 조약돌들이 형형색색의 빛을 물위로 나타내는데
나는 그 조약돌들을 하나 하나 만져보고 어찌 이리 고울까 경탄하며
이 맑은 모든 돌들을 다 소유하고픈 충동으로 마음이 어지럽습니다
한폭의 그림으로 마음에 기억하고 간직해야 할 소중한 것을
거기서 욕심은 할 수 없는 일들을 할수있다고 충동 언제나 일으킵니다.
고운돌 몇개를 가져 가려고 찾고 있는데 햇살이 비치고 있는 조약돌들은
흐르는 시냇물 안에서 각양 각색의 황홀한 빛으로 나를 현혹 하였지만
그 조약돌을 주워 밖에 놓으니 둥글 둥글한 모습이 그 빛들이 사라지고 평범한 돌이 되었습니다.
나의 시골길 여행은 갖고싶고 간직하고픈 충동으로 가득 차있습니다
이 갖고싶고 간직하고픈 영롱한 조약돌들은 나의 주레에 실을수 없습니다
이 돌들이 맑은 시냇물 흐르는 물안에 영롱하게 빛나는 모습으로 기억으로 모으고 남겨야 합니다
욕심과 탐심이 심판위에 줄여앉아 얼마나 많은 방황을 이루고
지난날들의 반성의 굴레에서 또 다른 심판을 스스로 내리고
그 고통안에서 헤어 나오지 못합니다
나의 마음안엔 자유함이 있습니다.
나의 마음안엔 목적이 있고 욕심이 있고 탐심이 언제나 그 모습을 나타냅니다
우리 마음안에 역사하는 모든 상황은 영롱한 빛의 조약돌이 주는 유혹입니다.
우리는 이 모든 유혹에서 벗어 날수 없는 연약한 존재입니다
그러나 스스로 내린 의로서은 심판으로 고통받고 슬퍼하지 마십시요
갖고 싶은것 소유하고 싶은것 만지고 싶은 것들에 대하여 자유하십시요
내 마음의 본향을 찾아 입찰때엔
나그네 때의 이루고 싶은 모든것들을 미련조차 다 버려야 합니다.
본향에 이르기전에 그 탐심들을 스스로의 심판에 가두지 말고
자유로운 나그네의 여행을 하십시요
심판이라는 칼 아래 노예에서 해방하여 하나님의 사랑을
복음안에서 붙들고 새로운 세상 영원히 자유한 곳에서
곱고 아름다운 모든것을 소유 합니다

34 춤과 노래

산이 노래합니다. 강이 노래합니다. 바다가 노래합니다. 구름이 흘러가며 노래하고 바람이 스치며 노래하고 별들이 아름다움으로 노래합니다. 먼동이 소리 없이 새벽을 노래합니다. 황혼의 노을 진 저녁이 수평선 너머로 사라지며 노래합니다. 이 노래들을 들으며 나는 콧노래를 부르며 미지의 세계를 향해 항해를 합니다. 진정 보고 싶은 사람들, 지금 만나고 싶은 사람들, 나의 간절한 마음으로 가득한 이 모습 이대로 이 들려오는 노래 안에 이 모든 분들과 함께 있기를 소망하고 그분께 기도합니다. 세상은 나를 화려하고 인위적인 욕망으로 붙잡고 이끌고 가지만 나는 언젠가 아주 먼 옛적에 들었을 듯한 본향의 향기가 노래로 들려옵니다. 나는 춤을 추며 기쁜 마음으로 한 분을 바라보았습니다. 그분은 이 세상에서 십자가를 지셨던 숭고한 사랑을 안으신 존귀하신 분이 싶니다. 그분은 나에게 나를 위해 무엇이든 하여 주시길 원하시는 전능하신 하나님이십니다. 눈에 보이는 광대한 우주 안의 모래알 같은 이 땅도 이다지 넓고 엄청난 광경이 아름다운 창조의 세계에 그 빛을 내뿜고 있습니다. 어두운 하늘 위로 빛나는 별들의 노래가 은하수 사이로 말없이 고요히 가슴에 아름다운 멜로디가 되어 흐르고 있습니다. 나는 이 고요하고 찬란한 침묵의 세계를 영원히 바라보고 있습니다. 그리고 진심으로 춤을 추며 노래하며 지금은 볼 수 없는, 내 곁에 영원히 함께하기를 기도하는 한 사람 한 사람을 그려봅니다. 한이 맺힌 춤과 노래는 어디론가 사라지고 슬픈 기억만이 남아 있습니다. 그분은 나를 향하여 위로하시고 슬픔을 닦아주시고 나에게로 오라고 하십니다. 나와 함께하는 세상은 영원히 그들과 춤추고 노래하며 이 세상에서 보여진 모든 것들을 누릴 수 있고 볼 수 있다고 말씀하십니다. 너희의 역사 안에 이루어진 모든 인위적인 화려한 것들은 이곳에선 필요치 아니하고 죄와 악이 존재하지 아니하는 거룩한 곳이라고 깨닫게 알려주십니다. 나는 감사함으로 끝없이 가슴에 흐르는 눈물을 숨기고 위대하시며 거룩하시며 사랑이 충만하신 그분을 향하여 또다시 춤을 춥니다. 노래를 부릅니다. 그분이 계신 그곳을 향하여 두 팔을 벌리고 사랑합니다. 사랑합니다. 고백합니다.

춤과 노래

산이 노래합니다. 강이 노래 합니다. 바다가 노래합니다.
구름이 흘러가며 노래하고 바람이 스치며 노래하고 별들이 아름다움으로 노래합니다.
먼동이 소리없이 새벽을 노래합니다.
황혼의 노을진 저녁이 수평선 너머로 사라지며 노래합니다.
이 노래들을 들으며 나는 콧노래를 부르며 미지의 세계를 향해 항해를 합니다.
진정 보고 싶은 사람들. 지금 만나고 싶은 사람들.
나의 간절한 마음으로 가득찬 이 모습 이대로 이 들려오는 노래안에
이 모든분들과 함께 있기를 소망하고 그분께 기도합니다.
세상은 나를 화려하고 인위적인 욕망으로 붙잡고 이끌고 가지만
나는 언젠가 아주 먼 옛적에 들었을 듯한 분향의 향기가 노래로 들려 옵니다.
나는 춤을 추며 기쁜 마음으로 한분을 바라 보았읍니다.
그분은 이 세상에서 십자가을 지셨던 숭고한 사랑을 안으신 존재하신 분이십니다
그분은 나에게 나를 위해 무엇이든 하여 주시길 원하시는 전능하신 하나님이십니다.
눈에 보이는 광대한 우주안의 모래알 같은 이땅도 이다지 넓고
엄청난 광경이 아름다운 창조의 세계에 그 빛을 내 뿜고 있고 있읍니다.
어두운 하늘위로 빛나는 별들의 노래가 은하수 사이로 만없이 고요히
가슴에 아름다운 멜로디가 되어 흐르고 있읍니다.
나는 이 고요하고 찬란한 침묵의 세계를 영원히 바라 보고 싶읍니다.
그리고 전심으로 춤을 추며 노래하며 지금은 볼수없는 내곁에 영원히
함께 하기를 기도하는 한사람 한사람을 그려 봅니다.
한이 맺힌 춤과 노래는 어데로가 사라지고 슬픈 기억만이 남아 있읍니다.
그분은 나를 향하여 위로하시고 슬픔을 딱아주시고 나에게로 오라고 하십니다.
나와 함께하는 세상은 영원히 그들과 춤추고 노래하며
이 세상에서 보여진 모든것들은 누릴수있고 볼수있다고 말씀 하십니다.
너희의 역사안에 이루어질 모든 인위적인 화려한 것들은 이곳에서 필요치 아니하고
저런 악이 존재하지 아니하는 거룩한 곳이라고 깨닫게 알려 주십니다.
나는 감사함으로 끝없이 가슴에 흐르는 눈물을 숨기고
위대하시며 거룩하시며 사랑이 충만하신 그분을 향하여
또 다시 춤을 춥니다 노래를 부릅니다
그분이 계신 그곳을 향하여 두팔을 벌리고
사랑합니다. 사랑합니다. 고백합니다

35
삼층천

첫 번째 하늘에선 나의 눈으로 가장 가까이 볼 수 있는 모든 사람들과의 세상입니다. 진실함이 거짓 사랑으로 변하고 탈색되고 경이로운 모든 신비로운 광경들이 무너지고 죽음의 고통이 연속으로 반복되어 다가오는 세상입니다. 두 번째 하늘을 바라봅니다. 이 우주의 광대함에 이 땅의 존재는 티끌에 불과하지만 그 광경이 별들과 성운이 흐르는 은하수와 함께 참으로 경탄하며 바라봅니다. 해와 달이 뜨고 지고 이 섭리가 영원하리라 생각합니다. 끝이 보이지 않는 흘러간 태고의 역사에 고개가 저절로 숙여지고 그 숙연함이 무릎을 꿇게 하고 그 전능하심과 지혜로우심을 찬송하고 기도합니다. 하지만 이 영원할 광대한 우주의 모든 것들이 이 또한 언젠가는 다 사라지는 하나님의 섭리 안에서 존재하는 한 폭의 그림 같은 그림에 불과합니다. 이 광대한 우주 안의 어느 별이든 그 무엇이든 영원한 존귀한 존재가 아닙니다. 우리의 본향은 어느 별이 아닙니다. 삼층천이 실존합니다. 사도 바울은 비몽사몽 간에 그 무엇인가에 이끌리어 순식간에 삼층천에 다녀왔다고 간증하였습니다. 셋째 하늘에 가려면 첫 번째 하늘을 지나고 둘째 하늘을 지나야 도달할 수 있습니다. 사도 바울은 죽은 사람이 되어 멀고 먼 그곳을 향하여 긴 여행을 해야 합니다. 사도 바울은 마음 안에 이루어진 이 우주보다 더 넓고 더 광대한 더 황홀하고 아름다운 곳, 마음의 본향에 산자로 순식간에 다녀왔습니다. 그곳은 죽음이 없고 시간이 존재하지 않는 영원한 새로운 세계입니다. 끝없이 이어지는 거대한 자연의 노래와 생명들의 춤으로 마치 신기루처럼 지나갑니다. 생명은 있는데 죽음이 없고 흑암도 없고 오직 찬란한 빛 사이로 영원한 고요함이 스며 있고 사랑의 서사시와 노래와 연주와 그분을 향한 찬양과 하나님을 향한 간절한 기도만이 이루어져 가는 진실한 곳입니다. 삼층천에는 이 땅에서 모진 핍박과 고난과 조롱을 당하신 피 흘리심으로 그분은 세상에 매여 있는 모든 한을 풀어주시며 이루어 주시고 사랑을 완성하셨습니다. 나는, 우리는 그분의 이 사랑의 깊이와 넓음을 어디까지 확인하려 하고 증거를 찾으려 하는지 진정 용서를 구하고 회개하기를 간구합니다. 삼층천의 천국은 먼 곳이 아닙니다. 그러나 누구나 갈 수 없는 아주 먼 곳에 있습니다. 내 마음의 본향은 삼층천에 있는 하나님의 나라 천국입니다. 예수님의 진실한 십자가의 사랑을 얻은 사람은 성령님의 인도하심으로 나의 마음에서 마음의 본향으로 함께 동행하여 주십니다. 예수님의 십자가를 마음에 담으십시오. 성령님의 인도하심을 간절히 기도하십시오. 당신은 지금 삼층천에 산자로 바울 사도처럼 다녀올 수 있습니다. 하지만 우리에겐 믿음이 있습니다.

삼층천

첫번째 하늘에선 나의 눈으로 가장 가까이 볼수있는 모든 사람들과의 세상입니다
진실함이 거짓 사랑으로 변하고 탈색되고 경이로운 모든 신비로운 광경들이
무너지고 죽음의 고통이 연속으로 반복되어 다가오는 세상입니다
두번째 하늘을 바라 봅니다. 이 우주의 광대함에 이 땅의 존재는 티끌에 불과하지만
그 광경이 별들과 성운이 흐르는 은하수와 함께 참으로 경탄하며 바라 봅니다.
해와달이 뜨고 지고 이 섭리가 영원하리라 생각합니다.
끝이 보이지 않는 흘러간 태고의 역사에 고개가 저절로 숙여지고 그 숙연함이
무릎을 꿇게하고 그 전능하심과 지혜로우심을 찬송하고 기도합니다.
하지만 이 영원할 광대한 우주의 모든것들이 이또한 언젠가는 다 사라지는
하나님의 섭리 안에서 존재하는 한폭의 그림같은 그림에 불과합니다
이 광대한 우주안의 어느별이든 그 무엇이든 영원한 존귀한 존재가 아닙니다.
우리의 본향은 어느 별이 아닙니다
삼층천에 실존합니다. 사도 바울은 비몽사몽간에 그 무엇인가에 이끌리어 순식간에
삼층천에 다녀 왔다고 간증하였읍니다
세째 하늘이 가려면 첫번째 하늘을 지나고 둘째 하늘을 지나야 도달할수 있읍니다.
사도 바울은 죽은 사람이 되어 멀고 먼 그곳을 향하여 긴 여행을 해야 합니다.
사도 바울은 마음안에 이루어진 이 우주보다 더 넓고 더 광대한 더 향훌하고
아름다운곳 마음의 본향에 산자로 순식간에 다녀 왔읍니다
그곳은 죽음이 없고 시간이 존재하지 않는 영원한 새로운 세계 입니다.
끝없이 이어지는 거대한 자연의 노래와 생명들의 춤으로 마치 신기루처럼 지나갑니다.
생명은 있는데 죽음이 없고 흑암도 없고 오직 찬란한 빛 사이로
영원한 고요함이 스며있고 사랑의 서사시와 노래와 연주와 그분을 향한 찬양과
하나님을 향한 간절한 기도만이 이루어져 가는 진실한곳입니다.
삼층천에는 이땅에서 모진 핍박과 고난과 조롱을 당하신 피 흘리심으로 그분은
세상에 매여있는 모든 한을 풀어주시며 이루어 주시고 사랑을 완성하셨읍니다.
나는 우리는 그분의 이 사랑의 깊이와 넓음을 어디까지 확인하려하고
증거를 찾으려하는지 진정 용서를 구하고 회개하기를 간구합니다.
삼층천의 천국은 먼곳이 아닙니다 그러나 누구나 갈수없는 아주 먼곳에 있읍니다.
내 마음의 본향은 삼층천에 있는 하나님의 나라 천국입니다.
예수님의 진실한 십자가의 사랑을 얻은 사람은 성경님의 인도하심으로
나의 마음에서 마음의 본향으로 함께 동행하여 주십니다.
예수님의 십자가를 마음에 담으십시요
성령님의 인도하심을 간절히 기도하십시요
당신은 지금 삼층천에 산자로 바울 사도 처럼 다녀 올수 있읍니다.
하지만 우리에겐 믿음이 있읍니다

36

부고

어제 오랜 시간을 함께한 지인 한 분이 이제 이 세상에선 다시 만날 수 없는 먼 곳을 향해 한마디 여행을 떠난다는 말도 없이 떠났습니다. 주마등처럼 떠오르는 수많은 기억들이 나의 가슴에 알알이 맺혀 있습니다. 남편이 되어 아버지가 되었고 할아버지가 되었습니다. 우리들이 원하는 세상은 언제나 즐거움과 감사함의 일상의 하루 하루를 지나기를 소원하며 기도합니다. 그러나 그분은 한마디 유언도 없이 영원의 세계로 들어갔습니다. 우리는 서로의 얼굴을 마주하고 충격으로 슬픈 마음을 가득 안고 당황하고 어색하여 웃어도 보고 허탈한 이야기로 서로 위로하지만 친구는 떠났습니다. 새벽의 기도 시간에서, 교회의 공동체 안에서, 같은 식탁에서 수많은 기억의 이야기는 우리의 마음 안에 차고 넘지지만 친구분은 사랑했던 가족을 남기고 친구들을 떠나 홀로 본향을 향해 갑니다. 나는 이 캄캄한 새벽의 시간에 글을 쓰고 있습니다. 이제 곧 새날이 밝아오고 인생들의 분주함에 나도 묻힐 겁니다. 특별히 변함이 없는 오늘 하루에 무슨 의미를 부여할 수 있는가 생각에 잠깁니다. 아무것도 찾을 수 없고 아무것도 소유할 수 없고 아무것도 이루어 갈 수 없는 나약하고 부족한 존재임을 울면서 고백합니다. 나는 남편입니다. 나는 아버지입니다. 나는 할아버지입니다. 나는 지인들이 많이 있습니다. 나는 건강하게 잘 살아갑니다. 이 모든 축복의 시간들은 사치스러운 잠시 잠깐 존재한 이 세상의 선물입니다. 잠시 머무는 나그네 인생에 무슨 미련이 있어 떠난 사람들을 안타깝게 찾으며 그리워하며 간절히 애원하며 조금 더 함께 있자고 바둥댑니다. 지평선 바다 위로 석양이 질 때 우리들은 이 슬픔을 간직해야 합니다. 이 세상 아름다움에 취해 있을 때 우리들은 이 고난의 시간을 간직해야 합니다. 우리들의 모든 것은 멀어지고 사라지고 파멸로 가겠지만 우리들의 마음 안엔 세상이 주는 화려함보다 더 아름답고 진실한 세상이 존재합니다. 우리들의 마음 안엔 성령이 함께 계십니다. 잊혀진 본향을 기억하게 하시고 그 본향으로 우리를 인도하십니다. 그 본향에서 오는 향기로운 미풍과 들려오는 은은한 환희의 노래에 우리들은 비로소 나는 남편이 되고 아버지가 되고 할아버지가 되어 진정 자유롭고 존귀한 존재로 변화될 것입니다. 그곳에 우리 모두 함께 영원히 머무를 것입니다. 그곳엔 우리를 기다리시고 안아주시는 보고 싶고 만나고 싶은 그분이 계십니다.

부고

어제 오랜시간을 함께 한 지인 한분이 이제 이세상에선 다시 만날수 없는
먼곳을 향해 한바퀴 여행을 떠난다는 말도 없이 먼곳으로 떠났습니다.
주마등처럼 떠오르는 수많은 기억들이 나의 가슴에 알알히 맺혀 있습니다.
남편이 되어 아버지가 되었고 할아버지가 되었습니다.
우리들이 원하는 세상은 언제나 즐거움과 감사함의 일상의 하루 하루를
지나가길 소원하며 기도합니다.
그러나 그분은 한마디 유언도 없이 영원의 세계로 들어 갔습니다.
우리는 서로의 얼굴을 마주하고 충격으로 슬픈 마음을 가득안고
당황하고 어색하여 웃어도 보고 허탈한 이야기로 서로 위로하지만 친구는 떠났습니다.
새벽의 기도시간에서 교회의 공동체안에서 같은식탁에서
수많은 기억의 이야기는 우리의 마음안에 차고 넘치지만
친구분은 사랑했던 가족을 남기고 친구들을 떠나 홀로 본향을 향해 갑니다.
나는 이 캄캄한 새벽의 시간에 글을 쓰고 싶습니다.
이제 곧 새날이 밝아오고 일상들의 분주함에 나도 묻힐 겁니다.
특별히 변함이 없는 오늘 하루에 무슨 의미를 부여 할수 있는가 생각에 잠깁니다.
아무것도 찾을수 없고 아무것도 소유할수없고 아무것도 이루어갈수없는
나약하고 부족한 존재임을 울면서 고백합니다.
나는 남편입니다. 나는 아버지 입니다. 나는 할아버지 입니다.
나는 지인들이 많이 있습니다. 나는 건강하게 잘 살아갑니다.
이 모든 축복의 시간들은 사치스러운 잠시 잠깐 존재한 이세상의 선물입니다.
잠시 머무는 나그네 인생에 무슨 미련이 있어 떠난 사람들을 안타깝게 찾으며
그리워 하며 간절히 애원하며 조금더 함께 있자고 바둥댑니다.
지평선 바다위로 석양이 질때 우리들은 이 슬픔을 간직해야 합니다.
이 세상 아름다움에 취해있을때 우리들은 이 고난의 시간을 간직해야 합니다.
우리들의 모든것은 멀어지고 사라지고 파멸로 가겠지만
우리들의 마음안엔 세상이 주는 화려함 보다더 아름답고 진실한 세상이 존재합니다.
우리들의 마음안엔 성령이 함께 계십니다.
잊혀진 본향을 기억하게 하시고 그 본향으로 우리를 인도하십니다.
그 본향에서 오는 향기로운 미풍과 들려오는 은은한 찬회의 노래에
우리들은 비로서 나는 남편이 되고 아버지가 되고 할아버지가 되어
진정 자유롭고 존귀한 존재로 변화 될것입니다.
그곳에 우리 모두 함께 영원히 머무를것입니다.
그곳엔 우리를 기다리시고 안아주시는 보고싶고 만나고싶은
그분이 계십니다.

영생

　어떤 사람이 나를 판단하여 정신 나간 미친 사람이라 하고 어떤 사람은 나를 판단하여 이 말에 근거를 찾아 설명하라 하고 또 어떤 사람은 꿈같은 상상의 글을 쓴다 합니다. 하지만 나는 나의 마음의 본향으로부터 보여지고 들려오는 말씀을 전하고 싶습니다. 그 본향을 떠나온 나그네는 그곳을 향한 그리움으로 가득합니다. 그곳은 거짓이 없고 전쟁이 없고 자랑이 없고 슬픔이 없는 아름다운 곳입니다. 참사랑의 은은한 향기로 가득 채워진 그곳 내 마음의 본향을 그리움으로 충만할 때 잠시 보여지는 황홀한 광경들과 그곳의 아름다운 이야기를 들려주고 싶습니다. 예수님을 처음 만났던 그때 성령이 나의 마음에 임하시고 그분은 그 본향을 더욱더 선명하게 보게 하시고 그 본향의 향기로움을 이 땅에서 가득 나의 마음에 채워주셨습니다. 온 세상이 새롭게 새로움으로 다시 태어난 듯 모든 생명의 환희의 몸짓과 흘러가는 구름과 봄바람의 따뜻함은 처음으로 다시 느끼는 사랑의 메아리입니다. 이 땅에선 갈 수 없는 시간과 공간을 초월하고 무궁한 지혜와 능력이 충만한 그곳으로 순간 홀연히 성령이 인도하십니다. 나의 마음은 그 무궁한 지혜와 능력 안에 임하고 존재합니다. 어떤 자들의 무덤엔 보석과 보화로 가득 채워 그것들과 그 안에서 영원히 영원한 화려한 세상을 만난다고 허탄한 짓을 합니다. 가여운 인생들, 불쌍한 목숨들, 어리석은 자들이 지하의 땅속에서 다시 회복하여 환생한다 합니다. 마음의 범위는 자신의 눈으로 볼 수 있는 세상에서 벗어나지 못합니다. 세상에서 얻은 것들 그 풍족함으로 그 노력으로 영생을 누릴 수 있다고 확신합니다. 영생의 축복은 오직 한 길뿐입니다. 눈으론 볼 수 없는 무한한 마음의 세계를 바라보아야 합니다. 그 마음의 본향에 내가 존재할 때, 거룩하시고 존귀하신 분을 만났을 때 성령의 고요함이 음성으로 들립니다. 그분이 내 마음 안에서 역사하시고 영생으로 축복하시고 인도하십니다. 이 땅에서 그분과 함께 동행을 이루고 죽음이 오면 그분과 함께 영원한 생명이 호흡하는 본향으로 돌아갑니다. 나그네 인생은 본향을 그리워하며 그곳을 간절히 사모하는 지혜로운 삶이 절대로 필요합니다. 예수님은 이 모든 것을 예비하시고 축복하십니다. 영생은 그분의 참 사랑입니다.

영 생

어떤사람이 나를 판단하여 정신나간 미친사람이라 하고
어떤 사람은 나를 판단하며 이 말에 근거를 찾아 설명하라하고
또 어떤사람은 꿈같은 상상의 글을 쓴다 합니다
하지만 나는 나의 마음의 본향으로 부터 보여지고 들려오는 말씀을 전하고 싶습니다.
그 본향을 떠나온 나그네는 그곳을 향한 그리움으로 가득합니다.
그곳은 거짓이 없고 전쟁이 없고 자랑이 없고 슬픔이 없는 아름다운 곳입니다.
참사랑의 은은한 향기로 가득 채워진 그곳
내 마음의 본향을 그리움으로 충만할때 잠시 보여지는 황홀한 광경들과
그곳의 아름다운 이야기를 들려주고 싶습니다.
예수님을 처음 만났던 그때 성령이 나의 마음에 임하시고
그분은 그 본향을 더욱 더 선명하게 보게하시고
그 본향의 향기로움을 이 땅에서 가득 나의 마음에 채워 주셨습니다.
온 세상이 새롭게 새로움으로 다시 태어난듯 모든 생명의 환희의 몸짓과
흘러가는 구름과 봄바람의 따뜻함을 처음으로 다시 느끼는 사랑의 메아리입니다.
이 땅에선 갈수없는 시간과공간을 초월하고 무궁한 지혜와 능력이 충만한
그곳으로 순간 홀연히 성령이 인도하십니다.
나의 마음은 그 무궁한 지혜와 능력안에 임하고 존재합니다
어떤자들의 무덤엔 보석과 보화로 가득 채워 그것들과 그안에서 영원히
영원한 화려한 세상을 만난다고 허튼한 짓을 합니다.
가여운 인생들. 불쌍한 목숨들. 미련한 자들이 지하의 땅속에서
다시 회복하여 환생한다 합니다
마음의 범위를 자신의 눈으로 볼수밖는 세상에서 벗어나지 못합니다.
세상에서 얻은것들 그 풍족함으로 그 노력으로 영생을 누릴수있다고 확신합니다.
영생의 축복은 오직 한길뿐입니다.
눈으로 볼수없는 무궁한 마음의 세계를 바라 보아야 합니다.
그 마음의 본향에 내가 존재할때 거룩하시고 존귀하신 분을 만났을때
성령의 고요함의 음성으로 들립니다.
그분이 내 마음안에서 역사하시고 영생으로 축복하시고 인도하십니다.
이 땅에서 그분과 함께 동행을 이루고 죽음이 오면 그분과 함께
영원한 생명이 흐르는 본향으로 돌아 갑니다.
나그네 인생은 본향을 그리워 하며 그곳을 간절히 사모하는
지혜로운 삶이 절대로 필요합니다
예수님은 이 모든것을 예비 하시고 축복하십니다
영생은 그분의 참사랑입니다.

암흑

　기억할 수 없는 어느 때인가부터 나는 흑암의 어둡고 깊은 감옥에 갇혀 있습니다. 누가 나를 이곳에 가두었는지 무엇 때문에 무슨 잘못으로 이 캄캄한 감옥에 갇혀 있는지 나는 전혀 알 수가 없습니다. 빛이라곤 전혀 없는 이곳에서 짐승같이 울부짖고 소리치며 창백한 모습으로 죽고 싶어도 죽지 못하고 겨우겨우 살아갑니다. 그래도 사람인데 사람답게 사랑도 하고 미래에 대한 희망도 갖고 잘 살아야 하는데 캄캄한 감옥에 있습니다. 감옥이니 확실히 밖에는 푸른 하늘이 있고 맑은 공기를 마음껏 마실 수 있는 자유가 있으리라 나는 늘 생각하고 그리워합니다. 이 감옥이 한때는 아름다운 강산을 이루고 계곡에 흐르는 물소리를 내고 맑은 하늘에는 수많은 생명이 축복으로 노래하며 지나가고 잔잔한 호수 위엔 은빛 물방울이 수없이 반짝이는 감동의 장소였습니다. 하지만 지금은 이 모든 것들이 다 사라지고 어두움만 가득한 진노의 장소로 변해버렸습니다. 결코 스스로 이 감옥에서 저 높고 넓은 세상으로 나갈 수가 없습니다. 이 깊은 어두움에서 벗어날 수 있는 지혜와 능력이 나에겐 없습니다. 점점 더욱더 무력하고 초라한 존재로 비참하게 하고 힘을 잃게 하고 절망의 낭떠러지 끝으로 몰아갑니다. 나는 알고 있습니다. 결국은 언젠가 이곳에 장사되어 흙이 되어지고 가루가 되어 이 어두운 어둠의 그늘 아래 어느 곳에 버려진다는 것을 압니다. 내 안에 간직한 그리움의 노래며 고뇌의 시며 황홀한 협주곡이며 애절한 사랑이며 이 모든 것들도 남김없이 함께 버려졌습니다. 나는 희망이 없습니다. 모든 것을 포기하고 편안하게 비로소 잠을 청했습니다. 꿈을 꾸었습니다. 꿈속의 세상은 영원한 빛이 찬란하게 형용할 수 없는 영롱한 아름다운 세상입니다. 그곳의 모든 것들은 최상의 아름다움과 영원한 생명들의 자유함과 참사랑의 애달픈 모습이 그곳엔 절절히 흐르고 있습니다. 새로운 세상의 일꾼은 하나님이셨습니다. 함께 일하시는 아드님이 계시고 두 분 사이로 지혜의 영이 맑고 투명한 거대한 구름같이 품으시고 함께 쉼 없이 일하시고 계십니다. 나의 꿈은 영원한 현실이 되었습니다. 나는 이 꿈에서 깨어나지 않으렵니다. 암흑은 빛을 이길 수 없습니다.

암흑

기억할수없는 어느때인가부터 나는 흑암의 어둡고 깊은 감옥에 갇혀 있읍니다
누가 나를 이곳에 가두었는지 무엇때문에 무슨 잘못으로
이 캄캄한 감옥에 갇혀 있는지 나는 전혀 알수가 없읍니다
빛이라곤 전혀없는 이곳에서 짐승같이 울부짖고 소리치며
창백한 모습으로 죽고 싶어도 죽지 못하고 겨우 겨우 살아갑니다
그래도 사람인데 사람답게 사랑도 하고 미래에 대한 희망도 갖고 잘 살아야 하는데
캄캄한 감옥에 있읍니다
감옥이나 확실히 밖에는 푸른 하늘이 있고, 맑은 공기를 마음껏 마실수 있는
자유가 있으리라 나는 늘 생각하고 그리워 합니다
이 감옥이 한때는 아름다운 강산을 이루고 계곡에 흐르는 물소리를 내고
맑은 하늘에는 수많은 생명이 축복으로 노래하며 지나가고
잔잔한 호수위엔 은빛 물방울이 수없이 반짝이는 감동의 장소였읍니다
하지만 지금은 이 모든것들이 다 사라지고
어두움만 가득한 진노의 장소로 변해 버렸읍니다
결코 스스로 이 감옥에서 저 높고 넓은 세상으로 나갈수가 없읍니다
이 깊은 어두움에서 벗어날수 있는 지혜나 능력이 나에겐 없읍니다
점점 더욱더 무력하고 초라한 존재로 비참하게하고
힘을 잃게하고 절망의 낭떠러지 끝으로 몰아갑니다
나는 알고 있읍니다. 결국은 언젠가 이곳에 장사되어 흙이 되어지고 가루가 되어
이 어두운 이곳의 그늘아래 어느곳에 버려 진다는 것을 압니다
내안에 간직한 그리움의 노래며 고뇌의 시며 황홀한 협주곡이며
애절한 사랑이며 이 모든것들도 남김없이 함께 버려 집니다
나는 희망이 없읍니다. 모든것을 포기하고 편안하게 비로서 잠을 청했읍니다
꿈을 꾸었읍니다
꿈속의 세상은 영원한 빛이 찬란하게 결코 형용할수없는 영롱한
아름다운 세상 입니다
그곳의 모든것들은 최상의 아름다움과 영원한 생명들의 자유함과
참 사랑의 애닯은 모습이 그곳엔 철철히 흐르고 맺혀 있읍니다
새로운 세상의 일꾼은 하나님이 셨읍니다
함께 일하시는 아드님이 계시고 두분사이로 진리의 영이
맑고 투명한 거대한 구름같이 품으시고 함께 쉬임없이 일하시고 계십니다
나의 꿈은 영원한 현실이 되었읍니다
나는 이곳에서 깨어나지 않으렵니다
암흑은 빛을 이길수 없읍니다

39 사랑

　온몸에 아름답고 영롱한 보석으로 장식하고 명예의 완장을 팔에 휘감고 전통과 가문의 화려한 옷을 입고 위선과 탐욕의 그늘진 검은 모자를 쓰고 권력과 돈이라는 튼튼한 몸통을 흔들거리며 세상을 휘저으며 지나갑니다. 나는 사랑의 형태를 만들기 위해 이 처절한 노력으로 어두운 밤을 맞이합니다. 밤하늘을 향해 나의 존재를 알리기 위해 꽹과리를 들고 꽹-꽹 칩니다. 밤이 새도록 애타게 치고 또 칩니다. 꽹-꽹. 나는 스스로 풍족하여 자비를 베풀고 진수성찬이 차려진 음식들을 먹으며 포도주로 가득 채운 금잔을 들고 사랑의 모습을 만들어 갑니다. 나비처럼 춤을 추며 고운 목소리로 사랑이라는 유혹의 거미줄을 칩니다. 세상의 시간은 의외로 빠르게 지나갑니다. 어떤 방법으로든 멈추게 할 수 없습니다. 이렇게 애쓰며 만들어진 사랑의 모습이 병든 모습으로 변형이 되어 갈기갈기 찢겨지고 연기처럼 사라지고 밤하늘을 향해 울렸던 꽹과리 소리도 그 어둠에 스며들었습니다. 나는 사랑이란 내가 만들어 갈 수 없고 만들 수도 없고 그것을 소유할 수도 없고 그것을 줄 수도 없고 사랑은 이 세상에 존재하지만 그 실체를 찾을 수 없음을 한탄합니다. 나는 그분의 십자가를 바라보았습니다. 세상의 모두가 그 십자가를 향하여 찬양과 찬송으로 그 처절함과 고난과 핍박을 노래하며 영상으로 그 고통스런 광경을 재현합니다. 하지만 나는 그분의 흘리시는 눈물을 보았습니다. 그 고난 가운데 흘리시는 눈물엔 숭고한 희생의 사랑의 모습이 애달프게 가득 담겨 있습니다. 그분은 나를 향하여 내가 너를 사랑한다는 고백의 메시지가 빛으로 다가옵니다. 사랑은 하나님의 전부이십니다. 사랑은 이 온 우주의 광대함보다 더 넓고 깊은 영원히 사라지지 않는 묵시인 것입니다. 사랑은 그 시작과 끝을 하나님이 이루시고 집행하시고 동행하십니다. 내가 스스로 사랑이라는 허울의 옷을 입고 만든 것은 다 거짓이 되었습니다. 사랑은 하나님이십니다. 성경은 하나님의 사랑을 기록한 책입니다. 성경을 통하여 하나님의 사랑을 얻는다면 나와 당신은 영원히 그 사랑 안에 존재를 이루고 확신으로 나그네 일생을 보람으로 채울 겁니다. 그 안에서 그분이 지신 십자가를 질 수 있는 능력이 성령의 도우심과 역사하심에 그 사랑을 전할 수 있습니다. 그분은 사랑이십니다. 사랑은 영원한 우리입니다. 사랑은 말의 기술이 아니고 신비롭고 영원한 능력입니다.

사랑

온몸에 아름답고 영롱한 보석으로 장식하고 명예의 완장을 팔에 휘감고
전통과 가문의 화려한 옷을 입고 위선과 탐욕의 그늘진 검은 모자를 쓰고
권력과 돈이라는 든든한 몽둥이를 흔들거리며 세상을 휘저으며 지나갑니다
나는 사랑의 형태를 만들기 위해 이 처절한 노력으로 어두운 밤을 맞이 합니다
밤하늘을 향해 나의 존재를 알리기 위해 꽹가리를 들고 꽹-꽹 칩니다
밤이 새도록 애타게 치고 또 칩니다 꽹-꽹
나는 스스로 풍족하여 자비를 베풀고 진수성찬 차려진 음식들을 먹으며
포도주로 가득채운 금잔을 들고 사랑의 모습을 만들어 갑니다
나비처럼 춤을 추며 고운 목소리로 사랑이라는 유혹의 거미줄을 칩니다
세상의 시간은 의외로 빠르게 지나갑니다 어떤 방법으로든 멈추게 할수 없습니다
이렇게 애쓰며 만들어 진 사랑의 모습이 병든 모습으로 변하게 되어 갈기 갈기 찢어지고
연기처럼 사라지고 밤하늘을 향해 울렸던 꽹가리 소리도 그 어둠에 스며 들었습니다
나는 사랑이란 내가 만들어 갈수 없고 만들수도 없고 그것을 소유 할수도 없고
그것을 줄수도 없고 사랑은 이 세상에 존재하지만 그 실체를 찾을수 없음을 한탄합니다
나는 그분의 십자가를 바라 보았습니다
세상의 모두가 그 십자가를 향하며 찬양과 찬송으로 그 처절함과 고난과 핏방울을
노래하며 영상으로 그 고통스런 광경을 재현합니다
하지만 나는 그분의 흘리시는 눈물을 보았습니다
그 고난가운데 흘리시는 눈물엔 숭고한 희생의 사랑의 모습이 애닲게 가득 담겨 있습니다
그분은 나를 향하여 내가 너를 사랑한다는 고백의 메세지가 빛으로 다가옵니다
사랑은 하나님의 전부이십니다 사랑은 이 온 우주의 광대함보다 더 넓고 깊은
영원히 사라지지 않는 묵시인 것입니다
사랑은 그 시작과 끝을 하나님이 이루시고 집행하시고 동행하십니다
내가 스스로 사랑이라는 허울의 옷을 입고 만든것은 다 거짓이 되었습니다
사랑은 하나님이십니다 성경은 하나님의 사랑을 기록한 책입니다
성경을 통하여 하나님의 사랑을 얻는다면 나와 당신은 영원히 그 사랑안에
존재를 이루고 확신으로 나그네 일생을 보람으로 채울겁니다
그 안에서 그분이 지신 십자가를 질수있는 능력이 성령의 도우심과
역사하심이 그 사랑을 전할수 있습니다
그분은 사랑이십니다 사랑은 영원한 우리입니다
사랑은 말의 기술이 아니고 신비롭고 영원한 능력입니다

영원한 창조

    산길을 걷다가 마주친 작은 들꽃 한 송이를 어떻게 누구에게 이 사랑스런 모습을 전할까 하여 수많은 상념을 안고 그 순결한 모습을 그려 마음에 담으려 애를 쓰는데 겨우 몇 마디 몇 줄의 글로 표현하는 부족함으로 안타까움에 마음을 아프게 합니다. 그분은 이 고운 작은 꽃을 세상에 주기 위해 모든 환경을 조성하시고 뿌리를 내리게 하시고 물을 주시고 공기를 주시고 줄기에 가지를 뻗게 하시고 바람에 떨어지지 않게 흔들리게 하시며 햇빛을 양분으로 주시며 이 작은 꽃 한 송이를 피우시기 위해 그 노력의 수고와 계획은 이 땅을 덮고도 남을 엄청난 기록이 필요합니다. 나는 겨우 참 아름답구나. 참 사랑스럽구나. 이 몇 마디 독백이 전부입니다. 광대한 창조의 지혜와 능력과 찬란한 아름다움은 사랑에서부터 옵니다. 무슨 자랑이든 어떤 나의 깊은 통찰이며 간절한 소망이며 사랑의 고백이며 목소리 높여 나를 세우지만 그 초라하고 부족하고 연약함이 나의 전부인 것을 고백합니다. 이 꽃 한 송이에 나의 지혜는 겨우 몇 마디 독백입니다. 이 꽃 한 송이에 나의 사랑은 겨우 몇 줄의 시에 불과합니다. 나를 지으심도 나를 이 세상에 나타내심도 보여지는 이 세상의 모든 영광 안에 사랑으로 창조하셨습니다. 그리고 하나님을 알게 하여 주시고 축복하셨습니다. 우리의 지혜는 겨우 말 몇 마디에 불과하지만 그분은 이 모든 것을 섬세하게 세밀하게 사랑으로 조성하시고 은혜를 우리에게 부어주셨습니다. 자연의 자산과 우리의 육신과 온 세상 안에 우리의 영혼을 가득히 채워주셨습니다. 하나님의 이 모든 노력은 우리가 볼 수 있는 이 허공을 가득 채우시고 그 기록과 변화가 있음을 깨닫는 길 위에서 나그네 인생을 지나가야 합니다. 우리는 쉽게 우리의 몸을 해할 수 없습니다. 우리는 우리의 주위를 돌아볼 때 한 사람 한 사람의 소중함을 알아야 합니다. 그리고 우리의 시간 안에 영혼이 깃든 영원한 창조의 세계를 바라보아야 합니다. 그곳은 우리의 영생을 위하여 준비된 예비된 거룩한 곳입니다. 또 다른 창조된 세계는 그분의 무한한 지혜와 능력과 계획이 더욱더 황홀하고 아름다운 찬란한 모습으로 이루심을 믿음으로 바라봅니다. 내 마음의 본향에서 그분은 거룩하시고 전능하신 하나님이십니다. 영원한 창조는 내 마음의 본향에서 완성됩니다.

영원한 창조

길을 걷다가 마주친 작은 들꽃 한송이를 어떻게 누구에게 이 사랑스런 모습을 전할까하며
밝은 생명을 안고 그 순결한 모습을 그려 마음에 담으려 애를 쓰는데
겨우 몇마디 몇줄의 글로 표현하는 부족함으로 안타까움에 마음을 아프게 합니다
그분은 이 고운 작은 꽃을 세상에 주기위해 모든 환경을 조성하시고
뿌리를 내리게하시고 물을 주시고 공기를 주시고 줄기의 가지를 뻗게하시고
바람에 떨어지지 않게 흔들리게 하시며 햇빛을 양분으로 주시며
이 작은 꽃 한송이를 피우시기위해 그 노력의 수고와 계획은
이 땅을 덮고도 남을 엄청난 기록이 필요합니다
나는 겨우 참 아름답구나, 참 사랑스럽구나. 이 몇마디 독백이 전부입니다.
광대한 창조의 지혜와 능력과 찬란한 아름다움은 사랑에서 부터 옵니다.
무슨 자랑이든 어떤 나의 깊은 통찰이며 간절한 소망이며 사랑의 고백이며
목소리 높여 나를 세우지만 그 초라하고 부족하고 연약함이 나의 전부인것을 고백합니다
이 꽃 한송이에 나의 지혜는 겨우 몇마디 독백입니다.
이 꽃 한송이에 나의 사랑은 겨우 몇줄의 시에 통과합니다
나를 지으심도 나를 이세상에 나타내심도 보여지는 이 세상의 모든 영광안에
사랑으로 창조하셨읍니다. 그리고 하나님을 알게 하여 주시고 축복 하셨읍니다.
우리의 지혜는 겨우 말 몇마디에 불과하지만 그분은 이 모든것을
섬세하게 세밀하게 사랑으로 조성하시고 은혜를 우리에게 부어 주셨읍니다
자연의 자산과 우리의 육신과 온 세상안에 우리의 영혼을 가득히 채워 주셨읍니다
하나님의 이 모든 노력은 우리가 볼수없는 이 허공을 가득 채우시고
그 기적과 변화가 있음을 깨닫는 길뒤에서 나그네 인생을 지나가야 합니다
우리는 쉽게 우리의 몸을 해 칠수 없습니다.
우리는 우리의 주위를 돌아볼때 한사람 한사람의 소중함을 알아야 합니다
그리고 우리와 함께하는 모든것에 대하여 절제하며 감사의 마음을 간직해야 합니다.
우리는 우리의 시간안에 영혼이 깃든 영원한 창조의 세계를 바라 보아야 합니다.
그곳은 우리의 여생을 위하여 준비된 예비된 거룩한곳 입니다
또 다른 창조된 세계는 그분의 무한한 지혜와 능력과 계획이 더욱더
황홀하고 아름다운 찬란한 모습으로 이루심을 믿음으로 바라 봅니다.
내 마음의 본향에서 그분은
거룩하시고 전능하신 하나님이십니다.
영원한 창조는
내 마음의 본향에서 완성 됩니다.

복음

　어느 날 하늘은 온통 붉은 핏빛으로 물들었고 태양은 그 빛을 잃고 가리어졌습니다. 사방이 불로 불바다를 이루고 들이며 산이며 거센 바람을 타고 그 재는 길 위에 내리고 그 타는 냄새로 마치 종말의 시간이 온 듯한 공포가 밀려옵니다. 그 폭풍의 회오리가 지난 후 상처 입은 산과 들을 지나는데 수많은 나무들과 그 넓은 들의 온갖 것들, 모든 동물과 곤충들이며 벌들과 나비, 잠자리며, 꽃들이며 온갖 것들이 다 시커먼 재가 되어 처참한 모습으로 죽음의 벌판이 되었습니다. 산길 들길을 따라 가는 곳마다 차에 부딪히고 불에 타죽은 생명들이 길가에 즐비하게 나타나고 흉물스럽게 찢겨져 여기저기 흩어져 보입니다. 나는 이런 곳은 영원한 저주가 있어 다시는 회복하지 못하리라는 안타까움에 어둠이 나의 마음을 휘감고 슬픈 눈물이 흐릅니다. 한 해 두 해를 지나 다시 그

산과 들을 지나는데 들에는 죽음의 상처 위로 꽃이 만발하고 벌과 나비가 가득하고 새로운 생명의 축복이 충만한 것을 다시 봅니다. 나무들은 그 앙상한 죽음의 처참한 사이로 하나님의 손이 닿은 듯 가득히 다시 새싹들이 돋아나고 그 신비롭고 놀라움으로 나의 마음이 울렁거립니다. 저주와 심판으로 가득했던 이 캄캄하고 어두움이 짙게 내려진 곳에 다시 새 생명의 물결로 요동치고 예전의 모습으로 되돌아오는 기쁜 소식으로 가득합니다. 이 기쁜 소식은 태초로부터 시작된 하나님의 숭고하신 사랑이 담겨 있습니다. 하나님이 이루신 나라는 말에 있지 않고 무한한 능력 안에 있습니다. 우리는 노력으로 이 복음을 이룰 수 없고 그 능력을 행할 수 없습니다. 그리고 이 세상에 존재한 모든 것들이 그분이 계신 영원한 나라에서 다시 회복되어 존재를 이루는 영원한 복음 안에 있을 겁니다. 복음은 그분을 통하여 능력으로 태초로부터 시작되어 끝이 없이 반복되어지고 우리에게 찬란한 빛으로 언제나 동일하게 변함없이 비추어 주십니다. 복음은 진리입니다. 복음은 능력입니다. 복음은 간절한 기다림입니다. 복음은 그분의 고귀한 사랑입니다. 지금 나의 삶 가운데 펼쳐진 모든 광경들은 그분이 역사하시는 내 마음의 본향에서 죽음이 사라진 영원한 복음 안에서 다시 회복되어 이루어질 것입니다. 이 복음의 메시지가 온 천하에 전하여지고 마음에 진실한 감동이 임할 때 당신과 나는 본향을 향하여 갈 수 있습니다. 당신과 나는 그 기쁨을 가득 안고 함께 감사하며 찬양하며 영원한 능력 안에 영생하는 축복을 받을 겁니다. 우리의 승리는 복음 안에 있습니다.

복음

어느날 하늘은 온통 붉은 핏빛으로 물들었고 태양은 그 빛을 잃고 가벼워 졌습니다.
사방이 불로 불바다를 이루고 들이며 산이며 거센 바람을 타고 그 재는 강물에 내리고
그 타는 냄새로 마치 종말의 시간이 온듯한 공포가 밀려 옵니다.
그 폭풍의 회오리가 지나간후 상처입은 산과 들을 지나는데 수많은 나무들과
그 넓은 들의 온갖것들 모든 동물들과 곤충들이며 벌들과 나비 심지어 때
꽃들이며 온갖것들이 다 시커먼 재가 되어 처참한 모습으로 죽음의 벌판이 되었습니다.
산길 들길을 따라 가는곳마다 차에 부딪치고 불에 타 죽은 생명들이
길가에 즐비하게 나타나고 흉물스럽게 찢겨져 여기 저기 흩어져 보입니다.
나는 이런곳은 영원한 저주가 있어 다시는 회복하지 못하리라는 안타까움에
어둠이 나의 마음을 뒤 덮고 슬픈 눈물이 흐릅니다.
한해 두해를 지나 다시 그 산과 들을 지나는데 들에는 죽음의 상처위로
꽃이 만발하고 벌과 나비가 가득하고 새로운 생명의 축복이 충만한것을 다시 봅니다.
나무들은 그 앙상한 죽음의 처참한 사이로 하나님의 손이 닿은듯
가득히 다시 새싹들이 돋아나고 그 신비롭고 놀라움으로 나의 마음이 울렁거립니다.
저주와 심판으로 가득했던 이 캄캄하고 어두움이 짙게 내려진 곳에
다시 새생명의 물결로 요동치고 예전의 모습으로 되돌아 오는 기쁜 소식으로 가득합니다.
이 기쁜 소식은 태초로 부터 시작된 하나님의 숭고하신 사랑이 담겨있습니다.
하나님이 이주신 나라는 말에 앉지 않고 무한한 능력안에 있습니다.
우리의 노력으로 이 복음을 이룰수 없고 그 능력을 행할수 없습니다.
그리고 이 세상에 존재한 모든것들이 그분의 계신 영원한 나라에서
다시 회복되어 존재를 이루는 영원한 복음안에 있을 겁니다.
복음은 그분을 통하여 능력으로 태초로 부터 시작되어 끝이 없이 반복되어지고
우리에게 찬란한 빛으로 언제나 동일하게 변함없이 비춰 주십니다.
복음은 진리입니다. 복음은 능력입니다. 복음은 간절한 기다림 입니다.
복음은 그분의 고귀한 사랑입니다.
지금 나의 삶 가운데 펼쳐진 모든 광경들은 그분이 역사하시는 내 마음의 본향에서
죽음이 사라진 영원한 복음안에서 다시 회복되어 이루어질것입니다.
이 복음의 메세지가 온천하에 전하여지고 마음에 진실한 감동이 있을때
당신과 나는 본향을 향하여 갈수 있습니다.
당신과 나는 기쁨을 가득안고 함께 감사하며 찬양하며
영원한 능력 안에 영생하는 축복을 받을 겁니다.
우리의 승리는 복음안에 있습니다.

아침

끝이 없이 펼쳐진 구름 위에서 구름 위로 떠오르는 황홀한 태양을 바라보며 나 홀로 어디론가 하염없이 떠나갑니다. 휘몰아치는 폭풍우를 지나고 맑고 청명한 하늘이 장엄한 광경으로 한 폭의 거대한 수채화를 보여주고 그 안에서 쏟아지는 메시지와 기억의 메아리로 나의 슬픈 눈물은 멈추지 않고 하염없이 뺨에 흘러내립니다. 짧디짧은 인생의 초라함과 허무함에 나는 사라지고 슬픈 노래는 강줄기를 따라 흐르는 강물이 되어 흘러 흘러갑니다. 지혜로운 자는 누구며 미련하고 어리석은 자는 어디에 있으며 부자와 가난한 자의 차이가 무엇이며 잘난 자와 못난 자의 모습엔 다른 것이 무엇이며 건강한 자와 병든 자의 시간 사이엔 무엇이 필요하며 나의 자랑이, 너의 슬픈 사연이 어디에 머무르며 그 가치를 부여할까? 아무 생각 없이 이 땅에서 미지의 세계로 향하고 떠납니다.

무엇을 얻기 위해 어디를 향하고 지난 세월을 지나 여기까지 왔는가? 어리석음이 한이 되어 열매로 가지에 주렁주렁 맺혀 있습니다. 사랑한다고 간절한 고백의 의미도 어디에도 찾을 수가 없습니다. 그 어떤 현란한 말과 화려한 글로 세상의 광대함과 신비로움과 아름답고 황홀한 광경을 담아낼 수 없습니다. 두 눈을 아무리 크게 뜨고 보아도 보여지는 것은 그저 보여지는 한 부분이고 아무리 소리치며 아우성쳐도 그 소리들은 그 소리 앞에 멈추어 버립니다. 할 수 있는 것이 없습니다. 할 수 없음을 한탄할 수 없습니다. 그 할 수 없음을 깨달을 때는 나의 존재는 먼지가 되어 허공에 사라집니다. 나를 잊지 말라는 간절함과 아끼고 소중했던 추억의 모든 것들을 영원히 간직하리라 하는 마음조차 허망한 욕심이 되었습니다. 다만 나의 몸짓과 노래가 진실한 마음 안에서 사라지지 않는 사랑의 소나타 협주곡 안에 한 옥타브가 되어 이 세상에 기억되어 잠시라도 함께 기쁨의 감동을 이루기를 소망할 뿐입니다. 어디서인가 들리는 맑은 물소리 같은 청아한 음성이 있습니다. 아무것도 걱정을 이루지 말고 나의 사랑을 믿으라고 그분이 말씀하십니다. 영원한 아침의 햇살이 비추는 이곳으로 언제든지 미련 없이 오라고 우리를 부르고 계십니다. 그분은 아침의 햇살처럼 빛으로 우리를 인도하여 주십니다.

아침

들이 넓이 펼쳐진 구름위에서 구름위로 떠오르는 황홀한 태양을 바라보며
나 홀로 어디론가 하염없이 떠나 갑니다
휘몰아치는 폭풍우를 지나고 맑고 청명한 하늘이 장엄한 광경으로
한폭의 거대한 수채화를 보여주고 그 안에서 쏟아지는 메세지와
기쁨의 메아리로 나의 슬픈 눈물은 멈추지 않고 하염없이 뺨에 흘러 내립니다.
짧디 짧은 인생의 초라함과 허무함에 나는 사라지고
슬픈 노래는 강줄기를 따라 흐르는 강물이 되어 흘러 흘러 갑니다.
지체로운 자는 누구며 외면하고 어리석은 자는 어디에 있으며
부자와 가난한 자의 차이가 무엇이며 잘난자 못난자의 모습이 다른것이 무엇이며
건강한자와 병든자의 시간 사이에 무엇이 필요하며
나의 자랑이 너의 슬픈 사연이 어디에 머무르며 그 가치를 부여할까 —
아무 생각 없이 이 땅에서 미지의 세계로 향하고 떠납니다
무엇을 얻기위해 어디를 향하고 지난 세월을 지나 여기까지 왔는가 —
어리석음이 한이되어 열매로 가지에 주렁 주렁 맺혀 있읍니다.
사랑한다고 간절한 고백의 의미도 어디에도 찾을수가 없읍니다.
그 어떤 현란한 말과 화려한 글도 세상의 광대함과 신비로움과
아름답고 황홀한 광경을 담아낼수 없읍니다.
두눈을 아무리 크게 뜨고 보아도 보여지는것은 그저 보여지는 한부분이고 —
아무리 소리치며 아우성쳐도 그 소리들은 그 소리 앞에 멈추어 버립니다.
할수있는것이 없읍니다 할수없음을 한탄할수도 없읍니다.
그 할수없음을 깨달을때는 나의 존재는 먼지가 되어 허공에 사라집니다.
나를 잊지 말라는 간절함과 아끼고 소중했던 추억의 모든 것들을
영원히 간직하려 하는 마음조차 허망한 욕심이 되었읍니다.
다만 나의 몸짓과 노래가 진실한 마음안에서 사라지지 않는
사랑의 소나타 협주곡 안에 한 옥타브가 되어 이 세상에 기억되어
잠시라도 함께 기쁨의 감동을 이루기를 소망할 뿐입니다
어디선인가 들려는 맑은 물소리 같은 청아한 음성이 있읍니다.
아무것도 걱정을 이루지 말고
나의 사랑을 믿으라고 그분이 말씀하십니다.
영원한 아침의 햇살이 비추이는
이곳으로 언제든지 미련없이 오라고 우리를 부르고 계십니다.
그분은 아침의 햇살처럼
빛으로 우리를 인도하여 주십니다.

43

안식처

　순간 순간 스치는 수많은 상념들이 거짓이든 진실이든 바람처럼 다가오고 사라집니다. 사물에 관한 것이든, 영혼의 존재에 관한 것이든, 미래에 관한 것이든 그냥 무관심하여 지나치고 오직 다가오는 현실의 문제에만 늘 집중합니다. 모든 생명들은 스스로 판단하고 위기를 극복하고 서로 의지하고 번식하여 그들만의 본능과 지혜로 이 세상을 지나갑니다. 새벽의 노래와 낮의 분주함과 붉게 물든 석양의 아름다움과 밤하늘 별들의 합창으로 한 폭의 그림처럼 그려진 세상 안의 나는 이곳을 떠날 수가 없습니다. 이 고귀한 소중한 것들을 하나라도 버릴 수가 없습니다. 연결되어진 가족의 부요함에서 재물과 권세와 재능의 부요함에서 나는 어느덧 전능자가 되어 이 세상을 휘저으며 팔자로 걸어갑니다. 이 꽃길을 가로막는 무엇이든 용납을 주지 않고 기필코 이기기 위해 잔인한 이빨을 드러내고 눈에는 살기를 일으키고 입에선 쉬지 않고 독화살을 쏩니다. 스치는 바람소리, 내리는 빗소리는 들리지 않고 최고급 붉은 와인을 크리스털 잔에 부어 그 향을 맡고 혀를 내밀어 그 맛을 즐기며 온몸엔 용의 문신으로 감고 두 다리는 책상 위로 올리고 두 눈은 충혈되고 비틀거리며 콧노래를 부르며 승리를 자축하며 세상에 알립니다. 너와 나, 나와 우리, 우리와 이 땅, 이 땅과 우주, 우주와 또 다른 우주, 이 거대한 삶의 현장에서 겨우 얻어진 것은 어리석음에 불과합니다. 우리는 들을 수 없는 소리를 들어야 하고 볼 수 없는 허공 안 새로운 세상을 보아야 합니다. 모든 부요함을 수탈을 당하든 목숨을 빼앗길 상황이든 이것들에서부터 자유롭지 못한다면 이 세상에 흘러가는 먼지 같은 인생입니다. 한 사람의 나그네 일생을 지나가는데 얼마나 많은 부요함이 필요한지… 쌓은 것이 거대한 모래성이 되었고 순간 파도에 다 무너지고 쓸려갑니다. 목숨을 연장하려 발버둥치고 애를 쓰고 갖은 방법을 연구하지만 죽은 목숨입니다. 마음에서 이룬 모든 잘못된 편견과 경험으로 나그네 인생이 꽃길에서 가시덤불의 험한 길로 걸으며 고통에서 벗어나지 못합니다. 이제 마음의 창문을 활짝 열고 본향에서 들려오는 고요하고 은은한 노래와 사랑의 합창을 들어야 합니다. 그리고 끝없이 펼쳐진 언덕 위의 넓은 들에 영원한 생명들의 사랑스런 움직임을 보아야 합니다. 그 세상은 삼층천입니다. 그곳은 우리들의 영원한 안식처입니다.

안식처

순간 순간 스치는 수많은 생각들이 거짓이든 진실이든 바람처럼 다가오고 사라집니다
사물에 관한 것이든 영혼의 존재에 관한 것이든 미래에 관한 것이든
그냥 무관심하며 지치고 오직 다가오는 현실의 문제에만 늘 집중합니다
모든 생명들은 스스로 판단하고 위기를 극복하고 서로 의지하고 번식하여
그들만의 본능과 지혜로 이 세상을 지나갑니다
새벽의 노래와 낮의 분주함과 붉게 물든 석양의 아름다움과 밤하늘 별들의 향연으로
한폭의 그림처럼 그려진 세상안의 나는 이곳을 떠날수가 없읍니다
이 고귀한 소중한 것들을 하나라도 버릴수가 없읍니다
연결되어 진 가족의 부요함에서 재물과 권세와 재능의 부요함에서
나는 어느덧 전능자가 되어 이 세상을 휘저으며 잘자은 걸의갑니다
이 꽃길을 가로막는 무엇이든 용납을 주지 않고 기필코 이기기 위해 잔인한
이 빨을 드러내고 눈에는 살기를 올리고 입에서 쉬지않고 독화살을 쏩니다
스치는 바람소리 내리는 빗소리는 들리지 않고 최고급 붉은 와인을
크리스탈 잔에 부어 그 향을 맡고 겨울 내밀어 그 맛을 즐기며
온 몸엔 옷의 윤신으로 감고 두다리는 책상위로 올리고 두눈은 충혈되고
비틀거리며 콧노래를 부르며 승리를 자축하며 세상에 알립니다
너와나 나와 우리 우리와 이땅 이땅과 우주 우주와 또 다른 우주
이 거대한 삶의 현장에서 겨우 알아진 것은 어리석음에 불과합니다
우리는 들을수 없는 소리을 들어야하고 볼수없는 허공에 새로운 세상을 보아야 합니다
모든 부요함을 수괄을 당하든 목숨을 빼앗길 상황이든
이것들에서 부터 자유롭지 못한다면 이 세상에 흘러가는 먼지같은 인생입니다
한사람의 나그네 일생을 지나가는데 얼마나 많은 부요함이 필요한지 ㅡ
쌓은것이 거대한 모래성이 되었고 순간 파도에 다 무너지고 쓸려갑니다
목숨을 연장하려 발버둥치고 애를쓰고 갖은 방법을 연구하지만 죽은 목숨 입니다
마음에서 이는 모든 잘못된 편견과 경험으로 나그네 인생이
꽃길에서 가시덤불의 험한 길로 걸으며 고통에서 벗어나지 못합니다
이제 마음의 창문을 활짝 열고
본향에서 들려오는 고요하고 은은한 노래와 사랑의 합창을 들어야 합니다
그리고 끝없이 펼쳐진 언덕위의 넓은 들에
영원한 생명들의 사랑스런 움직임을 보아야 합니다
그 세상은 산 증천입니다
그곳은 우리들의 영원한 안식처 입니다

사람

　하루의 시작을 알리는 아침의 햇살이 창문에 뿌옇게 뿌려지면 세상이란 만들어진 틀 안에서 다시 눈을 뜨고 또 하루를 맞이합니다. 청명한 하늘 위로 맑고 고운 여러 형태의 구름이 기적같이 눈앞에 나타납니다. 모든 상념이 뒤엉키고 불행하고 슬픈 기억들 사이로 나는 한 마리 파랑새가 되어 모든 것을 잃어버리고 어디론가 하염없이 날아갑니다. 세상의 모든 것들은 변함없이 늘 곁에 머물고 나타나지만 나는 늘 더욱더 새로운 모습의 특별한 세상을 만나기를 기대하며 살아갑니다. 내 앞에 펼쳐진 웅장한 광경이 나를 경이로운 세상으로 인도하지만 이 광경 사이로 나의 영혼의 깊은 한숨이 거칠게 들려오고 지금은 볼 수 없고 만날 수 없는 멀어져 버린 그리운 사람들이 나타납니다. 나를 안아주고 얼굴을 쓰다듬어 주고 손을 따뜻하게 잡아주시던 그분들을 만나 진심을 다하여 고맙다고 말하고 싶습니다. 나를 귀하게 돌보시고 사랑을 주셨던 그분들을 그리워합니다. 나를 늘 걱정하여 주시고 잘 살아가기를 기도하여 주신 한 분 한 분을 목소리 높여 불러보고 싶습니다. 나는 이제 일흔의 나이를 지난 여섯 손주를 둔 할아버지가 되었습니다. 허공에 뿌려진 햇살처럼 소리 없이 맑고 고운 모습들이 나의 눈물 안에 스며들고 가슴에 흘러내립니다. 어디에 있나요? 누구와 함께 계시나요? 보고 싶습니다. 나는 지금 이렇게 간절하게 한 분 한 분을 찾고 있는데 그 어디에도 그분들의 흔적을 찾을 수 없고 허망한 세상의 사라지는 구름을 바라볼 뿐입니다. 함께 있을 때는 느끼지 못한 따뜻한 여운이 그리움의 열매가 되어 알알이 세상 안에 세상의 경이로운 나무에 맺혀 있습니다. 이렇게 소중한 것들을 알지 못하고 잃어버리고 빗소리에 묻혀 지나갔습니다. 다시 만나고 싶은 사람들, 나를 사랑했던 사람들, 내가 사랑했던 사람들, 이 사람들은 돌아올 수 없는 아주 아주 먼 곳으로 떠났습니다. 우리 삶이 무엇으로 존재되어 가는지 회상하여 되돌아봅니다. 다 사라지고 무너지고 갈라지고 회복할 수 없는 처참한 현실이지만 사람이 필요합니다. 사람은 사랑입니다. 사람은 영원한 생명입니다. 사람은 하나님이 소중하게 만드셨습니다. 사랑은 예수님이 완성하셨습니다. 이 모든 것을 깨닫게 하시고 위로하심과 본향으로 인도하시는 거룩하신 성령님이 우리의 곁에 계십니다. 사람은 이 거룩한 진실의 세계에 존재합니다. 사람은 사랑입니다.

사람

하루의 시작을 알리는 아침의 햇살이 창문에 뿌옇게 뿌려지면
세상이관 만들어진 틀안에서 다시 눈을뜨고 또 하루를 맞이합니다
청명한 하늘위로 맑고 고운 여러 형태의 구름이 기적같이 눈앞에 나타납니다
모든 생명이 뒤엉키고 불쾌하고 슬픈 기억들 사이로
나는 한마리 파랑새가 되어 모든것을 잃어 버리고 어디론가 하염없이 날아갑니다
세상의 모든것들은 변함없이 늘 곁에 머물고 나타나지만
나는 늘 더욱더 새로운 모습의 특별한 세상을 만나기를 기대하며 살아갑니다
내앞에 펼쳐진 웅장한 광경이 나를 경이로운 세상으로 인도하지만
이 광경사이로 나의 영혼의 깊은 탄식이 거칠게 들려오고
지금은 볼수없고 만날수없는 멀어져 버린 그리운 사람들이 나타납니다
나를 안아주고 얼굴을 쓰다듬어 주고 손을 따뜻하게 잡아주시던 그분들을 만나
진심을 다하여 고맙다고 말하고 싶습니다
나를 귀하게 돌보시고 사랑을 주셨던 그분들을 그리워 합니다
나를 늘 걱정하여 주시고 잘 살아가기를 기도하여 주신 한분 한분을
목소리 높여 불러보고 싶습니다
나는 이제 일흔의 나이를 지난 여섯 손주를 둔 할아버지가 되었습니다
허공에 뿌려진 햇살처럼 소리없이 맑고 고운 모습들이
나의 눈물안에 스며들고 가슴에 흘러 내립니다
어디에 있나요 — 누구와 함께 계시나요 — 보고싶습니다
나는 지금 이렇게 간절하게 한분 한분을 찾고있는데 그어디에도 그분들의
흔적을 찾을수 없고 처량한 세상의 사라지는 구름을 바라볼 뿐입니다
함께 있을때는 느끼지 못한 따뜻한 여운이 그리움의 열매가 되어 알알이
세상안에 세상의 경이로운 나무에 맺혀 있습니다
이렇게 소중한것들을 알지 못하고 잃어버리고 빗소리에 묻혀 지나갔습니다
다시 만나고 싶은 사람들 나를 사랑했든 사람들 내가 사랑했든 사람들
이 사람들은 돌아올수 없는 아주 아주 먼곳으로 떠났습니다
우리의 삶이 무엇으로 존재되어 가는지 회상하여 뒤돌아 봅니다
다 사라지고 무너지고 갈라지고 회복할수없는 처참한 현실이지만
사랑이 필요합니다. 사람은 사랑입니다 사람은 영원한 생명입니다
사람은 하나님이 소중하게 만드셨습니다 사랑은 예수님이 완성해놓았습니다
이 모든것을 깨닫게 하시고 위로하심과 분향으로 인도하시는
거룩하신 성령님이 우리의 곁에 계십니다
사람은 이 거룩한 진실의 세계에 존재합니다
사람은 사랑입니다

그리움

　마치 폭주하는 기관차처럼 시간이 지나갑니다. 꿈같은 세상이 무심히 흘러갑니다. 밤은 말없이 지나가고 또 변함없이 새날이 밝아옵니다. 또 분주하게 움직이며 살아가야 하는 한 생명체가 되었습니다. 동물들은 그것들의 생존을 위하여 모든 것을 육체에 집약합니다. 인생들은 기억과 경험 사이로 들려오는 가슴 아픈 비극의 소리가 계속해서 잔인한 모습의 형태로 폭포수처럼 마음에 쏟아집니다. 동물들의 누리는 세상이나 나의 인생이나 결국 목숨은 동일한데 서글픔이 메아리 되어 가슴을 울리고 슬프게 합니다. 골목길의 아이들이 각종 놀이를 하며 웃고 재잘됩니다. 우물가 빨래터에는 아낙들이 서로 안부를 묻고 인사를 나눕니다. 밭에는 땀을 흘리며 열심히 일하는 농부가 있고 호숫가에 앉아 소담을 나누는 연인들의 모습이 다정스럽습니다. 밥 짓는 연기가 굴뚝에서 사방에 피어오르고 앵두나무엔 빨간 앵두가 주렁주렁 열렸습니다. 그 때 그 시절로 다시 갈 수 없다는 안타까움을 안고 고향의 모습이 그리워집니다. 그리고 슬픈 기억들, 고통의 기억들, 상처 난 기억들, 이 모든 기억들이 소중한 것들로 나의 마음에 젖어 있습니다. 이제 우리는 모두 나그네 되어 떠나야 하지만 나는 하나하나 기억합니다. 그리고 침묵의 밤하늘을 향하여 소리 높여 노래합니다. 트럼펫을 연주하고 바이올린을 키고 피아노를 치며 나의 존재를 미지를 향해 알립니다. 그리고 사랑했던 사람들과 지금 사랑하는 사람들과 그분을 그리워합니다. 모든 것들이 이미 이 세상에 녹아 있는데 욕심과 탐심은 우리의 눈을 장님으로 만듭니다. 우리는 그냥 서로의 손을 잡고 우리를 기다리시는 그분에 대한 그리움으로 우리의 마음에 가득히 채워야 합니다. 우리의 전통이, 사상이, 연합이 그 능력으로 바벨의 탑을 세워갑니다. 깊고 고요한 또 다른 세상에 우리의 마음이 그리움으로 기다림으로 흥겨운 가락 사랑의 노래가 되어 그곳에 울려 퍼지기를 소망하며 기도합니다. 이제 우리는 마음의 본향을 향한 긴 여정을 떠나야 합니다. 마음의 창문을 활짝 열고 사랑의 은은한 종소리로 가득한 본향의 찬연한 모습을 그리움에 담고 감사의 눈물을 흘립니다. 심연의 깊은 침묵 안에 이루어진 영원을 마음에 담읍시다. 그 안에 그분이 계십니다.

그리움

마치 폭주하는 기관차 처럼 시간이 지나갑니다. 꿈 같은 세상이 무심히 흘러 갑니다.
밤은 말없이 지나가고 또 변함없이 새날이 밝아옵니다.
또 분주하게 움직이며 살아 가야하는 한 생명체가 되었습니다.
동물들은 그것들의 생존을 위하여 모든것을 육체에 집약합니다.
인생들은 기억과 경험사이로 들려오는 가슴아픈 비극의 소리가 계속해서
잔인한 모습의 형태로 폭포수처럼 마음에 쏟아집니다.
동물들의 눈에는 세상이나 나의 인생이나 결국 목숨은 동일한데
서글픔이 메아리 되어 가슴을 울리고 슬프게 합니다.
골목길에 아이들이 각종 놀이를 하며 웃고 재잘됩니다.
우물가 빨래터에는 아낙들이 서로 안부를 묻고 인사를 나눕니다.
밭에는 땀을 흘리며 열심히 일하는 농부가 있고
호숫가에 앉아 소담을 나누는 연인들의 모습이 다정스럽습니다.
밥짓는 연기가 굴뚝에서 사뿐히 피어 오르고 앵두나무의 빨알간 앵두가 주렁 주렁 열렸습니다.
그때 그시절로 다시 갈수없다는 안타까움을 안고 고향의 모습이 그리워 집니다.
그리고 슬픈기억들 고통의 기억들 상처난 기억들 이 모든 기억들이
소중한것들로 나의 마음에 젖어 있습니다.
이제 우리는 모두 나그네 되어 떠나야 하지만 나는 하나 하나 기억합니다.
그리고 침묵의 밤하늘을 향하여 소리 높여 노래합니다.
드럼펫을 연주하고 바이올린을 키고 피아노를 치며 나의 존재를 미지를 향해 알립니다.
그리고 사랑했던 사람들과 지금 사랑하는 사람들과 그분을 그리워 합니다.
모든것들이 이미 이 세상에 녹아 있는데 욕심과 탐심은 우리의 눈을 장님으로 만듭니다.
우리는 그냥 서로의 손을 잡고 우주를 기다리는 기다림에 대한 그리움으로
우리의 마음에 가득히 채워야 합니다.
우리의 전통이 사상이 연합이 그 능력으로 바벨의 탑을 세워 갑니다.
깊고 고요한 또 다른 세상에 우리의 마음이 그리움으로 기다림으로
흥거운 가락 사랑의 노래가 되어 그곳에 울려 퍼지기를 소망하며 기도합니다.
이제 우리는 마음의 본향을 향한 긴 여정을 떠나야 합니다.
마음의 창문을 활짝 열고 사랑의 은은한 종소리로 가득찬
본향의 찬연한 모습을 그리움에 담고 감사의 눈물을 흘립니다.
심연의 깊은 침묵안에 이루어진 영원을 마음에 담읍시다.
그 안에 그분이 계십니다.

46

흰 눈

   흰 눈이 소리 없이 내리고 있습니다. 어두운 밤입니다. 흰 눈이 송이송이 하염없이 밤의 손님이 되어 펑펑 내립니다. 이 광활한 들과 산에 온통 하얀색으로 탈색하고 조용히 무심히 펑펑 내리고 있습니다. 나는 강가에 홀로 외롭게 서 있습니다. 모닥불을 피우고 불을 밝히고 침묵의 시간을 맞이하는데 나의 눈가에는 눈물이 맺혀 있습니다. 나는 편지를 쓰고 싶습니다. 나는 시를 쓰고 싶습니다. 편지는 아기였을 때 젖을 물리고 안아주었던 어머님께 그리고 나의 훌륭한 성장을 기대하신 아버님을 향하여 쓰고 싶습니다. 그리고 모든 것에 정의로우시고 공평하신 그분을 향해 이 강산을 당신의 지혜로우심으로 조성하셨고 이루신 모든 업적을 향하여 찬양의 시를 쓰고 싶습니다. 잊혀진 본향에서 들려오는 가슴 저미는 환희의 노래와 생명의 움직임이 춤으로 하늘거리고 이런 광경들이 우리 모두에게 사랑스런 소중한 모습으로 스며 있는데 알지 못하고 찾지 못하는 안타까움에 글을 쓰고 싶습니다. 현실에서만 보여지는 모든 실체에 대한 우리의 감정과 사랑이 표현되어 나타납니다. 우리는 보이지 않는 깊은 영역으로 갈 수 없고 만질 수 없고 느낄 수 없는 존재들입니다. 내 마음의 본향으로부터 임하는 느낌과 표현이 가장 아름다운 감명을 주지만 이 모든 것들이 어느 때부터 어디로부터 스며 나에게 그리움을 주는지 알지 못합니다. 우리는 그렇게 슬픈 존재입니다. 나는 펑펑 내리는 눈을 그냥 맞으며 흰 눈이 되었습니다. 어디서부터인가 잔잔한 마음에 수많은 상념을 일으킵니다. 그분은 나에게 이 세상에 빛과 소금이 되고 거룩한 자가 되고 정의로운 자가 되라고 힘을 주시는데 나의 부족함과 초라함으로 고백합니다. 나는 차라리 눈 내리는 강가에 앉아 시인의 진실한 마음이 가득 담긴 시를 낭독합니다. 나는 차라리 높은 산 위에 올라 이 삼라만상을 지으신 그분을 바라보며 감사의 노래를 부르럽니다. 나는 차라리 작고 예쁜 꽃 한 송이를 손안에 받쳐 들고 이 작은 꽃을 향하여 사랑한다고 고백하렵니다. 그분은 다시 나에게 너희의 그 어떤 것도, 어떤 일도, 어떤 노력도 필요하지 않으시다고 말씀하여 주십니다. 그냥 너희는 서로 의지하고 나누고 나의 사랑을 간직하라 하십니다. 그리고 이 일을 세상에 나타내라 하십니다.

흰눈

흰눈이 소리없이 내리고 있읍니다. 어두운 밤입니다.
흰눈이 송이 송이 하염없이 밤의 손님이 되어 펄펄 내립니다
이 광활한 들과 산이 온통 하얀색으로 탈색하고 조용히 무섭게 펑펑 내리고 있읍니다
나는 강가에 홀로 외롭게 서 있읍니다 모닥불을 피우고 불을 밝히고
침묵의 시간을 맞이 하는데 나의 눈에는 눈물이 맺혀 있읍니다
나는 편지를 쓰고 싶읍니다
나는 시를 쓰고 싶읍니다
편지는 아기였을때 젖을 물리고 안아주었던 어머님께
그리고 나의 훌륭한 성장을 기대하신 아버님을 향하여 쓰고 싶읍니다.
그리고 모든것에 정의로우시고 공평하신 그분을 향해
이 강산을 당신의 지혜로우심으로 조성하셨고 이루신 모든 업적을 향하여
찬양의 시를 쓰고 싶읍니다.
잊혀진 본향에서 들려오는 가슴 저미는 환희의 노래와 생명의 움직임이 춤으로 하는거라고
이런 광경들이 우리 모두에게 사랑스런 소중한 모습으로 스며 있는데
알지 못하고 찾지 못하는 안타까움에 글을 쓰고 싶읍니다.
현실에서만 보여지는 모든 실체에 대한 우리의 감정과 사랑이 표현되어 나타납니다.
우리는 보이지 않는 깊은 영역으로 갈수없고 만질수없고 느낄수없는 존재들 입니다.
내 마음의 본향으로 부터 오는 느낌과 표현이 가장 아름다운 감명을 주지만
이 모든것들이 어느때부터 어디로 부터 스며 나에게 그리움을 주는지 알지못합니다.
우리는 그렇게 슬픈 존재입니다.
나는 펑펑 내리는 눈을 그냥 맞으며 흰눈이 되었읍니다.
어디서 부터인가 잔잔한 마음에 수많은 상념을 일으킵니다.
그분은 나에게 이 세상에 빛과 소금이 되고
거룩한자가 되고 정의로운 자가 되라고 힘을 주시는데
나의 부족함과 초라함으로 고민합니다.
나는 차라리 눈내리는 강가에 앉아 시인의 진실한 마음이 가득담긴 시를 낭독 합니다.
나는 차라리 높은 산위에 올라 이 삼라만상을 지으신
그분을 바라보며 감사의 노래를 부르렵니다.
나는 차라리 작고 예쁜 꽃 한송이를 손안에 받쳐들고
이 작은꽃을 향하며 사랑한다고 고백하렵니다.
그분은 다시 나에게 너희의 그 어떤것도 어떤말도 어떤노력도
필요하지 않으시다고 말씀하여 주십니다.
그냥 너희는 서로 의지하고 나누고 나의 사랑을 간직하라 하십니다.
그리고 이 잃은 세상에 나타내라 하십니다.

시인

　나는 시인입니다. 시인은 글을 쓰고 시를 쓰는 가난한 사람입니다. 시인은 과거와 현재 그리고 미래의 시간에 존재합니다. 시인은 슬픔을 안고 사는 여린 가여운 사람입니다. 시인은 언제나 높고 드넓은 하늘 위로 날아오릅니다. 솜털 같은 구름을 스치고 쏟아지는 별들 사이로 오르고 오릅니다. 무엇을 노래할까? 무엇을 보고 그릴까? 무슨 사연의 사랑을 할까? 이 시인의 마음에는 어떤 간절한 소망이 있는데 아무도 없는 허공 안의 어두움에 갇혀 천애의 고아가 되었습니다. 시인은 아름다운 세상을 나타내고 사랑의 노래로 진실을 고백합니다. 짙은 안개가 찬란한 빛으로 서서히 걷히면 산이 노래하고 강이 노래하고 바다가 춤을 춥니다. 꽃이 피고 새들이 노래하고 시인은 함께 더덩실 춤을 춥니다. 그러나 이 모든 것이 산산조각이 나고 부서지고 처절한 아우성이 처처에서 들려옵니다. 시인을 그래도 아름다운 세상을 노래합니다. 시인은 그래도 당신을 사랑합니다. 시인은 그래도 가장 감미로운 연주회에 함께 있기를 고대합니다. 이 장엄한 우주의 한 점 안에 있는 먼지같이 탄생된 인생, 수천억 년의 시간 위에 당신과 나는 한 점 위에 함께 있습니다. 시인은 진정 외롭고 고독한 사람이 아닙니다. 우리의 마음의 세계는 이 우주보다 더 넓고 광대하고 우리의 마음 안에 이 세상의 가장 아름다운 것보다 더 아름다운 또 다른 세상의 축복이 있음을 이 시인은 압니다. 다 부질없는 거짓된 것들에서 해방하여 자유로운 영혼의 소유자가 됩니다. 시인은 이 세상을 향하여 영원히 변치 않으신 그분의 영원한 사랑을 느끼고 기억하라고 간절한 마음으로 애원하며 글을 씁니다. 시인을 위하여! 당신을 위하여!

시인

나는 시인 입니다. 시인은 글을 쓰고 시를 쓰는 가난한 사람입니다.
시인은 과거와 현재 그리고 미래의 시간에 존재합니다.
시인은 슬픔을 안고사는 여린 가여운 사람입니다.
시인은 언제나 높고 드넓은 하늘위로 날아 오릅니다.
솜털같은 구름을 스치고 쏟아지는 별들 사이로 오르고 오릅니다.
무엇을 노래할까 무엇을 보고 그릴까 무슨 사연의 사랑을 할까
이 시인의 마음에는 어떤 간절한 소망이 있는데
아무도 없는 허공안의 어두움에 갖혀 천애의 고아가 되었읍니다.
시인은 아름다운 세상을 나타내고 사랑의 노래로 진실을 고백합니다.
짙은 안개가 찬란한 빛으로 서서히 걷히우면
산이 노래하고 강이 노래하고 바다가 춤을 춥니다
꽃이 피고 새들이 노래하고 시인은 함께 더덩실 춤을 춥니다.
그러나 이 모든것이 산산조각이 나고 부서지고 처절한 아우성이 처처에서 들려옵니다.
시인은 그래도 아름다운 세상을 노래합니다.
시인은 그래도 당신을 사랑합니다
시인은 그래도 가장 감미로운 연주회에 함께 앉기를 고대합니다.
이 장엄한 우주의 한점안에 있는 먼지같이 탄생된 인생
수천억년의 시간위에 당신과 나는 한점위에 함께 앉읍니다.
시인은 진정 외롭고 고독한 사람이 아닙니다.
우리의 마음의 세계는 이 우주보다 더 넓고 광대하고
우리의 마음안에 이 세상의 가장 아름다운것보다
더 아름다운 또 다른 세상의 축복이 있음을 이 시인은 압니다
다 부질없는 거짓된 것들에서 해방하여
자유로운 영혼의 소유자가 됩시다
시인은 이 세상을 향하여 영원히 변치 않으신 그분의 영원한 사랑을
느끼고 기억하고 간절한 마음으로 애원하며 글을 씁니다.
시인을 위하여 !!
당신을 위하여 !!

48

외로우신 분

　화가의 손에서 그려진 최고의 아름다운 광경의 그림이 나의 마음 안에 살아 움직이는 현실의 세계로 다가와 그 황홀한 세상에 들어가는데 나의 모습은 보이지 않고 바다와 하늘이 맞닿은 절경의 바위 위에 안개에 쌓인 장엄한 성이 보이고 주위의 사방에는 꽃들과 풀벌레들과 하늘 위의 구름과 바다 위로 나는 한 무리 철새들과 은은하게 들려오는 감동의 멜로디와 향기로운 미풍이 가득한 평화로움이 이곳에 흐르고 있습니다. 나의 모습은 그 어디에도 찾아볼 수 없는데 나는 이곳을 보고 있습니다. 새벽 시간에 교회의 차디찬 바닥에 두 무릎을 꿇고 두 손을 모으고 눈을 감은 채 나는 새로운 세상의 감미로움과 향기로움에 취한 채 이 환상의 세계에 나의 존재가 이끌려져 또 다른 세상을 경탄하며 바라보고 있습니다. 그 웅장하고 경이로운 모습의 장엄한 고성은 마치 한 도시 전체 규모로 그 건축이 구름에 닿을 정도로 엄청난 규모로 우뚝 서 있는데 그 주위가 고요함과 적막으로 가득합니다. 이 모든 것을 소유한 전능하신 분이라면 아마 이분은 이 세상의 주인일 겁니다. 한 분이 그 성에서 나와 수많은 꽃들 사이 오솔길을 따라 산책을 하며 그 꽃길을 걸으며 그 꽃들을 쓰담으며 동산을 거니는데 그의 얼굴의 표정은 외로움과 슬픔이 가득한 한 나약한 인간의 모습이 담겨 있습니다. 그의 눈동자엔 간절함이 서려 있고 그의 입에선 깊은 한숨만이 들려오는데 이 풍요롭고 부요한 이분의 주위에는 아무도 없고 쓸쓸함만이 스쳐 지나갑니다. 이 세상의 가장 아름다운 모든 것을 소유하신 이분은 이 모든 것들로부터 얻는 행복을 그 누군가와 같이 누릴 수 없는 안타까움에 슬픔으로 온 전신에 가득합니다. 이분은 이 세상의 모든 것을 가장 아름답고 경이로운 모습으로 그리시고 생명을 넣어 살아 움직이게 하셨지만 그분이 진정 찾고 원하시는 것은 친구와 형제를 만나는 일입니다. 더욱더 소중한 것은 서로의 진실한 사랑과 소중한 마음을 주고받는 세상입니다. 이제 그분은 한 사람, 한 친구, 한 형제를 만나기 위해 십자가를 지셨습니다. 그 처절한 고통과 고난을 통하여 진실하심을 보이시고 함께 영원히 동행하기를 간절히 기다리십니다. 이제 나는 그분이 두 눈에서 흘리신 눈물의 고귀함과 사랑을 가슴 깊이 담고 진실로 당신을 사랑한다고 고백합니다. 그분은 외로우신 분이십니다. 당신의 사랑이 필요합니다.

외로우신 분

화가의 손에서 그려진 최고의 아름다운 풍경의 그림이 나의 마음안에
살아 움직이는 천상의 세계로 다가와 그 황홀한 세상에 들어가는데
나의 모습은 보이지 않고 바다와 하늘이 맞닿은 절경의 바위 위에 안개에 쌓인
장엄한 성이 보이고 주위의 사방에는 꽃들과 풀벌레들과 하늘위의 구름과
바다위로 나르는 한무리 철새들과 은은하게 들려오는 감동의 멜로디와
향기로운 미풍이 가득한 평화로움이 이곳에 흐르고 있읍니다.
나의 모습은 그 어디에도 찾아 볼수없는데 나는 이곳을 보고 있읍니다.
새벽시간에 교회의 차디 찬 바닥에 두 무릎을 꿇고 두손을 모으고 눈을 감은 채
나는 새로운 세상의 감미로움과 향기로움에 취한채 이 환상의 세계에
나의 존재가 이끌려져 또 다른 세상을 경탄하며 바라보고 있읍니다.
그 웅장하고 경이로운 모습의 장엄한 고성은 마치 한 도시 전체 규모로 그 건축이
구름에 닿을 정도로 엄청난 규모로 우뚝 서 있는데 그 주위가 고요함과 적막으로 가득합니다.
이 모든것을 소유한 전능하신 분이라면 아마 이분은 이세상의 주인일 겁니다.
한분이 그 성에서 나와 수많은 꽃들사이 오솔길을 따라 산책을 하며
그 꽃길을 걸으며 그 꽃들을 쓰다듬으며 동산을 거니는데 그의 얼굴의 표정은
외로움과 슬픔이 가득한 한 나약한 인간의 모습이 담겨 있읍니다.
그의 눈동자엔 간절함이 서려있고 그의 입에선 깊은 한숨만이 들려 오는데
이 풍요롭고 부유한 이분의 주위에는 아무도 없고 쓸쓸함만이 스쳐 지나갑니다.
이 세상의 가장 아름다운 모든것을 소유하신 이분은 이 모든것들로 부터 얻는 행복을
그 누군가와 같이 누릴수 없는 안타까움에 슬픔으로 온 전신이 가득합니다.
이 분은 이 세상의 모든것을 가장 아름답고 경이로운 모습으로 그리시고 생명을 넣어
살아 움직이게 하셨지만 그분이 진정 찾고 원하시는 것은 친구와 형제를 만나는 일입니다.
더욱 더 소중한 것은 서로의 진실한 사랑과 소중한 마음을 주고 받는 세상입니다.
이제 그분은 한사람 한친구 한형제를 만나기 위해 십자가를 지셨읍니다.
그 처절한 고통과 고난을 통하여 진실하심을 보이시고
함께 영원히 동행하기을 간절히 기다리십니다.
이제 나는 그분이 두눈에서 흘리신 눈물의 고귀함과 사랑을 가슴깊이 담고
진실로 당신을 사랑한다고 고백합니다.
그분은 외로우신 분이십니다.   당신의 사랑이 필요합니다.

49 하나님의 자녀

　감동이 밀려오는 감미로운 향기로운 아름답고 고요한 음악이 흐르고 마음 깊은 곳에 그 노래와 멜로디가 깃들여져 아름다운 수채화 안에 나의 마음에서 황홀하게 열려져 있습니다. 이 마음은 영원한 세계에서 온 것입니다. 나는 내 마음의 본향에서 들려졌던 그 감미로운 멜로디가 나의 마음에 심겨져 있어 나는 그 멜로디와 수채화에 나의 본향의 향기로운 향수를 느낍니다. 하늘 위에서 뿌려지는 하얀 눈이 이 땅에 쌓이는데 나는 그 눈길을 눈을 맞으며 하염없이 걷고 있습니다. 기다림과 그리움으로 눈가에 젖은 눈물을 가득 담은 채 이 모든 것들과 함께 흐르는 눈물에 담고 싶습니다. 나의 마지막 눈길이 머무는 곳, 그곳엔 영원한 세계가 열려져 있습니다. 영원히 변치 않는 사랑이 그곳에 있습니다. 그 사랑을 품은 사람은 슬픔과 고통이 없습니다. 기쁨과 행복과 감사에 젖은 눈동자엔 선한 애틋함이 가득합니다. 그 사람들을 만나고 싶습니다. 기억에서 자꾸 멀어져 가는 사랑했던 사람들 그리고 가족들, 지금 간절히 보고픈 사랑하는 사람들 그리고 아름다운 사람들 그리고 함께한 사랑스런 동물들과 끝없이 펼쳐진 넓은 들에서 새들이 노래하고 수많은 나비들이 춤추는 그곳에서 산과 들과 바다와 밤하늘 별들이 찬란히 쏟아져 내리는 그곳에서 결코 죽음이 없고 사라지지 않는 영원한 그곳에서 그분과 함께 잡은 손은 영원히 놓지 않으렵니다. 지금은 비록 사방에서 총소리가 들리고 엠블란스가 울리고 아우성치며 살려 달라고 살려 달라고 외치고 절규하지만 우리는 그분과 함께 있습니다. 우리는 영원한 세상에서 그분과 함께 그곳의 주인공이 되었습니다. 우리 모두는 하나님의 자녀가 되었습니다. 이 믿음으로 나그네 인생을 가득 채우고 자유로운 여행을 두려움 없이 떠납시다. 우리는 자유로운 하나님의 자녀입니다.

하나님의 자녀

감동이 밀려오는 감미로운 향기로운 아름답고 고요한 음악이 흐르고 마음 깊은곳에
그 노래와 멜로디가 깃들여져 아름다운 수채화안에 나의 마음에서
황홀하게 열려져 있습니다. 이 마음은 영원한 세계에서 온것입니다.
나는 내 마음의 분향에서 들려졌던 그 감미로운 멜로디가 나의 마음에 심겨져 있어
나는 그 멜로디와 수채화에 나의 분향의 향기로운 향수를 느낍니다.
하늘 위에서 뿌려지는 하얀 눈이 이땅에 쌓이는데
나는 그 눈길을 눈을 맞으며 하염없이 걷고 있습니다.
기다림과 그리움으로 눈가에 젖은 눈물을 가득 담은채
이 모든것들과 함께 흐르는 눈물에 담고 싶습니다.
나의 마지막 눈길이 머무는곳 그곳엔 영원한 세계가 열려져 있습니다.
영원히 변치않는 사랑이 그곳에 있습니다.
그 사랑을 품은 사람은 슬픔과 고통이 없습니다.
기쁨과 행복과 감사에 젖은 눈동자엔 선한 애틋함이 가득합니다.
그 사람들을 만나고 싶습니다.
기억에서 자꾸 열려져 가는 사랑했던 사람들 그리고 가족들
지금 간절히 보고픈 사랑하는 사람들 그리고 아름다운 사람들
그리고 함께한 사랑스런 동물들과 끝없이 펼쳐진 넓은 들에서
새들이 노래하고 수많은 나비들이 춤추는 그곳에서
산과 들과 바다와 밤하늘 별들이 찬란히 쏟아져 내리는 그곳에서
결코 죽음이 없고 사라지지 않는 영원한 그곳에서
그분과 함께 잡은 손은 영원히 놓지 않을겁니다.
지금은 비록 사방에서 총소리가 들리고 앰뷸란스가 울리고
아우성치며 살려달라고 살려달라고 외치고 절규하지만
우리는 그분과 함께 있습니다.
우리는 영원한 세상에서 그분과 함께 그곳의 주인공이 되었습니다.
우리 모두는 하나님의 자녀가 되었습니다.
이 믿음으로 나그네 인생을 가득 채우고
자유로운 여행을 두려움 없이 떠납시다.
우리는 자유로운 하나님의 자녀 입니다.

선물

　오랫동안 간직하고픈 소중하고 사랑스런 지난날의 기억을 생각하며 또 하루를 맞이합니다. 나의 마음 깊은 곳에 각인되어진 많은 기억들이 점점 멀어지고 기억의 창고에 언젠가는 희미한 광경으로 스며들고 그 문을 굳게 잠급니다. 어느 한순간 마음껏 소리 내어 그 메아리 소리를 다시 듣고 싶었지만 그 메아리조차 허공에 묻히고 연기처럼 사라집니다. 안타까움에 잡힐 듯 잡히지 않는 것들과 잡은 것 같으나 잡혀지지 않는 것들과 이 모든 것들을 다시 기억 안에 간직하기를 애를 씁니다. 소중한 기억들을 안고 춤을 추며 노래 부르며 가족들과 벗들과 사람들에게 기쁨이 가득한 나의 모습을 보여주고 모두에게 즐거움을 선물로 주고 싶습니다. 아무도 만날 수 없는 광막한 대지를 가로지르며 지나가는데 만날 수 없는 사람들, 보고픈 사람들을 기억에서 다시 부르고 아름다운 세상 온 우주 안에 그 사람들의 모습으로 가득 채우고 영원히 그들과 함께 걷고 싶습니다. 이미 마음에 간직한 기억들과 다시 다가온 이 아름다운 기억들이 향기롭고 기쁨이 가득한 사랑 안에 영롱한 무지개가 되어 잊혀지지 않고 영원히 나의 마음에 간직되어지기를 간절히 소망합니다. 길가에 무심하게 피어 있는 노란 작은 꽃을 보고 만지며 말을 걸어봅니다. 모든 생명은 그것들을 창조하신 분의 깊은 뜻과 사랑이 나타내어 있습니다. 나는 이 모든 것들을 만나고 그것들과 끝없이 대화를 이어갑니다. 너희들은 어떻게 이렇게 자신의 아름다움을 소리 없이 나타내어 이 세상에 주고 있는지… 한 그루의 나무조차 어떻게 이런 기적의 역사를 이어가고 있는지… 하나하나 이루 헤아릴 수조차 없는 수많은 생명들과의 대화는 하늘로부터 태산으로, 계곡으로, 폭포수로, 강으로 끝없이 이어집니다. 나는 이것들로부터 존귀하신 분을 만나고 나는 이것들로부터 나의 존재의 필요를 끝없이 확인하며 삶을 이어갑니다. 거짓은 화려한 것에서부터 시작되어지고 진실은 초라한 듯 나타내지 않은 침묵하는 생명에서 나타납니다. 나의 마음은 이 고요함에서 생명들과의 대화 안에서 그분의 변치 않은 진실하심을 깨닫고 그 은혜 가운데 나그네의 삶을 이어갑니다. 그분은 진실하신 나의 구세주이십니다.

선물

오랫동안 간직하고픈 소중하고 사랑스런 지난날의 기억을 생각하며 또 하루를 맞이합니다
나의 마음 깊은 곳에 각인되어진 많은 기억들이 점점 멀어지고
기억의 창고에 언젠가는 희뿌연 광경으로 스며들고 그 문을 굳게 잠급니다
어느 한순간 마음껏 소리내어 그 메아리 소리를 다시 듣고 싶었지만
그 메아리 조차 허공에 묻히고 연기처럼 사라집니다
안타까움에 잡힐듯 잡히지 않는 것들과 잡은것 같으나 잡혀 지지 않는 것들과
이 모든 것들을 다시 기억 안에 간직하기를 애를 씁니다
소중한 기억들을 안고 춤을 추며 노래 부르며 가족들과 벗들과 사람들에게
기쁨이 가득찬 나의 모습을 보여 주고 모두에게 즐거움을 선물로 주고 싶습니다
아무도 만날수 없는 광막한 대지를 가로지르며 지나가는데
만날수 없는 사람들 보고픈 사람들을 기억에서 다시 부르고
아름다운 세상 온 우주안에 그 사람들의 모습으로 가득채우고
영원히 그들과 함께 걷고 싶습니다
이미 마음에 간직한 기억들과 다시 닿아온 이 아름다운 기억들이
향기롭고 기쁨이 가득찬 사랑안에 영롱한 무지개가 되어 잊혀지지 않고
영원히 나의 마음에 간직되어지기를 간절히 소망합니다.
길가에 무심하게 피어 있는 노오란 작은 꽃을 보고 만지며 많은 걸 봅니다
모든 생명은 그것들을, 창조하신 분의 같은 뜻과 사랑이 나타내어 있습니다
나는 이 모든것들을 만나고 그것들과 끝없이 대화를 이어 갑니다
너희들은 어떻게 어떻게 자신의 아름다움을 소리없이 나타내어 이 세상에 주고 있는지
한 그루의 나무조차 어떻게 이런 기적의 역사를 이어가고 있는지
하나 하나 아주 헤아릴수 조차 없는 수많은 생명들과의 대화는
하늘로 부터 태산으로 계곡으로 폭포수로 강으로 끝없이 이어집니다.
나는 이것들로 부터 존귀하신 분을 만나고
나는 이것들로 부터 나의 존재의 필요를 끝없이 확인하며 삶을 이어 갑니다.
거짓은 화려한 것에서 부터 시작 되어지고
진실은 초라한듯 나타내지 않은 침묵하는 생명에서 나타납니다.
나의 마음은 이 고요함에서 생명들과의 대화 안에서
그분의 변치않는 진실하심을 깨닫고 그 은혜 가운데
나그네의 삶을 이어 갑니다
그분은 진실하신 나의 구세주 이십니다.

51 시드니

청명한 하늘 구름 사이로 따스한 봄의 햇살이 나의 얼굴에 감미롭게 흘러내릴 때 무지갯빛 수많은 꽃잎이 길 위를 덮고 꽃길을 아름답게 장식하고 자카란타 나무에 보랏빛 벚꽃이 수많은 꽃나무들과 형형색색 그 자태를 드러내고 거리거리마다 작은 동산에 꾸민 작고 예쁜 꽃들이 이 도시 시드니를 온통 수놓고 있습니다. 수많은 새들이 그 그림 안에 살아 날아오릅니다. 나는 이 길들을 따라 떠납니다. 보랏빛 물결이 집집마다 파도를 주는데 나의 집에도, 옆집에도 온 시드니에 흘러넘칩니다. 파도치는 평화로운 해안가로 몇 백 년의 세월을 지켜낸 고목의 공원 사이로, 바다 위의 수많은 요트들 사이로, 오페라하우스와 아름답게 지어진 건물들 사이로, 유람선을 타고 배와 배들 사이로, 동네의 거리거리의 집들 사이로 나의 여행은 시간이 부족합니다. 나와 나의 가족 모두가 시드니에서 삽니다. 이곳에는 친구들도 있고 이곳에는 행복이 즐거움이 있습니다. 마음에서 본향을 바라보지 않고 세상을 바라보고 취해 산다면 모든 것이 연기처럼 사라지는 날 그 미련 때문에 소금기둥이 되어버립니다. 37년의 세월을 시드니에 삽니다. 옆집 할머니는 그 자카란타의 보라색 꽃들이 내려진 꽃길을 따라 수년 전 먼 길을 떠났습니다. 얼마나 많은 사람들이 이 세상에서 이 시드니의 길을 따라 떠나갔는지 헤아릴 수가 없습니다. 시드니에 사는 사람들은 세상의 부러움의 축복을 얻은 사람입니다. 도시의 한쪽 옆에는 축구장보다 몇 배나 큰 공동묘지가 잘 정돈되어 있습니다. 아직 잊혀지지 않은 묘비 앞에는 꽃이 몇 송이 놓여 있습니다. 그러나 잊혀진 묘비엔 검은 이끼가 형체를 볼 수 없게 하고 기울어져 있고 넘어져 있고 마치 죽은 고목과 같은 모습의 비석들이 슬프게 합니다. 누가 이런 날을 주었나요? 누가 이런 슬픔과 고통을 주었나요? 이 아름다운 도시가 회칠한 거대한 무덤의 모습으로 변하여 가고 있습니다. 나는 나의 잊혀진 본향을 그리워합니다. 본향은 이곳의 가장 아름다운 것으로 가득 채워진 곳입니다. 죽음의 결과가 사라지고 생명의 태어남만 존재하는 곳입니다. 그분과 함께 손을 잡고 영원한 세계를 여행할 겁니다. 변치 않는 영원히 보라색 꽃을 피우는 자카란타의 꽃길을 걸을 겁니다. 당신도 함께 갑시다.

시드니

청명한 하늘 구름사이로 따스한 봄의 햇살이 나의 얼굴에 감미롭게 흘러 내릴때
무지개 빛 수많은 꽃잎이 길위를 덮고 꽃길을 아름답게 장식하고
자카란타 나무에 보랏빛 벚꽃의 수많은 꽃나무들과 형형색색 그 자태를 드러내고
거리 거리마다 작은 동산에 꾸민 작고 예쁜 꽃들이 이 도시 시드니를 온통 수놓고 있읍니다
수많은 새들이 그 그늘안에 살아 날아 오릅니다.
나는 이 길들을 따라 떠납니다. 보랏빛 물결이 집집마다 파도를 주는데
나의 집에도 옆집에도 앞집에도 온 시드니에 흘러 넘칩니다
다가오는 평화로운 해안가로 몇 백년의 세월을 지킨 고목의 공원사이로
바위의 수많은 모드들사이로 오페라 하우스와 아름답게 지어진 건물들사이로
유람선을 타고 배와 배들 사이로 동네의 거리 거리의 집들사이로
나의 여행은 시간이 부족합니다
나와 나의 가족 모두가 시드니에서 삽니다.
이곳에는 친구들도 있고 이웃에는 행복이 즐거움이 있읍니다
나의 남은 인생도 잠시나마 이 세상이 주는 고마움을 만끽할수 있읍니다.
마음에서 본향을 바라보지 않고 세상을 바라보고 취해 산다면
모든것이 연기처럼 사라지는날 그 미련 때문에 소금기둥이 되어 버립니다.
37년의 세월을 시드니에 삽니다 옆집 할머니는 그 자카란타의
보라색 꽃들이 내려진 꽃길을 따라 수년전 명을 떠났읍니다.
얼마나 많은 사람들이 이 세상에서 이 시드니의 길을 따라 떠나 갔는지 헤아릴수가 없읍니다.
시드니에 사는 사람들은 세상의 부러움의 축복을 얻은 사람 입니다.
도시의 한쪽 옆에는 축구장보다 몇배나 큰 공동묘지가 잘 정돈되어 있읍니다.
아직 엎혀지지 않은 묘비 앞에는 꽃이 몇송이 놓여 있읍니다.
그러나 잊혀진 묘비인 검은 이끼가 형체를 볼수없게 하고 기울어져 있고
넘어져 있고 마치 죽은 고목과 같은 모습의 비석들이 슬프게 합니다.
누가 이런 답을 주었나요 —
누가 이런 슬픔과 고통을 주었나요 —
이 아름다운 도시가 회칠한 거대한 무덤의 모습으로 변해 가고 있읍니다.
나는 나의 잊혀진 본향을 그리워 합니다.
본향은 이곳의 가장 아름다운것으로 가득 채워진 곳입니다.
죽음의 결과가 사라지고 생명의 태어남만 존재하는 곳입니다.
그 분과 함께 손을 잡고 영원한 세계를 여행 할 겁니다
변치 않는 영원히 보라색 꽃을 피우는 자카란타의 꽃길을 걸을 겁니다.
당신도 함께 갑시다

52

참 자유

　시골의 돌담길을 따라 스산한 바람을 맞으며 추억의 오솔길을 지나 가을 바람에 흔들리는 갈대숲의 산길을 지나 하염없이 걸어갑니다. 점점 나이가 들어 시야가 선명하게 보이지 않고 잘 들리지도 않고 사지의 움직임이 어색하여지고 포승줄에 꽁꽁 묶인 형태의 모습이 슬픕니다. 생명의 터전인 이 땅의 회색의 회칠한 무덤의 모습이 되어 그 화려한 명성들이 밤하늘 잿빛 구름 사이로 사라집니다. 오늘도 변함없이 아이가 떠납니다. 청년이, 어른이, 노인이 떠납니다. 떠나간다고 절규하며 온통 절규하며 아우성인데 다시 올 수 없는 곳으로 영원히 떠나갑니다. 무엇을 찾기 위해, 무엇을 얻기 위해, 무엇에 의해 떠나가야 하는지 아무도 대답할 수 없는데 의학은, 과학은, 철학과 점술은 의식과 정신의 세계에서 보여지고 나타나는 우주의 기운과 광경 안에서 그 답을 얻기 위해 수백 년 수천 년을 지식과 명철과 경험을 토대로 밝히려 애쓰며 쏟아부었습니다. 얻어진 것들은 확실히 우리의 소득이 되었지만 불확실한 것에 의한 불안과 공포는 여전히 존재하고 진행하고 있습니다. 육신의 구조에 의식과 정신이 그 의미를 부여하고 세상의 형틀에 채워져 있지만 영원한 새로움을 발견하고 그 안에서 자유로움을 얻을 수 있다면 이 세상에서의 나의 죽음은 나름대로 그 의미를 찾을 수 있을 겁니다. 죽음의 고통과 죽임으로 인한 헤어짐과 죽음에서 얻어지는 허무한 광경들은 결코 다시 회복할 수 없고 영원한 시간 안에 갇혀진 소리 없는 침묵 안의 존재가 됩니다. 세상이라는 죽임의 형틀에서 벗어나지 못하고 이 광대한 우주 한 가운데로 버려지고 사라져 버리는 먼지 같은 존재입니다. 미래는 죽었습니다. 이 시간의 형틀에서 벗어날 수가 없습니다. 이 시간의 형틀은 우리를 영원히 어두움에 가두어 둘 것입니다. 어떤 미련이 짐이 되어 나의 소유가 되어 있다면 찾을래야 찾을 수 없고 보고 싶어도 볼 수가 없고 안아보고 싶어도 안을 수 없는 먼지가 되어 사라져 버립니다. 우리는 사랑의 소중함을 압니다. 우리는 진실이 얼마나 소중한지를 압니다. 사랑과 진실의 세계는 이 세상과 다른 세상입니다. 그곳에는 부요함도 없고 정신의 세계도 없고 높고 낮음도 없고 미련이 존재하지 않는 참 자유의 쉬임이 있는 영원한 세상입니다. 그 세상을 조성하시고 그분의 숨결이 어디에든 깃들게 하신 분은 우리들의 영원한 안식과 자유로움을 그냥 멀리서 지켜보시기를 원하십니다.

참 자유

시골의 돌담길을 따라 스산한 바람을 맞으며 추억의 오솔길을 지나 가을바람에 흔들리는
갈대숲의 산길을 지나 하염없이 걸어갑니다.
점점 나이가 들어 시야가 선명하게 보이지 않고 잘 들리지도 않고
사지의 움직임이 어색하여 지고 포승줄에 꽁꽁 묶인 형태의 모습이 슬픕니다.
생명의 터전인 이 땅이 회색의 차가운 무덤의 모습이 되어
그 화려한 명성들이 밤하늘 잿빛 구름사이로 사라집니다
오늘도 변함없이 아이가 떠납니다. 청년이 어른이 노인이 떠납니다.
떠나 간다고 절규하며 온몸 절규하며 아우성인데
다시 올수 없는 곳으로 영원히 떠나갑니다.
무엇을 찾기위해 무엇을 얻기위해 무엇에 의해 떠나가야 하는지 아무도 대답할수 없는데
의학은 과학은 철학과 정신은 의식과 정신의 세계에서
보여지고 나타나는 우주의 기운과 광경안에서 그 답을 얻기위해
수백년 수천년을 지식과 명철과 경험을 토대로 밝히려 애쓰며 살아 왔읍니다.
얻어진 것들은 확실히 우리의 소득이 되었지만
못얻어진 것에 의한 불안과 공포는 여전히 존재하고 진행하고 있읍니다.
육신의 구조에 의식과 정신이 그 의미를 부여하고 세상의 허들에 채워져 있지만
영원한 새로움을 발견하고 그 안에서 자유로움을 얻을수 있다면
이 세상에서의 나의 죽음은 나름대로 그 의미를 찾을수 있을겁니다.
죽음의 고통과 죽음으로 인한 헤어짐과 죽음에서 얻어지는 허무한 광경들은
결코 다시 회복할수 없고 영원한 시간안에 갇혀진 소리없는 침묵 안의 존재가 됩니다.
세상이라는 죽음의 허들에서 벗어나지 못하고 이 광대한 우주 한가운데로
버려지고 사라져버리는 먼지같은 존재입니다
미래는 죽음입니다. 이 시간의 허들에서 벗어날수가 없읍니다.
이 시간의 허들은 우리를 영원히 어두움에 가두어 둘것입니다
어떤 먼지의 집이 되어 나의 소유가 되어있다면 찾을려야 찾을수 없고
보고 싶어도 볼수가 없고 안아보고 싶어도 안을수 없는 먼지가 되어 사라져 버립니다
우리는 사랑의 소중함을 압니다. 우리는 진심이 얼마나 소중한지를 압니다.
사랑과 진심의 세계는 이 세상과 다른 세상입니다
그곳에는 부요함도 없고 정신의 세계도 없고 높고 낮음도 없고 미련이 존재하지 않는
그 어떤 절대 권력의 구속이 존재하지 않는
참 자유의 쉼이 있는 영원한 세상 입니다.
그 세상을 조성하시고 그분의 숨결이 어디에든 깃들게 하신분은
우리들의 영원한 안식과 자유로움을 그냥 멀리서 지켜 보시기를
원하십니다.

53 좁은 길

크고 넓고 화려하고 잘 정돈된 대로 안에 수많은 좁은 길들이 그 넓고 화려한 길에 길들을 내고 그 길들마다 수많은 사람들의 행렬이 보입니다. 그 화려한 길에는 거대한 파이프 오르간이 연주되고 여러 모양의 십자가도 보이고 금으로 입혀진 각종 형상들이 있고 동물들의 모습이 변형되어 괴이한 모습으로 보이고 어떤 자들은 온몸에 상처를 내고 수없이 반복하는 일에 마음의 평안이 있다 하고 사람의 모습이 금상이 되고 돌상이 되고 나무의 조각 앞에 그것들의 노예가 되고, 또 다른 길에선 춤추며 소리치며 괴성을 지르며 모든 일이 평안하라 합니다. 그런데 나는 그 넓은 길 안에 좁은 길 하나를 자세히 보았습니다. 이 좁은 길이 이 대로 안에 있으니 좁은 길이라 하나 그 길은 넓은 길 안의 좁은 길입니다. 그 길 위에서 소리 소리치는 자들이 얼마나 많은지 사방이 아우성입니다. 그 무리의 인도자는 수도 없이 주여를 부르고 주여를 따라 부르게 하며 이 길이 좁은 문으로 들어가는 길이라 하여 헌신하고 충성으로 보답하라고 소리칩니다. 이 길이 천국에서 영생할 수 있는 유일한 길이라고 유혹합니다. 거룩한 옷을 입고 화려한 연주와 찬양에 눈물을 흘리며 기쁨이 있고 평안이 있다 합니다. 그 무리의 수가 얼마나 많은지 셀 수조차 없는데 왜 이 좁은 길이 이 넓디 넓은 대로 안에 있는지 너무 슬픕니다. 인도하는 자는 귀신도 쫓아내고 병든 자도 고치고 그 능력으로 두려움을 주고 복종케 하는데 예수님은 나는 너희들을 전혀 알지 못한다고 말씀하십니다. 그런데 더 자세히 살펴보니 그 넓은 대로 옆에 아주 작은 길, 좁은 길이 보입니다. 크고 넓은 대로와 이 작은 좁은 길 사이에는 벽이 없습니다. 언제든지 사람들이 자유롭게 건너가고 건너올 수가 있습니다. 이 작고 좁은 길은 흙길입니다. 화려한 치장이 필요 없고 신이 필요치 않은 거룩한 길입니다. 그분은 우리들이 이 흙길, 거룩한 길로 천천히 걸어오기를 기다리십니다. 대로 안의 작은 길, 좁은 길을 걷는 사람들은 그 끝에 다다를 때는 돌이킬 수 없는 절망의 낭떠러지에 떨어지고 떨어지며 후회하고 절규합니다. 흙길, 작고 좁은 길을 걷는 성도들은 안타까움에 함께 손을 잡고 그들을 위해 그분을 향하여 간절히 기도합니다. 그 길의 끝은 진실과 사랑이 찬란한 영광 가운데 찬란하게 빛나는 거룩한 곳입니다. 좁은 길 좁은 문은 힘들고 찾기 힘든 숨어 있는 길이 아닙니다. 고난이 필요한 치장된 길이 아닙니다. 바로 옆길 흙길입니다.

좁은길

크고 넓고 화려하고 잘 정돈된 대로안에 수많은 좁은길들이 그 넓고 화려한 길에 길들을 내고
그 길들 마다 수많은 사람들의 행렬이 보입니다.
그 화려한 길에는 거대한 파이프 오르간이 연주되고 여러모양의 십자가도 보이고
금으로 입혀진 각종 형상들이 있고 동물들의 모습이 변형되어 괴이한 모습으로 보이고
어떤 자들은 온몸에 상처를 내고 수없이 반복하는 일에 마음에 평안이 있다하고
사람의 모습이 동상이 되고 돌상이 되고 나무가 조각 앞에 그것들이 노래가 되고
또 다른 길에서 춤추며 소리치며 괴성을 지르며 모든일이 평안하라 합니다.
그런데 나는 그 넓은 길안에 좁은길 하나를 자세히 보았습니다.
이 좁은길이 이 대로안에 있으니 좁은길이라 하나 그 길은 넓은길 안의 좁은길입니다.
그 길위에서 소리 소리치는 자들이 얼마나 많은지 사방이 아우성입니다.
그 무리의 인도자는 수도없이 주여를 부르고 주여를 따라 부르게하며
이 길이 좁은문으로 들어가는 길이라 하여 헌신하고 충성으로 보답하라고 소리 칩니다.
이 길이 천국에서 영생할수있는 유일한 길이라고 유혹합니다.
거룩한 옷을 입고 화려한 연주와 찬양에 눈물을 흘리며 기쁨이 있고 평안이 있다 합니다.
그 무리의 수가 얼마나 많은지 셀수조차 없는데
왜 이 좁은길이 이 넓디 넓은 대로 안에 있는지 너무 슬픔니다.
인도하는 자는 귀신도 쫓아내고 병든자도 고치고 그 능력으로 두려움을 주고 복종케 하는데
예수님은 나는 너희들을 전혀 알지 못한다고 말씀하십니다.
그런데 더 자세히 살펴 보니 그 넓은 대로 옆에 아주 작은길 좁은길이 보입니다.
크고 넓은 대로와 이 작은 좁은길 사이에는 벽이 없습니다.
언제든지 사람들이 자유롭게 건너가고 건너 올수가 있습니다.
이 작고 좁은길은 흙길입니다. 화려한 치장이 필요없고
신이 필요치 않은 거룩한 길 입니다.
그분은 우리들이 이 흙길 거룩한길로 천천히 걸어 오기를 기다리십니다.
대로안의 작은길 좁은길을 걷는 사람들은 그 끝에 다달을때는
돌이 킬수없는 절망의 낭떠러지에 떨어지고 떨어지며 후회하고 절규합니다.
흙길 작고 좁은길을 걷는 성도들은 안타까움에 함께 손을 잡고
그들을 위해 그분을 향하여 간절히 기도합니다.
그 길의 끝은 진실과 사랑이 찬란한 영광 가운데 찬란하게 빛나는
거룩한 곳 입니다.
좁은길 좁은문은 힘들고 찾기 힘든 숨어있는 길이 아닙니다
고난이 필요한 치장된 길이 아닙니다.
바로 옆길, 흙길 입니다.

54

죽은 자

　창공을 보라. 그 위를 나는 수많은 새들을 보라. 그것들의 자유로움을 보라. 그들이 이 땅을 향하여 우리의 어리석음을 전하여 주고 있다. 끝이 보이지 않는 대지 위로 펼쳐진 각양각색의 꽃들의 춤추는 향연을 보라. 그곳으로부터 불어오는 향기로운 미풍에 우리의 악취를 맡아보라. 이 넓은 바다를 보라. 그 안에서 헤엄치는 수많은 고기떼들과 해초들을 보라. 그 풍성함이 얼마인가 알 수 없고 가늠조차 할 수 없다. 높은 산 위에 올라 하늘을 보라. 장엄하고 섬세하게 펼쳐진 구름을 보라. 그 구름 사이로 눈이 부시도록 쏟아지는 햇빛을 보라. 수많은 산들과 계곡에 흐르며 부서지는 물소리를 들어보라. 그 물들이 모여지는 큰 강과 강 옆의 풍요로운 수목들을 보라. 빽빽이 서 있는 고목들의 침묵 안에 헤아릴 수 없는 나무의 잎이 생동감을 주고 모든 동물들이 그 그늘에서 쉼을 얻는다. 나는 이 모든 순간 사이로 지나가며 거대한 대연주의 합창을 듣고 있다. 나는 순간 갈 길을 잃고 혼미하여 죽은 자가 되었다. 지금 다시 깨닫는 것은 이 모든 것의 영원한 것은 죽음을 지나 새롭게 나타나고 새로운 세상은 그 끝에 다다를 수 없는 영원한 무한한 세계가 펼쳐져 있음을 보게 되었다. 나는 그곳에서 끝없이 날고 뛰고 걷고 기쁨으로 가득 안고 하염없이 흐르는 강물처럼 어디론가 가고 있다. 속힘을 당하고 통한으로 당신이 이 땅에서 살아간다면 새로운 세상에서 들려오는 청아한 맑은 소리들과 생명의 노래에 눈을 감아야 합니다. 당신이 진정 그분과 함께할 수 있다면, 당신이 진정 그분을 만날 수 있다면 그분은 당신을 영원한 세계, 장엄한 세계로 인도하실 겁니다. 다시는 눈물이 없는 웃음과 진실이 가득한 그곳에서 영원히 함께하실 겁니다. 슬픔으로 고통당하지 마십시오. 원통하여 소리치며 울지 마십시오. 그분은 언제나 우리 곁에 계십니다. 그분의 모든 것을 우리에게 이미 주셨음을 알아야 합니다. 우리는 그분을 진심을 다해 사랑한다고 고백해야 합니다. 그리고 그 영원한 사랑 안에 있어야 합니다. 우리의 목숨보다도 더 소중한 것은 믿음입니다.

죽은자

창공을 보라. 그위를 나르는 수많은 새들을 보라. 그것들의 자유로움을 보라.
그들이 이땅을 향하여 우리의 의식있음을 전하여 주고 있다.
끝이 보이지 않는 대지 위로 펼쳐진 갖가지 색의 꽃들의 춤추는 향연을 보라.
그곳으로 부터 불어오는 향기로운 미풍에 우리의 악취를 맡아보라.
이 넓은 바다를 보라. 그 안에서 헤엄치는 수많은 고기떼들과 해초들을 보라.
그 품사랑이 얼마인가 알수없고 가늠조차 할수 없다.
돌로 산위에 올라 하늘을 보라. 장엄하고 섬세하게 펼쳐진 구름을 보라.
그 구름사이로 눈이 부시도록 쏟아지는 햇빛을 보라.
수많은 산들과 계곡에 흐르며 부서지는 물소리를 들어보라.
그 물들이 모여지는 큰강과 강열의 풍요로운 수목들을 보라.
빽빽히 서있는 고목들의 침묵안에 헤아릴수 없는 나무의 잎이 생동감을 주고
모든 동물들이 그 그늘에서 쉬어읆을 얻는다.
나는 이모든 순간사이로 지나가며 거대한 대연주의 합창을 듣고있다.
나는 순간 갈길을 잃고 혼미하여 죽은자 되었다.
지금 다시 깨닫는것은 이 모든것의 영원한것은 죽음을 지나
새롭게 나타나고 새로운 세상은 그 끝에 다다를수 없는 영원한 무한한
세계가 펼쳐져 있음을 보게 되었다.
나는 그곳에서 콧노래 나오고 뛰고 걷고 기쁨으로 가득안고 하염없이
흐르는 강물처럼 어디론가 가고있다.
속함을 말하고 동참으로 당신이 이땅에서 살아간다면
새로운 세상에서 들려오는 청아한 맑은 소리들과 생명의 노래에 눈을 감아야 합니다.
당신이 진정 그분과 함께 할수있다면
당신이 진정 그분을 만날수있다면
그분은 당신을 영원한 세계 장엄한 세계로 인도하실겁니다.
나서는 눈물이 없는 웃음과 진실이 가득한 그곳에서 영원히 함께 하실겁니다.
슬픔으로 고통당하지 마십시요.
원통하여 소리치며 울지 마십시요.
그분은 언제나 우리 곁에 계십니다.
그분의 모든것을 우리에게 이미 주셨음을 알아야 합니다.
우리는 그분을 진심을 다해 사랑한다고 고백해야 합니다.
그리고 그 영원한 사랑안에 있어야 합니다.
우리의 목숨보다도 더 소중한것은
믿음입니다.

55

소해성

태양이 눈부시게 이 땅 위로 떠오르면 잔잔한 호수 위로 고요한 넓은 바다 위로 그 빛을 뿌리고 생명이 태동하듯 수많은 물방울들이 옥구슬이 되어 형형색색 무지갯빛으로 튀어 오르고 그 광경 안의 세상은 숨조차 사치스러운 신비롭고 황홀한 모습으로 우리에게 안겨줍니다. 나는 이 아침에 세 아이를 안고 업고 미지의 세계를 향해 떠납니다. 목적지가 없습니다. 하지만 나는 아이들에게 간절하게 주고 싶은 진실한 마음이 있습니다. 우리의 세상이 아름다운 빛으로 충만해지면 나타나는 모습들이 경탄을 주고 결코 변하지 않는 모습으로 영원히 이 땅이 간직하리라 생각합니다. 그러나 이 찬란한 빛을 주는 태양도 언젠가는 그 빛을 잃어버리고 사라져 버리는 하나님이 만드신 하나의 구조물에 불과한 것을 압니다. 그러나 나는 이 빛을 첫째 딸아이에게 주고 싶습니다. 첫째 딸아이의 마음에 본향으로부터 임하는 거룩한 빛이 영원히 사라지지 않고 함께하기를 간절히 기도하였습니다. 그리고 그 빛으로 세상 어두운 곳에 잠시라도 비추어 주기를 소망하였습니다. 나는 지금 보이는 수평선 끝까지 펼쳐진 바다를 품에 안고 이 바다를 조성하신 하나님을 향해 찬양과 존귀와 영광을 진심으로 올려드립니다. 그리고 둘째 딸아이에게 이 바다의 깊고 넓은 지혜가 있기를 간절히 기도드렸습니다. 그리고 나는 밤하늘에 살아 움직이는 헤아릴 수조차 없는 어둠 속에서 빛나는 별들의 세계가 우리 모두를 또 다른 세상으로 이끌고 갑니다. 나는 이 밤하늘의 별들이 주는 교훈의 시를 셋째 아들에게 주고 싶습니다. 그래서 나는 첫째 딸아이 이름 가운데 한문의 밝힐 소(炤)를 넣었습니다. 그리고 둘째 딸아이의 이름 가운데 한문의 바다 해(海)를 넣었습니다. 그리고 셋째 아들아이에겐 두 아이의 의미를 두고 가운데 한문의 별 성(星)을 넣고 마지막 이름에 한문의 밝힐 현(炫)을 넣었습니다. 이제 다시 이 세 아이들과 함께 그분이 계신 내 마음의 본향을 향하여 그 미지의 세계로 향하고 이 아름답고 찬란한 아침에 아이들을 안고 업고 떠납니다. 나의 이름은 소해성입니다. 그분이 나에게 주신 최고의 선물입니다.

소해성

태양이 눈부시게 이 땅위로 떠오르면, 잔잔한 호수위로 고요한 넓은 바다위로 그 빛을 뿌리고
생명이 태동하듯 수많은 물방울들이 옥구슬이 되어 칠색찬란한 무지개 빛으로 튀어 오르고
그 광경안의 세상은 숨조차 사치스러운 신비롭고 황홀한 모습으로 우리에게 안겨줍니다
나는 이 아침에 세아이를 안고 업고 미지의 세계를 향해 떠납니다
목적지가 없읍니다 하지만 나는 아이들에게 간절하게 주고싶은 진실한 마음이 있읍니다
우리의 세상이 아름다운 빛으로 충만해지면, 나타나는 모습들이 경탄을 주고
결코 변하지 않는 모습으로 영원히 이 땅이 간직하리라 생각합니다
그러나 이 찬란한 빛을 주는 태양도 언젠가는 그 빛을 잃어버리고 사라져 버리는
하나님이 만드신 하나의 구조물에 불과한 것을 압니다.
그러나 나는 이 빛을 첫째 딸아이에게 주고싶읍니다
첫째 딸아이의 마음에 본향으로 부터 임하는 거룩한 빛이
영원히 사라지지 않고 함께 하기를 간절히 기도하였읍니다
그리고 그 빛으로 세상 어두운 곳에 잠시라도 비추어 주기를 소망하였읍니다
나는 지금 보이는 수평선 끝까지 펼쳐진 바다를 품에 안고 이 바다를 조성하신
하나님을 향해 찬양과 존귀와 영광을 진심으로 올려 드립니다
그리고 둘째 딸아이에게 이 바다의 깊고 넓은 지혜가 있기를 간절히 기도드렸읍니다
그리고 나는 밤하늘에 살아 움직이는 헤아릴수조차 없는 어둠속에서 빛나는
별들의 세계가 우리 모두를 또 다른 세상으로 이끌고 갑니다
나는 이 밤하늘의 별들이 주는 고운의 시를 세째 아들에게 주고싶읍니다
그래서 나는 첫째 딸아이 이름 가운데 한문의 밝힐 소(炤)를 넣었읍니다
그리고 둘째 딸아이의 이름 가운데 한문의 바다 해(海)를 넣었읍니다.
그리고 세째 아들 아이에겐 두 아이의 의미를 두고
가운데 한문의 별 성(晠)을 넣고
마지막 이름에 한문의 밝힐 경(炅)을 넣었읍니다
이제 다시 이 세아이들과 함께 그 분이 계신 내 마음의 본향을 향하여
그 아버지의 세계로 향하고
이 아름답고 찬란한 아침에 아이들을 안고 업고 떠납니다
나의 이름은 소해성 입니다
그분이 나에게 주신 최고의 선물입니다

소원

    하늘은 잿빛 구름으로 가득하고 그 잿빛 가루가 온 세상에 쏟아져 내리고 있습니다. 이 회색의 잿빛 가루가 이 땅에 소리 없이 하염없이 쌓이고 쌓입니다. 죽음의 처절한 몸부림이 있지만 잠시 잠깐 후에 잠잠히 덮여 사라집니다. 살아 숨이 있는 것도, 이미 죽은 것들도 죽음의 악취가 온 천지에 진동합니다. 역겨운 냄새가 썩어 사라지는 것들의 마지막 유언이 되었습니다. 그렇게 사랑을 찾아 아름다운 시를 쓰고 노래를 부르고 춤을 추며 애를 쓰고 애를 썼지만 이렇게 소중한 우리의 것들은 그 적막한 잿빛 가루에 묻히고 사라져 버렸습니다. 다 무너지고 사라진 도시 위로 스산한 바람만이 회오리처럼 하늘로 올라갑니다. 나는 살아있어 목을 놓아 통곡하며 땅을 치며 원통해합니다. 어찌 이리 잔혹한 일을 아무렇지도 않게 소리 없이 예고도 없이 집행하는지 그 집행자의 잔인한 모습을 보고 싶습니다. 보이지 않는 냉혹한 존재는 아무리 찾아보아도 찾을 수가 없습니다. 이 참혹함이 언제 어디에서부터 시작이 되었는지 기억을 더듬고 뒤를 돌아보았습니다. 한 사람이 떠오르는 태양을 쳐다보며 홀로 외롭게 서 있습니다. 그의 마음에 온 세상의 아름다운 시와 향기로운 꽃향기로 생명의 탄생의 축복으로 가득 담고 이 세상을 사랑으로 가득 채웠습니다. 한 사람의 마음을 통하여 세상이 이루어졌는데 한 사람으로 인하여 이 세상이 처참하게 무너져 내리고 회색 잿빛 가루가 침묵의 집행자가 되었습니다. 이 한 사람은 마음의 본향의 아름답고 황홀한 모습을 간직한 소중한 사람입니다. 본향을 떠나 나그네의 삶이 풍요로움에 젖어 있어 꿈같이 지나가는데 나그네 마음에 탐욕과 탐심의 허황된 열매가 맺었습니다. 그 썩어질 열매의 오염으로 본향을 잃게 하고 그 오염이 잿빛 하늘이 되었고 이 세상이 온통 잿빛 가루로 덮이고 모든 것이 사라져 버렸습니다. 마음 안에 악취가 나고 더러운 모습이 있고 분내고 잔인함이 스며 있고 이 악한 마음이 온 세상을 지배하고 되돌이킬 수 없는 처참한 인생들이 되었습니다. 결국 이 모든 잔인함이 한 사람으로 시작하여 사람이 만들었습니다. 땅을 치며 하늘에 악을 쓰고 발버둥치며 원망과 한들이 처절하게 맺혀 있지만 대적할 존재는 존재하지 않습니다. 희망이 없는 허무한 마음에서 본향을 향한 소원이 간절한 기도로 이루고 그곳에 우리 모두 함께 가자고 하는 열망이 우리를 잿빛으로 물든 세상에서 영원한 처음 세상으로 갈 수 있습니다. 그곳은 거짓 사랑과 거짓 유혹이 사라진 진실한 곳입니다. 그 마음의 본향은 하나님이 역사하시는 영원한 나라입니다. 함께 갑시다.

소원

하늘은 잿빛구름으로 가득하고 그 잿빛 가루가 온 세상에 쏟아져 내리고 있읍니다.
이 회색의 잿빛가루가 이 땅에 소리없이 하염없이 쌓이고 쌓입니다
죽음의 처절한 몸부림이 있지만 잠시 잠깐후에 잠잠히 덮혀 사라집니다
살아 숨쉬는 것도 이미 죽은것도 죽음의 악취가 온 천지에 진동합니다
역겨운 냄새가 썩어 사라지는 것들의 마지막 유언이 되었읍니다
그렇게 사랑을 찾아 아름다운 시를 쓰고 노래를 부르고 춤을 추며 애를 쓰고 애를 썼지만
이렇게 소중한 우리의 것들은 그 적막한 잿빛 가루에 묻히고 사라져 버렸읍니다
다 무너지고 사라진 도시위로 스산한 바람만이 회오리 처럼 하늘로 올라 갑니다
나는 살아있어 목을 놓아 통곡하며 땅을 치며 원통해 합니다
어제 이리 잔혹한 일을 아무렇지도 않게 소리없이 예고도 없이 집행 하는지
그 집행자의 잔인한 모습을 보고 싶읍니다
보이지 않는 명확한 존재는 아무리 찾아 보아도 찾을수가 없읍니다
이 참혹함이 언제 어디에서 부터 시작이 되었는지 기억을 더듬고 뒤를 돌아 보았읍니다
한사람이 떠오르는 태양을 쳐다보며 홀로 외롭게 서있었읍니다
그의 마음에 온 세상의 아름다운 시와 향기로운 꽃향기로 생명의 탄생의 축복으로
가득 담고 이 세상을 사랑으로 가득 채웠읍니다
한사람의 마음을 통하여 세상이 이루어 졌는데 한사람으로 인하여 이 세상이
처참하게 무너져 내리고 회색 잿빛 가루가 침묵의 집행자가 되었읍니다
이 한사람은 마음의 본향의 아름답고 황홀한 모습을 간직한 소중한 사람입니다
본향을 떠나 나그네의 삶의 풍요로움에 젖어있어 꿈길이 지나가는데
나그네 마음에 탐욕과 탐심의 허황된 열매을 맺었읍니다
그 썩어질 열매의 오염으로 본향을 잃게하고 그 오염이 잿빛 하늘이 되었고
이 세상이 온통 잿빛 가루로 덮히고 모든것이 사라져 버렸읍니다
마음안에 악취가 나고 더러운 모습이 있고 분내고 잔인함이 스며있고
이 악한 마음이 온세상을 지배하고 뒤 돌이킬수없는 처참한 인생들이 되었읍니다
결국 이 모든 잔인함이 한사람으로 시작하여 사람이 만들었읍니다
땅을 치며 하늘에 악을 쓰고 발버둥치며 원망과 한들이 처절하게 맺혀 있지만
대적할 존재는 존재하지 않읍니다
희망이 없는 허무한 마음에서 본향을 향한 소원의 간절한 기도로 이루고
그곳에 우리 모두 함께 가자고 하는 열망이
우리를 잿빛으로 물든 세상에서 영원한 처음 세상으로 갈수 있읍니다
그곳은 거짓사랑과 거짓유혹이 사라진 진실한 곳입니다
그 마음의 본향은 하나님이 역사하시는 영원한 나라입니다
함께 갑시다

57

그분

　아름답고 찬란한 태양이 신비로움으로 가득히 하고 떠오르는데 세상에 서서히 그 자태를 나타내며 그 존재의 거대한 위엄으로 모든 생명들을 움직이게 합니다. 한 분이 나를 위하여 그 연약하신 분이 채찍으로 온몸이 멍과 피로 물들이고 십자가 위에 처참한 모습으로 못이 박히고 세워지셨습니다. 양같이 온순하시며 싸우시기를 거부하시고 연약하신 그분이 너무너무 가여우십니다. 그분을 안고 안고 꼭 안고 그 흘리시는 눈물을 나의 손으로 닦아드리고 싶습니다. 나는 누구를 위해 그분같이 십자가를 지고 죽음으로 사랑을 증명할 수 있을까? 나의 부모, 형제, 자녀라도 그들을 위해 목숨을 그렇게 내어줄 수 있을까? 그분이 진정 하나님의 아들이 아니라 하여도, 그분이 온 우주와 온 세상을 통치하고 심판하시는 분이 아니라 하여도 나는 그분을 향하여 진심을 다하여 진실로 사랑한다고 고백하고 싶습니다. 나는 그분을 위해 십자가를 지고 죽음을 택할 수 없지만 그분을 언젠가 만나기를 소망하고 간절히 기다립니다. 내가 할 수 있는 일은 고작 그분의 손을 잡고 끝없이 걸어가는 모습을 마음에 그려보는 일입니다. 나는 비록 지금 그분의 얼굴을 볼 수 없지만 나는 그분의 진실을 그 사랑을 나의 마음에서 발견하고 기쁨의 눈물을 흘립니다. 십자가 위에 계신 그분의 눈을 바라봅니다. 공포에 가득한 어두운 눈빛이 아니라 사랑이 가득한 여리신 애절한 눈빛은 흘리시는 눈물과 함께 영원한 고요 안으로 나를 부르시고 계십니다. 나를 이끄시는 그 엄청난 능력 안에 미련하고 나약한 나를 봅니다. 그분을 위해 아무것도 할 수 없는 초라한 인생입니다. 우리의 풍요로움이 우리의 능력과 재능이 순교자의 사명이 있다 할지라도 너의 두 손을 높이 들고 목소리를 간절히 하고 눈물을 흘리고 무릎을 꿇고 정말로 헌신과 사랑이 있다 할지라도 그분을 진실로 만나지 못한다면 얼마나 슬픈 인생인가? 마귀의 궤계는 순종과 굴종의 위선으로 예배의 거짓된 의식에서 그들의 존재를 세워갑니다. 나는 그분을 만나고 사랑을 나눌 겁니다. 나는 세상에 굴복하지 않고 자유할 겁니다. 나는 그분과 함께 영원한 세상 안에 있을 겁니다. 그분은 거룩한 진실을 주신 하나님이십니다.

그분

늙답고 찬란한 태양이 신비로움으로 가득히 하고 떠오르는데 세상에 서서히 그 자태를
드러내며 그 존재의 거대한 위엄으로 모든 생명들을 움직이게 합니다
그분이 나를 위하여 그 연약하신 분이 채찍으로 온몸이 멍과 피로 물들이고
십자가 위에 처참한 모습으로 못이 박히고, 세워 지셨읍니다
양같이 온순하시며 싸우시기를 거부하시고, 연약하신 그분이 너무 너무 가여우십니다
그분을 안고 안고 꼭 안고 그 흘리시는 눈물을 나의 손으로 딱아 드리고 싶읍니다
나는 누굴 위해 그분같이 십자가를 지고 죽음으로 사랑을 증명 할수 있을까 —
나의 부모 형제 자녀라도 그들을 위해 목숨을 그렇게 내어 줄수 있는가 —
그분이 진정 하나님의 아들이 아니라 하여도
그분이 온 우주와 온 세상을 통치하고 심판하시는 분이 아니라 하여도
그분이 천군 천사들을 호령하고, 위대한 승리자로 다시 오실분이 아니라 하여도
나는 그분을 향하여 진심을 다하여 진실로 사랑한다고 고백하고 싶읍니다
나는 그분을 위해 십자가를 지고 죽음을 택할수 없지만
그분을 언젠가 만나기를 소망하고 간절히 기다립니다
내가 할수있는 일은 고작 그분의 손을 잡고 끝없이 걸어가는 모습을 마음에 그려보는 일입니다
나는 비록 지금 그분의 얼굴을 볼수 없지만
나는 그분의 진심을 그 사랑을 나의 마음에서 발견하고 기쁨의 눈물을 흘립니다
십자가 위에 계신 그분의 눈을 바라봅니다
공포에 가득한 어두운 눈빛이 아니라 사랑이 가득한 여리신 애절한 눈빛은
흘리시는 눈물과 함께 영원한 고요안으로 나를 부르시고 계십니다
나를 이끄시는 그 엄청난 능력안에 미련하고 나약한 나를 봅니다
그분을 위해 아무것도 할수없는 초라한 인생입니다
우리의 동료로움이 우리의 능력과 재능이 순교자의 사명이 있다 할지라도
너의 두손을 높이 들고 목소리를 간절히 하고 눈물을 흘리고
무릎을 꿇고 정말로 천심과 사랑이 있다 할지라도
그분을 진실로 만나지 못한다면 얼마나 슬픈 인생인가 —
마귀의 세계는 순종과 굴종의 위선으로 예배의 거짓된 의식에서
그들의 존재를 세워 갑니다
나는 그분을 만나고 사랑을 나눌겁니다
나는 세상에 굴복하지 않고 자유 할겁니다
나는 그분과 함께 영원한 세상안에 있을겁니다
그분은 거룩한 진심을 주신 하나님이십니다

블루 마운틴(Blue Mauntains)

나는 거의 매주 주말이면 아내와 함께 블루 마운틴을 갑니다. 시드니 나의 집에서 왕복 3시간 정도의 거리의 거대한 산들이 산맥으로 연결되어 있습니다. 주말의 시간에 그곳을 갈려고 수많은 차들과 가로수를 지나고 가로등과 전선들과 어우러진 새들과 매미들의 합창을 들으며 길가에 피어 있는 꽃들을 지나고 하늘에 피어오르는 환상의 구름을 보며 맑은 공기와 바람을 스치며 갑니다. 높은 곳 산 위에서 깊은 계곡과 깎아 세운 듯한 절경의 절벽 사이로 폭포수가 떨어지고 그 물안개가 계곡 푸른색으로 덮여 있는 신비로운 광경 사이로 보냅니다. 나의 탄성이 이 위대한 작품 안에 작은 신음이 되어 흘러가는 구름 사이로 스며듭니다. 나는 이 산들 사이에 있는 골프 코스의 잔디를 아내와 함께 걷기를 즐깁니다. 수백 년의 아름드리 고송들 사이로, 꽃으로 만발한 꽃나무 사이로 작은 호수와 오리떼들, 겨울의 차가운 바람과 소낙비와 자욱한 물안개가 가득히 뿌려지는 이곳은 아름답고 정겨운 장소입니다. 보여진 모든 순간들을 사진기로 겹겹이 찍어 나의 마음 안에 있는 창고에 쌓아 놓습니다. 얼마나 많은지 기억으로 되돌리고 그때를 회상할 수 없습니다. 삶의 긴 여정 안에 각인되어진 층층이 쌓여진 순간 순간 찍혀진 사진들이 너무나 소중한 기억들인데 추억의 창고에 그냥 쌓여 있습니다. 아름답게 색색이 물든 추억의 기억이 점점 잊혀지고 나타나지 않습니다. 항상 그때를 회상하면서 그 추억의 장소로 또 찾아갑니다. 잔인하게 지나가는 시간은 희미한 기억으로 끌고 가고 추억으로 남기려 합니다. 나는 나의 마음 안에 추억의 창고를 지어 주신 분을 압니다. 그분은 나에게 추억의 창고에 삶에서 얻어진 모든 것들을 넘치도록 쌓으라고 말씀하십니다. 이 쌓은 추억들은 가장 소중한 자산이 되어 본향에 다다를 때 본향에서 영원히 함께할 모든 추억들이 복원되어 누리는 기쁨을 얻을 수 있습니다. 내 마음의 본향에서 그 추억의 창고를 활짝 열고 잊혀진 수많은 기억들을 회상하며 영원한 세상에서 슬픔과 고통과 아픔까지도 아름다운 추억으로 다시 탄생하게 할 겁니다. 사랑은 그분 안에 존재합니다. 사랑 안에 감사와 찬양으로 그리고 눈물로 진실한 마음으로 보답할 겁니다. 이 세상에서 얻은 모든 기억과 추억은 사랑 안에 있습니다. 나그네 삶의 가장 필요하고 소중한 것은 사랑의 기억입니다.

블루 마운틴 (BLUE MOUNTAINS)

나는 거의 매주 주말이면 아내와 함께 블루 마운틴을 갑니다.
시드니 나의 집에서 왕복 3시간 정도의 거리의 거대한 산들이 산맥으로 연결되어 있읍니다.
주말의 시간에 그곳을 가려고 수많은 차들과 가로수를 지나고 가로등과 전선들과 어우러진
새들과 매미들의 합창을 들으며 길가에 피어있는 꽃들을 지나고
하늘에 피어 오르는 환상의 구름을 보며 맑은 공기와 바람을 스치며 갑니다.
높은곳 산위에서 깊은 계곡과 깍아 세운듯한 절경의 절벽사이로 폭포수가 떨어지고
그 물안개가 계곡 푸른색으로 덮여있는 신비로운 광경사이로 보냅니다.
나의 탄성이 이 위대한 작품안에 작은 신음이 되어 흘러가는 구름사이로 스며듭니다.
나는 이 산들사이에 있는 골프 코스의 잔디를 아내와 함께 걷기를 즐겨합니다.
수백년의 아름된 고송들 사이로 꽃으로 만발한 꽃나무 사이로 작은 호수와 오리떼들
겨울의 차거운 바람과 소낙비와 자욱한 물 안개가 가득히 뿌려지는
이곳은 아름답고 정겨운 장소입니다.
보여진 모든 순간들을 사진기로 결결이 찍어 나의 마음안에 있는 창고에 쌓아 놓읍니다.
얼마나 많은지 기억으로 되돌리고 그때들 회상할수 없읍니다.
삶의 긴 여정안에 각인되어진 층층히 쌓여져 순간 순간 채려진 사진들이
너무나 소중한 기억들인데 추억의 창고에 그냥 쌓여 있읍니다.
아름답게 색색이 물들은 추억의 기억이 점점 잊혀지고 나타나지 않읍니다.
항상 그때를 회상하면서 그 추억의 장소로 또 찾아갑니다.
잔인하게 지나가는 시간은 희미한 기억으로 끌고가고 추억으로 남기려 합니다.
나는 나의 마음안에 추억의 창고를 지어 주신분을 압니다.
그분은 나에게 추억의 창고에 삶에서 얻어진 모든것들을 넘치도록 쌓으라고 말씀하십니다.
이 삶은 추억들은 가장 소중한 자산이 되어 본향에 다다를때
본향에서 영원히 함께 할 모든 추억들이 복원되어 누리는 기쁨을 얻을수 있읍니다.
내 마음의 본향에서 그 추억의 창고를 활짝 열고 잊혀진 수많은 기억들을
회상하며 영원한 세상에서 슬픔과 고통과 아픔까지도
아름다운 추억으로 다시 탄생 하게 할겁니다.
사랑은 그분안에 존재합니다.
사랑안에 감사와 찬양으로 그리고 눈물로 진실한 마음으로 보답할겁니다.
이 세상에서 얻은 모든 기억과 추억은 사랑안에 있읍니다.
나그네 삶의 가장 필요하고 소중한 것은
사랑의 기억입니다.

59 공간과 시간

나는 나의 가장 소중한 것들을 나만의 공간에 소중하게 간직하기를 원합니다. 나 이외 그 누구라도 이 공간을 같이 공유하기를 원하지 않습니다. 또 이 공간이 누군가에 의해 무엇인가에 의해 훼손되는 것을 원치 않습니다. 이 공간 안에 한 장소를 정하여 추억의 것들, 아름다운 것들 그리고 찬란하게 빛나는 것들로 가득 채워 놓았습니다. 이 공간의 사방에 병풍으로 두르고 화려하고 황홀한 그림을 그리고 수를 놓고 일곱 무지개색으로 마음에 사랑을 가득 담아 영원히 간직하고 싶습니다. 어느 날 다시 나만의 공간을 열고 들어갔을 때 모든 수고와 노력으로 얻은 소중한 것들이 다 사라지고 빈 공간만 남아 있습니다. 누가 무엇이 이리도 잔인한가? 그것을 찾아 밝혀야만 하는데 나의 지혜와 지식으로 이 사건의 시작과 결말을 밝힐 그 어떤 단서도 찾을 수가 없습니다. 나만의 공간을 허물고 거대하고 광대한 세상과 우주의 공간 안에 다시 나의 소중한 것들을 숨기고 간직하려고 애쓰고 힘을 다하여 노력하지만 결과는 항상 모든 것이 사라지고 빈 공간만 남아 있습니다. 깊은 절망에 사로잡혀 이 공간 안에 잠겨 있는데 이 거대한 공간 안에 하나님을 반역하는 무리들이 간교함으로 그들만의 세상을 만들고 우리 조상들을 그들의 노예로 삼고 노리개가 되어 꼭두각시로 만들었습니다. 하나님은 이 모든 것을 단번에 훼손하여 흔적도 없이 사라지게 하실 수 있지만 시간이라는 심판을 이 모든 것에 그 의미를 부여하였습니다. 이 공간 안에 시간이 존재하고 시간이 존재하는 곳엔 결코 영원한 의미를 찾을 수 없습니다. 시간이 존재하는 곳엔 죽음이 있고 이 세상과 온 우주의 별들과 그 어떤 상황과 모양과 형태라도 시간 안에 연기처럼 다 사라집니다. 우리가 소유한 이 화려하고 황홀한 아름다운 공간 안에 존재된 시간은 우리의 처절한 외침과 소망과 꿈을 산산이 조각내고 부서지게 합니다. 모든 종교가 이 공간과 시간 안에서 그들의 새로운 꿈을 실현하려 합니다. 우리가 만지고 보여지고 느껴지는 이 모든 것들을 이 공간과 시간 안에서 다시 찾으려 하면 결코 우리의 영원한 공간을 얻을 수 없습니다. 시간이 존재하지 않은 곳 그곳을 향하여 지혜롭게 찾아가야만 합니다. 그곳이 삼층천입니다. 이곳을 알려주시고 인도하시고 기다리시는 그분이 계십니다. 마음 깊은 곳에서 본향을 찾아가는 여정으로 삶의 의미를 찾아야 합니다. 그곳은 시간이 존재하지 않고 사랑만이 존재하는 거룩한 공간입니다.

공간과 시간

나는 나의 가장 소중한 것들을 나만의 공간에 소중하게 간직하기를 원합니다
나 이외 그 누구도 이 공간을 같이 공유하기를 원하지 않습니다
또 이 공간이 누군가에 의해 무엇인가에 의해 훼손되는 것을 원하지 않습니다
이 공간 안에 한 장소를 정하여 추억의 것들 아름다운 것들 그리고 찬란하게 빛나는 것들로
가득 채워 놓았습니다
이 공간의 사방에 병풍으로 두르고 화려하고 황홀한 그림을 그리고 수를 놓고
영롱 무지개 색으로 마음에 사랑을 가득담아 영원히 간직하고 싶습니다
어느 날 다시 나만의 공간을 열고 들어갔을때
모든 수고와 노력으로 얻은 소중한 것들이 다 사라지고 빈공간만 남아 있습니다
누가 무엇이 어떻게 잔인한가 그것을 찾아 밝혀야만 하는데 나의 지혜와 지식으로
이 사건의 시작과 결말을 밝힐 그 어떤 단서도 찾을 수가 없습니다
나만의 공간을 허물고 거대하고 광대한 세상과 우주의 공간 안에 다시
나의 소중한 것들을 숨기고 간직하려고 애쓰고 힘을 다하여 노력하지만
결과는 항상 모든 것이 사라지고 빈공간만 남아 있습니다
깊은 절망에 사로잡혀 이 공간 안에 잠겨 있는데
이 거대한 공간 안에 하나님을 반역하는 무리들이 간교함으로 그들만의 세상을 만들고
우리의 조상들을 그들의 노예로 삼고 노리개가 되어 꼭두각시로 만들었습니다
하나님은 이 모든 것을 단번에 훼손하여 흔적도 없이 사라지게 하실 수 있지만
시간이라는 심판을 이 모든 것에 그 의미를 부여하셨습니다
이 공간 안에 시간이 존재하고 시간이 존재하는 곳엔 결코 영원한 의미를 찾을 수 없습니다
시간이 존재하는 곳엔 죽음이 있고 이 세상과 온 우주의 별들과 그 어떤 영광과
풍요와 화려라도 시간 안에 연기처럼 다 사라집니다
우리가 소유한 이 화려하고 황홀한 아름다운 공간 안에 존재된 시간은
우리의 처절한 외침과 소망과 꿈을 산산히 조각내고 부서지게 합니다
모든 종교가 이 공간과 시간 안에서 그들의 새로운 꿈을 실천하려 합니다
우리가 만지고 보여지고 느껴지는 이 모든 것들을 이 공간과 시간 안에서
다시 찾으려 하면 결코 우리의 영원한 공간을 얻을 수 없습니다
시간이 존재하지 않는 곳 그곳을 향하여 지혜롭게 찾아 가야만 합니다
그곳이 삶출처 입니다
이곳을 알려 주시고 인도하시고 기다리시는 그분이 계십니다
마음 깊은 곳에서 볼향을 찾아가는 여정으로 삶의 의미를 찾아야 합니다
그곳은 시간이 존재하지 않고
사랑만이 존재하는 거룩한 공간 입니다

⓺⓪ 나그네의 길

　아직 짙은 어두움이 내려앉은 새벽의 벌판을 지나가고 있습니다. 새벽의 찬 공기가 코끝을 스치고 새벽 별들의 웅장한 합창을 듣고 있습니다. 끝없이 다가오는 적막함이 외로움으로 가슴에 절절히 흐르고 지나갑니다. 통나무로 지어진 작은 집 하나가 희뿌연 안개 속에 보입니다. 지친 몸으로 그 통나무집 문을 열고 안으로 들어갔습니다. 가운데 작은 화로가 놓여 있고 옆엔 장작나무가 쌓여 있어 불을 지폈습니다. 화로 틈 사이로 연기가 사방에 흩어지고 벽돌로 쌓여진 굴뚝에선 새벽의 어두움을 뚫고 하얀 연기가 모락모락 피어오릅니다. 장작 타는 소리와 그 불꽃을 바라보며 눈을 감고 나를 보았습니다. 지난날의 기억들을 어느 순간부터 한순간 한순간 더듬으며 기억을 해봅니다. 어린 시절 부모, 형제, 친척 그리고 친구들이 보입니다. 기억의 자락에 산산이 조각이 난 아픈 기억들이 슬픈 추억으로 인도합니다. 점점 더 기억들을 더듬어 가는데 더욱더 나의 초라한 모습만 나타납니다. 어린 시절을 지나고 방황의 시간을 지나 지워진 책임의 시간을 맞이하고 나그네는 그 지워진 책임의 굴레에서 벗어날 수가 없습니다. 나의 시선은 차가워지고 냉정하여지고 타협이 없고 깊은 수렁에 빠져 있는 모습의 기억을 통하여 허우적거리는 지금의 나를 보고 있습니다. 그리고 나그네 삶을 그 기억들 안에서 무심히 지나가야만 합니다. 하나님이 축복하신 아름다운 세상은 기억에서 희미하게 멀어져 가는데 슬프고 고통스런 아픈 기억들은 잊혀지지 않고 선명하게 더욱 가깝게 다가옵니다. 그리고 즐겁고 행복했던 시절의 기억들은 지금 나의 악한 모습에 변하여 슬프고 고통스런 순간들로 다가오고 지나갑니다. 이제 눈을 뜨고 활활 타오르는 아름다운 불꽃을 바라봅니다. 나의 영혼은 자유롭고 평화로움으로 가득한데 기억이 나를 사로잡고 절망의 길 어두운 곳으로 끌고 가고 있음을 깨닫게 되었습니다. 하지만 이 어두운 기억들을 활활 타오르는 황홀한 불꽃 사이로 다시 소중한 기억으로 변하게 하고 영원히 간직하기를 간절히 기도합니다. 그리고 이 시간에 나의 모습을 다시 봅니다. 내 마음의 본향 그곳에선 슬픔과 고통의 기억들이 즐겁고 행복한 기억으로 기억됩니다. 성도들과 전능하신 하나님과 영원한 사랑을 주신 예수님과 우리를 그곳으로 인도하시는 성령의 음성이 나의 마음에서 울려 퍼질 때 나는 통나무집 문을 활짝 열고 다시 세상을 향해 나그네의 길을 후회 없이 걸어갑니다. 나에게 주신 이 모든 것을 감사함으로 감당할 겁니다.

나그네의 길

아직 짙은 어두움이 내려 앉은 새벽의 들판을 지나가고 있습니다. 새벽의 찬 공기가
코끝을 스치고 새벽별들의 웅장한 합창을 듣고 있습니다.
끝없이 다가오는 적막함이 외로움으로 가슴에 절절히 흐르고 지나갑니다.
통나무로 지어진 작은집 하나가 희뿌연 안개속에 보입니다.
지친 몸으로 그 통나무집 문을 열고 안으로 들어 갔습니다.
가운데 작은 화로가 놓여있고 옆엔 장작나무가 쌓여 있어 불을 지폈습니다.
화로 틈사이로 연기가 사방에 흩어지고 벽돌로 쌓여진 굴뚝에선
새벽의 어두움을 뚫고 하얀 연기가 모락 모락 피어 오릅니다.
장작 타는 소리와 그 불꽃을 바라보며 눈을 감고 나를 보았습니다.
지난날의 기억들을 어느 순간부터 한순간 한순간 더듬으며 기억을 해 봅니다.
어린시절, 부모 형제 친척 그리고 친구들이 보입니다
기억의 착각에 산산히 조각이 난 아픈 기억들이 슬픈 추억으로 인도합니다.
점점더 기억들을 더듬어 가는데 더욱더 나의 초라한 모습만 나타납니다.
어린시절을 지나고 방황의 시간을 지나 지워질 책임의 시간을 맞이하고
나그네는 그 지워진 책임의 굴레에서 벗어날수가 없습니다.
나의 시선은 차거워지고 냉정하여지고 타협이 없고 깊은 수렁에 빠져있는
모습의 기억을 통하여 허우적거리는 지금의 나를 보고 있습니다.
그리고 나그네 삶을 그 기억들 안에서 무심히 지나가야만 합니다.
하나님이 축복하신 아름다운 세상은 기억에서 희미하게 멀어져 가는데
슬프고 고통스런 아픈 기억들은 잊혀지지 않고 선명하게 더욱 가깝게 다가옵니다.
그리고 즐겁고 행복했던 시절의 기억들은 지금 나의 악한 모습에 변하여
슬프고 고통스런 순간들로 다가오고 지나갑니다.
이제 눈을 뜨고 활활 타오르는 아름다운 불꽃을 바라봅니다
나의 영혼은 자유롭고 평화로움으로 가득한데 기억이 나를 사로잡고
절망의 길 어두운 곳으로 끌고 가고 있음을 깨닫게 되었습니다.
하지만 이 어두운 기억들을 활활 타오르는 황홀한 불꽃 사이로 다시
소중한 기억으로 변하게 하고 영원히 간직하기를 간절히 기도 합니다.
그리고 이 시간에 나의 모습을 다시 봅니다.
내 마음의 본향 그곳에서 슬픔과 고통의 기억들이 즐겁고 행복한 기억으로 기억됩니다
성도들과 전능하신 하나님과 영원한 사랑을 주신 예수님과
우리를 그곳으로 인도하시는 성령의 음성이 나의 마음에서 울려 퍼질때
나는 통나무집문을 활짝 열고 다시 세상을 향해
나그네의 길을 후회없이 걸어갑니다.
나에게 주신 이 모든것을 감사함으로 감당할 겁니다.

61
마음의 창

　뿌연 안개가 마치 연기가 자욱이 내려앉은 듯 온 사방을 감싸고 도시의 높은 건물들이 꿈속에서 보는 듯한 신비롭고 공포스런 모습으로 허공에 떠 있는 듯 나타납니다. 내가 보는 세상은 선명하게 나타내지만 늘상 동일한 상황에서 무심히 지나칩니다. 세상의 모든 법과 진리를 설파하는 인도자들은 진리의 토대 위에서 진실을 찾아가고 그 끝에는 진리로 얻어진 결과의 형벌이 내려집니다. 진리와 진실은 우리들의 삶에 절대 필요하고 소중한 관계의 중요한 구성요건입니다. 이 진리와 진실은 확실히 우리의 삶을 지배하는 능력이 있습니다. 그것이 사랑이든 자비로움이든 부요함이든 영화로움을 추구하는 삶의 본질은 우리에게 최선의 노력을 하도록 동기를 부여하고 축복받기를 소원합니다. 하시만 그 모든 노력에도 결과는 언제나 동일하게 반복되어 나타납니다. 무엇인가 더 많은 것들이 우리 주위에 충만한데 우리는 결코 그것을 밝힐 수 없는 부족하고 연약한 초라한 인생들입니다. 무슨 상상조차로도 가늠할 수 없는 밤하늘엔 거대한 침묵의 고요함과 숭고한 정신이 가득 채워져 있는데 연필을 들고 그 연필심이 닿은 그 끝에 다다르면 또 다른 우주가 펼쳐지고 그 안에 또 수천만 개의 별들 사이로 성운이 흐르고 그 사이로 유성들이 소리 없이 동일하게 지나갑니다. 나의 존재가 숨 쉬는 세상의 끝에 그 끝에서부터 또 다른 세상이 시작되고 그 신비로운 세상은 내가 볼 수 있는 세상과 끝없이 연결되어진 세계입니다. 나의 삶이 무너지고 마지막 순간을 맞이하는 그때 그 순간 나는 또 다른 영원한 이생과 연결되어진 세상을 만나게 될 겁니다. 이 세상의 진리와 진실이라는 속삭임은 거짓과 함께 우리를 어두움에 가두고 희망이 전혀 없는 절망의 늪에 빠지게 하여 끝없이 허덕이게 합니다. 우리의 정신을 혼미하게 하고 방황하게 하고 처절한 신음을 쏟아내게 하지만 우리는 우리의 마음에 평화로움과 자유함과 감사함으로 가득 채워야 합니다. 내 마음의 창을 활짝 열고 나의 마음이 닿은 곳에 또 다른 그곳 내 마음의 본향을 그리워하고 그 세계를 보아야 합니다. 향기로운 꽃들의 향기를 마음껏 마음에 담고 그곳에서 들려오는 기쁜 소식과 함께 은은하게 울려 퍼지는 황홀한 노래를 들어야 합니다. 나의 마음은 내 마음의 본향과 분리되어 있지 않습니다. 마음의 창을 활짝 열고 그분이 계신 곳을 향하여 사랑과 감사와 눈물의 편지를 보내면 됩니다.

마음의 창

뿌연 안개가 마치 연기가 자욱히 내려 앉은듯 온 사방을 감싸고 도시의 높은 건물들이
꿈속에서 보는듯한 신비롭고 공포스런 모습으로 허공에 떠있는듯 나타납니다
내가 보는 세상은 선명하게 나타내지만 늘상 동일한 상황에서 무심히 지나칩니다
세상의 모든법과 진리를 설파하는 인도자들은 진리의 도대위에서 진실을 찾아가고
그 끝에는 진리로 얻어진 결과의 형벌이 내려집니다
진리와 진실은 우리들의 삶에 절대 필요하고 소중한 관계의 중요한 구성 요건입니다
이 진리와 진실은 확실히 우리의 삶을 지배하는 능력이 있읍니다
그것이 사랑이든 자비로움이든 부요함이든 영화로움을 추구하는 삶의 본질은
우리에게 최선의 노력을 하도록 동기를 부여하고 축복 받기를 소원합니다
하지만 그 모든 노력에도 결과는 언제나 동일하게 반복되어 나타납니다
무엇인가 더 많은 것들이 우리 주위에 충만한데 우리는 결코 그것을 밝힐수 없는
부족하고 연약한 초라한 인생들 입니다
온 상상조차로도 가늠할수 없는 밤하늘엔 거대한 침묵의 고요함과 숭고한 정신이
가득채워져 있는데 연필을 들고 그 연필심의 닿은 그 끝에 다다르면
또 다른 우주가 펼쳐지고 그 안에 또 수 천만개의 별들사이로 성운이 흐르고
그 사이로 유성들이 소리없이 동일하게 지나갑니다
나의 존재가 숨쉬는 세상의 끝에 그 끝에서부터 또 다른 세상이 시작되고
그 신비로운 세상은 내가 볼수있는 세상과 끝없이 연결되어진 세계 입니다
나의 삶이 무너지고 마지막 순간을 맞이하는 그때 그순간 나는
또 다른 영원한 인생과 연결되어진 세상을 만나게 될겁니다
이 세상의 진리와 진실이라는 속삭임은 거짓과 함께 우리를 어두움에 가두고
희망이 전혀 없는 절망의 늪에 빠지게 하여 끝없이 허덕이게 합니다
우리의 시선을 흐리게하고 방황하게 하고 처절한 신음을 쏟아내게 하지만
우리는 우리의 마음에 평화로움과 자유함과 감사함으로 가득채워야 합니다
내 마음의 창을 활짝 열고 나의 마음이 닿은곳에 또 다른 그곳
내 마음의 본향을 그리워하고 그 세계를 보아야 합니다
향기로운 꽃들의 향기를 마음껏 마음에 담고 그곳에서 들려오는 기쁜 소식과 함께
은은하게 울려 펴지는 황홀한 노래를 들어야 합니다
나의 마음은 내 마음의 본향과 분리되어 있지 않읍니다
마음의 창을 활짝 열고
그분이 계신곳을 향하여
사랑과 감사와 눈물의 편지를 보내면 됩니다

62

진리의 길

　진리가 무엇인지 잘 알지도 못한 채 지난날의 스치고 지나간 순간들을 회상하니 진리의 길이라 착각하고 잘못된 길을 열심히 걸어 지나왔습니다. 그 길 위에는 화려한 건물들이 인위적으로 세워져 있고 건물 안에는 섬세한 조각과 그림으로 가득합니다. 밤에는 화려한 조명 불빛이 현란하게 그 길을 밝히고 있습니다. 누군가 순간 순간 나타나서 나를 격려하고 충동하여 잘했다고 칭찬하는 그 사람의 지혜로 현명함에 인도되어 환호를 보냅니다. 수많은 주위의 사람들이 그의 말에 감동되어 눈물을 흘리며 이 길이 진리의 길이라고 외치며 설득합니다. 나도 그들과 함께 앞에 서서 깃발을 높이 들고 잘 정돈된, 치장된 이 길이 정의로운 길, 축복의 길이라고 설득하고 충성, 봉사, 헌신하라고 목에 핏줄을 세우며 열변을 토합니다. 갑자기 다시 그분을 바라보는데 그분의 고요하고 깊은 사랑의 눈빛을 보았습니다. 십자가 위의 그분의 목소리가 들려오는데 가슴에 떨림으로 가득합니다. 그분은 이제 다 이루셨다고 말씀하시는데 나는 사도 베드로처럼 대답하였습니다. 그래도 당신을 위하여 무엇인가를 해야 합니다. 금식하여 종일토록 기도하며 종일토록 말씀을 묵상하며 당신을 기억하여 사랑한다고 고백하고 충성, 헌신의 노력으로 영광의 면류관을 위해 달려갑니다. 나의 시간을 당신을 위한 시간으로 채우고 그 행동들을 절제하면서 진리의 길로 가고 있다고 소리칩니다. 그분이 미명의 고요한 새벽에 깨우시고 말씀하십니다. 좁은 길로 오라고 하십니다. 좁은 길은 오솔길입니다. 오솔길 주위에는 수많은 작은 들꽃들이 만발하여 미풍에 흔들리고 벌과 나비들이 춤추고 맑은 하늘에는 고운 구름이 조용히 흘러가고 드문드문 서 있는 나무엔 사랑스런 새들이 그 가지에 숨어들어 즐겁게 노래합니다. 예수님의 말씀이 들려옵니다. 나는 너희의 그 어떤 것도, 이루려 하는 노력들도 진실로 원하지 않는단다. 너희의 지나온 모든 죄들 그리고 다시 지은 죄들 그 죄의 대가는 이미 내가 모두 지불하였으니 너희의 삶이 자유하여라. 그리고 기뻐하고 감사하여라. 그리고 서로 사랑하여라. 이 길이 좁은 길 진리의 길이라고 조용히 말씀하십니다. 우리 모두 이 길로 함께 갑시다.

진리의 길

진리가 무엇인지 잘 알지도 못한채 지난날의 스치고 지나간 순간들을 회상하니
진리의 길이라 착각하고 잘못된 길을 열심히 걸어 지나 왔읍니다.
그 길위에는 화려한 건축물들이 인위적으로 세워져 있고
건물안에는 섬세한 조각과 그림으로 가득합니다
밤에는 화려한 조명 불빛이 찬란하게 그 길을 밝히고 있읍니다
누군가 순간 순간 나타나서 나를 격려하고 충동하며 잘했다고 칭찬하는
그 사람의 지혜로 현명함에 인도 되어 환호를 보냅니다
수많은 주위의 사람들이 그의 말에 감동되어 눈물을 흘리며
이 길이 진리의 길이라고 외치며 설득합니다
나도 그들과 함께 앞에 서서 깃발을 높이 들고 잘 정돈된 치장된 이 길이
정의로운 길 축복의 길이라고 설득하고 충성 봉사 헌신하라고
목에 핏줄을 세우며 열변을 토합니다.
갑자기 다시 그분을 바라보는데 그분의 고요하고 깊은 사랑의 눈빛을 보았읍니다.
십자가 위의 그분의 목소리가 들려 오는데 가슴이 떨림으로 가득합니다
그분은 이제 다 이루셨다고 말씀하시는데 나는 사도 베드로 처럼 대답하였읍니다.
그래도 당신을 위하여 무엇인가를 해야 합니다
금식하며 종일토록 기도하며 종일토록 말씀을 묵상하며 당신을 기억하며 사랑한다고 고백하며
충성 헌신의 노력으로 영광의 면류관을 위해 달려 갑니다
나의 시간을 당신을 위한 시간으로 채우고 그 행동들을 절제하면서
진리의 길로 가고 있다고 소리칩니다.
그분이 어떤날 고요한 새벽에 깨우시고 말씀하십니다.
좁은길로 오라고 하십니다 좁은길은 오솔길 입니다.
오솔길 주위에는 수많은 작은 들꽃들이 만발하여 미풍에 흔들리고 벌과 나비들이 춤추고
맑은 하늘에는 고운 구름이 조용히 흘러가고 드문 드문 서 있는 나무인
사랑스런 새들이 그 가지에 숨어 들어 즐겁게 노래 합니다.
예수님의 말씀이 들려 옵니다
나는 너희의 그 어떤것도 이루려하는 노력들도 진실로 원하지 않는단다.
너희의 지난 모든 죄들/ 그리고 다시 지은 죄들/
그 죄의 댓가는 이미 내가 모두 지불하였으니 너희의 삶이 자유하여라
그리고 기뻐하고 감사하여라.
그리고 서로 사랑하여라
이 길이 좁은길 진리의 길이라고 조용히 말씀하십니다.
우리 모두 이 길로 함께 갑시다

63 현실

오늘도 변함없이 어디로부터 또 다른 하루를 주고 있는데 수많은 사고와 비극의 소식이 우울하고 슬프게 숨 가쁘게 전해옵니다. 하늘은 하늘대로 땅은 땅대로 바다는 바다대로 강은 강대로 도심의 화려함은 화려한 대로 인위적인 토대 위에 만들어진 모든 것들은 그것들대로 이 모든 것들은 우리의 목숨을 경각에 다다르게 합니다. 사망의 그늘에서 벗어나려면 지혜로운 자가 되어 잘 피하고 잘 숨어야 생명을 잃지 않습니다. 사방에서 처절한 고통의 신음소리가 온 천지를 진동하고 원망과 통한이 가슴에 후회로 사무치고 우리의 주위를 늘 맴돌고 스쳐 지나갑니다. 전쟁의 소용돌이 안에 나의 귀한 자식들이 처참하게 쓸쓸하게 수없이 내팽겨쳐지고 죽임이 스친 자리엔 애통한 애원의 간절함이 하늘 위로 안개처럼 씌집니다. 화산이 터져 용암이 불바다를 이루고 땅이 갈라지고 하늘

위에선 폭포수가 쏟아지고 바닷물이 소용돌이치며 밀려오고 거대한 폭풍이 지나간 자리엔 시체가 가득합니다. 가슴에서 가슴으로 전해오는 소식들이 근심과 고통을 싣고 슬픈 이야기도 무심히 지나갑니다. 이제 우리는 우리가 만든 유람선을 타고 아름답고 경이로운 세상을 술잔을 높이 들고 경탄하며 즐길 수 있는 여유로움이 있습니다. 비행기는 구름 위를 지나가며 동화 같은 세상을 차를 마시며 그 황홀한 즐거움을 만끽합니다. 죽음의 경각에서조차 다가오는 사실을 인정하지 않고 인류의 위대함을 환희합니다. 아무도 누구도 예측 못하는 죽임의 공포가 우리의 주위에 천지에 스며 있는데 우리들은 늘 여유로운 한가한 시간과 시대를 꿈꾸고 있습니다. 꽃나무는 꽃을 피우고 새싹이 돋고 동물들은 새끼들을 낳고 기르고 하늘 위엔 변함없이 구름이 떠 있고 강물은 그 줄기 따라 흘러 흘러가는데 우리의 여유롭고 화려한 일상이 처참하게 무너지는데 무엇을 향한 꿈이 있으며 무슨 소득으로 이 여유로움을 다시 회복할 수 있을까 묻고 싶습니다. 잔인한 것은 그 이빨을 드러내지 않고 숨기고 잔인한 미소를 머금고 비웃음과 조롱하는 공포의 소리로 그들의 잔인한 공간에 가득 채워갑니다. 결코 이길 수 없는 존재에게 우리는 타협합니다. 그리고 그것들을 돕고 생명을 유지합니다. 그것들이 우리에게 주는 지식과 지혜로 파멸의 세상으로 인도하게 하고 수많은 우리의 이웃들이 처참하게 살해당하고도 살기 위해 처절한 사투를 합니다. 오늘은 비행기 추락사고로 수많은 생명이 말없이 우리의 곁을 떠나 우리가 만날 수 없는 먼

곳으로 갔습니다. 이 이길 수 없는 존재, 타협이 없는 존재를 이길 수 있는 길은 언제나 활짝 열려 있습니다. 좁은 길이라 하지만 넓은 길이 바다 수평선 위에 펼쳐져 있습니다. 지혜와 지식이 어두움 안에 거짓의 빛으로 인도하려 하지만 세상의 것들과 비교할 수 없는 그분의 지혜 안에 함께할 때 우리는 비로소 승리할 수 있습니다. 그분 곁에 있어야만 합니다. 그분을 믿는 믿음만이 이길 수 있습니다.

현실

오늘도 변함없이 어디로부터 또다른 하루를 주고 있는데 수많은 사고와 참사와 비극의 소식이
우연하고 슬프게 숨가쁘게 전해 옵니다.
하늘은 하늘대로 땅은 땅대로 바다는 바다대로 강은 강대로 도심의 화려함은 화려한다.
인위적인 토대위에 만들어진 모든 것들은 그것들대로.
이 모든것들은 우리의 목숨을 경각에 다다르게 합니다.
사망의 그늘에서 벗어나려면 지혜로운자가 되어 잘 터하고 잘 숨어야 생명을 잃지 않습니다.
사방에서 처절한 고통의 신음소리가 온 천지를 진동하고 원망과 통한이
가슴에 후회로 사무치고 우리의 주위를 늘 맴돌고 스쳐 지나갑니다.
전쟁의 소용돌이 안에 나의 귀한 자식들이 처참하게 속절없게 수없이 내 팽개쳐 지고
죽음의 스친 자리엔 애틋한 애원의 간절함이 하늘위로 안개처럼 퍼집니다.
화산이 터져 용암이 불바다를 이루고 땅이 갈라지고 하늘위에서 폭포수가 쏟아지고
바닷물이 소용돌이 치며 밀려오고 거대한 폭풍이 지나간 자리엔 시체가 가득합니다.
가슴에서 가슴으로 전해오는 소식들이 근심과 고통을 싣고 슬픈 이야기로 무심히 지나갑니다.
이제 우리는 우리가 만든 유람선을 타고 아름답고 경이로운 세상을 순잔을 놓이들고
경탄하며 즐길수 있는 여유로움이 있습니다.
비행기는 구름위를 지나가며 동화같은 세상을 처음 마시며 그 황홀한 즐거움을 만끽합니다.
죽음의 경각에서 조차 다가오는 사실을 인정하지 않고 인류의 위대함을 찬희합니다.
아무도 예측 못하는 죽음의 공포가 우리의 주위에 천지에 스며있는데
우리들은 늘 여유로운 한가한 시간과 시대를 꿇꾸고 있습니다.
꽃나무는 꽃을피우고 새씨에 돋고 동물들은 새끼들을 낳고 기르고
하늘위엔 변함없이 구름이 떠있고 강물은 그 줄기따라 흘러 흘러 가는데
우리의 여유롭고 화려한 일상이 처참하게 무너지는데 무엇을 향반 곳이 있으며
무슨 소득으로 이 여유로움을 다시 회복할수 있을까 묻고 싶습니다.
잔인한 것은 그 이빨을 드러내지 않고 숨기고 잔인한 미소를 머금고
비웃음과 조롱하는 공포의 소리로 오늘의 잔인한 공간이 가득 채워집니다.
결코 이길수 없는 존재에게 우리는 타협합니다 그리고 그것들을 돕고 생명을 유지 합니다.
그것들이 우리에게 주는 지식과 지혜로 다력의 세상으로 인도하게하고
수많은 우리의 이웃들이 처참하게 살해 당하고 또 살기위해 처절한 사투를 합니다.
오늘은 비행기 추락 사고로 수많은 생명이 말없이 우리의 곁을 떠나
우리가 만날수 없는 먼곳으로 갔습니다.
이 이길수 없는 존재 타협할수 없는 존재를 이길수있는길은 언제나 할짝 열려 있습니다.
좁은길이나 하지만 넓은 길이 바다 수평선 위에 펼쳐져 있습니다.
지혜나 지식이 어두움안에 거짓의 빛으로 인도하려 하지만
세상의 것들과 비교할수없는 그분의 지혜안에 함께 할때 우리는 비로서 승리할수 있습니다.
그분곁에 있어야만 합니다.
그분을 믿는 믿음만이 이길수 있습니다.

64

새 생명

　산을 오르고 들이 펼쳐지고 바다의 흰 파도가 보이고 강이 흐르는 그 위를 쉬임 없이 한 마리 작은 새가 되어 끝없이 날아갑니다. 아무런 생각도 없이 나 홀로 누구에게도 소식도 없이 떠나갑니다. 나에게 지금 필요한 것은 모든 것으로부터 해방하여 나의 존재를 숨기려 하는 노력입니다. 나는 깊고 깊은 산속으로 소리 없이 스며들어 그곳에 나만의 둥지를 틉니다. 나는 넓고 넓은 바다 한가운데서 튀어 오르는 한 마리 물고기가 됩니다. 나는 끝없이 펼쳐진 들판의 평화로움 안에 한 송이 들꽃이 되어 바람소리를 듣습니다. 나는 산기슭 계곡을 따라 흐르는 시냇물에 떨어진 한 낙엽이 되어 강으로 향하는 그 물줄기를 따라 정처 없이 흘러갑니다. 나는 떠나갑니다. 그곳엔 사랑이 있고 자유함이 있고 그리움이 숨쉬고 있습니다. 동물원 우리 안에 곰 한 마리가 하루 종일 쉬임 없이 춤을 춥니다. 오늘도, 내일도, 모레도 이 곰은 하는 일이 죽을 때까지 반복하는 동작으로 춤을 추는 일입니다. 이 곰은 알지 못합니다. 왜 이런 춤으로 살아가는지 전혀 무심히 반복합니다. 곰은 곰입니다. 이 곰은 삶의 의미를 잃어버리고 얼굴에 표정도 없이 우리 안에서 나를 알아달라고 그 동작을 멈추지 못하고 쉼임없이 몸짓을 합니다. 나는 내 안에 춤을 추고 있는 곰을 보았습니다. 나는 스스로 이 우리에서 나올 수 없음을 알고 모든 것을 포기한 채로 곰과 같이 살아갑니다. 나는 한 마리 새가 되어 드넓은 들판 평화로운 곳, 자유로운 곳을 마음껏 날고 싶습니다. 현실의 곰은 우리에서 탈출할 수 없지만 내 마음 안에 존재한 곰은 한 마리 새가 되어 다시 세상에서 태어납니다. 한 마리 물고기가 되고 한 송이 들꽃이 되고 가을의 낙엽이 되고 나의 영혼은 새 힘을 얻고 새롭게 변화를 이루고 모든 것을 누릴 수 있습니다. 마음 안에 스며든 이 행복을 마음껏 함께 누리고 나누어 주어야 합니다. 마음의 본향으로 가기 위한 간절한 소망이 이 변화하려는 스스로의 노력으로 그 본향에 임하게 될 것입니다. 성령님의 도움으로 얻어진 자유함은 본향에서 전혀 어색하지 아니하고 평안한 영원한 생명으로 다시 태어날 겁니다. 이 마음을 주신 분이 본향에서 우리를 맞이하십니다. 나는 항상 그분의 말씀에 귀 기울이고 평화로운 세상을 맞이합니다. 그곳에서 참사랑을 보배로운 쉼을 얻을 것입니다. 우리는 비로소 새 생명을 얻은 존귀한 존재입니다.

새 생명

산이 오고 들이 펼쳐지고 바다의 희파도가 보이고 강이 흐르는 그 위를 쉬임없이
한마리 작은새가 되어 끝없이 날아 갑니다
아무런 생각도 없이 나홀로 누구에게도 소식도 없이 떠나 갑니다
나에게 지금 필요한것은 모든것으로 부터 해방하여 나의 존재를 숨겨지게 하는 노력입니다
나는 길고 깊은 산속으로 소리없이 스며들어 그곳에 나만의 둥지를 틉니다
나는 넓고 넓은 바다 한 가운데서 뛰어 오르는 한마리 물고기가 됩니다
나는 끝없이 펼쳐진 들판의 평화로움 안에 한송이 들꽃이 되어 바람소리를 듣습니다
나는 산기슭 계곡을 따라 흐르는 시냇물에 떨어진 한 낙엽이 되어
강으로 향하는 그 물줄기를 따라 정처없이 흘러갑니다
나는 떠나 갑니다. 그곳에 사랑이 있고 자유함이 있고 그리움이 숨쉬고 있습니다.
동물원 우리안에 곰 한마리가 하루종일 쉬임없이 춤을 춥니다
오늘도 내일도 모래도 이 곰은 하늘이 죽을때까지 반복하는 동작으로 춤을 추는 일입니다
이 곰은 알지 못합니다. 왜 이런 춤으로 살아가는지 전혀 무심히 반복합니다.
곰은 곰입니다
이 곰은 삶의 의미를 잃어 버리고 영혼에 동정도 없이 우리안에서
나를 알아달라고 그 몸짓을 멈추지 못하고 쉬임없이 몸짓을 합니다
나는 내안에 숨을 쉬고 있는 곰을 보았습니다. 나는 스스로 이 우리에서
나올수 없음을 알고 모든것을 포기한채로 곰과 같이 살아 갑니다
나는 한마리 새가 되어 드넓은 들판 평화로운곳 자유로운곳을 마음껏 날고 싶습니다
현실의 곰은 우리에서 탈출할수 없지만 내마음 안에 존재한 곰은
한마리 새가되어 다시 세상에서 태어 납니다.
한마리 물줄기가 되고 한송이 들꽃이 되고 가을의 낙엽이 되고
나의 영혼은 새힘을 얻고 새롭게 변화는 이루고 모든것을 누릴수 있습니다.
마음안에 스며든 이 행복을 마음껏 함께 누리고 나누어주어야 합니다.
마음의 본향으로 가기위한 간절한 소망이 이 변화하려는 스스로의 노력으로
그 본향에 임하게 될것입니다
성령님의 도움으로 얻어진 자유함은 본향에서 전혀 의심하지 아니하고
평안한 영원한 생명으로 다시 태어 날겁니다
이 마음은 주신분의 본향에서 우리를 맞이하십니다
나는 항상 그분의 말씀에 귀 기울이고 평화로운 세상을 맞이합니다
그곳에서 참사랑을 보배로운 쉬임을 얻을 것입니다.
우리는 비로서 새 생명을 얻은 존귀한 존재입니다.

사명

　바람 한 점 없는 적막한 가을 하늘에 흰 구름들이 그림자를 드리우고 지나가며 침묵의 고요가 음산하게 스치는 공포스런 시간을 주는데 나는 어떤 공장의 한 사무실 안으로 알 수 없는 힘에 의해 멈추지 못하고 끌려 들어갔습니다. 이미 그곳엔 아이로부터 노인에 이르기까지 수백 명의 인원으로 가득한데 거친 숨소리 외엔 정적이 흐르고 안절부절 서성이고 극한 공포로 인해 그들의 얼굴에는 땀이 비 오듯이 흐르고 있었습니다. 한쪽에는 한 무리 다른 모습의 사람들이 보이는데 그들의 눈에는 섬뜩한 섬광이 지나가고 그들의 웃음에는 잔인함이 흐르고 일상적인 일을 하듯 무심하게 잡담들을 합니다. 한 사람 한 사람 그들이 번호를 호출하면 마치 블랙홀에 모든 것이 빨려 들어가듯이 그 어떤 거부도, 변명도, 간절함도 용납되지 않는 냉정함이 온 전신을 소름으로 가득 채움니다. 극악무도한 죄를 지은 사형수가 사형대로 향하는 모습처럼 너무 처절합니다. 나는 이 공장의 안과 밖을 살펴보았습니다. 거대한 공항의 활주로가 끝없이 펼쳐져 있는데 공장 안에선 무엇인가 제조되어 긴 콘베어에 덜컹대며 옮겨지고 그 끝에 백색의 관이 제조되어 떨어지고 기다리던 커다란 포크 리프트가 그 관을 싣고 분주하게 움직이며 그 끝이 보이지 않는 길고 넓은 광장에 차곡차곡 쌓습니다. 이 일이 끊임없이 반복되어지고 있는데 주위는 너무나 평화롭고 황홀한 광경을 나의 시야에 안겨줍니다. 나도 거친 숨소리와 함께 땀이 얼굴과 온 전신에 비 오듯이 흐릅니다. 마지막 순번의 나의 호출이 불려지고 자동 개폐문을 통과하려는데 그 자동 개폐문이 갑자기 작동을 멈추었습니다. 집행자들은 크게 놀라고 이 상황을 서로에게 묻고 당황하여 소란이 일어납니다. 단 한 건의 사고가 이곳에선 전무한데 단 1초의 시간도 아닌 지난 시간으로 이 자가 못 들어갔는데 내일로 연기도 안 되고 밖으로 내보낼 수도 없음을 고민합니다. 그들이 회의를 한 결과 이 자를 우리의 사환으로 사무실의 심부름 등 잔일을 맡기자고 결정하고 너는 행운이 있는 자라고 어깨를 두드립니다. 나는 꿈에서 눈을 떴습니다. 온몸이 땀으로 젖어 있었습니다. 나는 이 세상에서 그 어떤 일도 나의 일로 할 수 없음을 깨달았습니다. 무슨 사명으로 그 사명을 감당한다고 하면 세상의 조롱에 불과합니다. 나의 존재는 그냥 있는 것이고 그냥 나타나져 있는 먼지 같은 것입니다. 사명의 허울로 나의 존재를 세상에 빼앗기지 마십시오. 다가오는 시간에 자유하고 진실하고 감사한 마음으로 우리의 후손과 보고픈 사람들을 위한 소망의 기도가 우리의 시간에 기록으로 남아야 합니다. 본향으로 향해 가는 우리의 존재는 사명자가 아니라 부름에 대답하고 손을 맞잡고 순종하며 그분을 인정하는 존재입니다.

사명

끝 한점 없는 청명한 적막한 가을 하늘에 흰 구름들이 그림자를 드리우고
나가며 침묵의 고요가 웅산하게 스치는 공포스런 시간을 주는데
는 어떤 공장의 한 사무실 안으로 알수없는 힘에 의해 멈추지 못하고 끌려 들어 갔습니다
이 그곳엔 아이로 부터 노인에 이르기까지 수백명의 인원으로 가득한데
침은 숨소리와 땀, 정적이 흐르고 안절부절, 서성이고 극한 공포로 인해
들의 얼굴에는 땀이 비오듯이 흐르고 있었습니다
쪽에는 하루와 다른 모습의 사람들이 보이는데 그들의 눈에는 섬뜩한 섬광이 지나가고
들의 웃음에는 잔인함이 흐르고 일상적인 일을 하듯 무심하게 집단들을 합니다
사람 한사람 그들이 번호를 호출하면 마치 블랙홀에 모든것이 빨려들어 가듯이
 어떤 거부도 변명도 간절함도 용납되지 않는 냉정함이 온 전신을 소름으로 가득채웁니다
막무도한 죄를 지은 사형수가 사형대로 향하는 모습처럼 너무 처절합니다
나는 이 공장의 안과 밖을 살펴 보았습니다
대한 광활의 활주로가 끝없이 펼쳐져 있는데 공장 안에서 무엇인가 제조되어
컨베이어에 덜컹대며 옮겨지고 그끝에 백색의 관이 제조되어 떨어지고
다시 커다란 포크리프트가 그 관을 싣고 분주하게 움직이며
 그끝이 보이지 않는 길고 넓은 광장에 차곡차곡 쌓입니다
일이 끊임없이 반복되어지고 있는데 주위는 너무나 평화롭고 화창한 광경을
의 시야에 안겨줍니다 나도 거친 숨소리와 함께 땀의 얼굴과 온 전신에 비오듯이 흐릅니다
지막 순번의 나의 호출이 불려지고 자동 개폐문을 통과하려는데
 그 자동 개폐문이 갑자기 작동을 멈추었습니다
행자들은 크게 놀라고 이 상황을 서로에게 묻고 당황하여 소란이 일어납니다
 한편의 사고가 이곳에선 전부인데 단 1초의 시간도 아닌 지난 시간으로
자가 못들어 갔는데 내일로 연기도 안되고 밖으로 내보낼수도 없음을 고민 합니다
들의 회의를 한 결과 이 자를 우리의 사환으로 사무실의 심부름들 잡일을
놀기자고 결정하고 너는 해운이 있는 자라고 어깨를 두드립니다
나는 꿈에서 눈을 떴습니다 온몸이 땀으로 젖어 있었습니다
나는 이 세상에서 그 어떤것도 나의 일로 할수없음을 깨달았습니다
나는 사명으로 그 사명을 감당한다고 하면 세상의 조롱에 불과합니다
의 존재는 그냥 있는것이고 그냥 나타나져 있는 먼지같은 것입니다
명의 허울로 나의 존재를 세상에 빼앗기지 마십시오
가오는 시간에 자유하고 진실하고 감사한 마음으로 우리의 후손과
 고픈 사람들을 위한 소망의 기도가 우리의 시간에 기록으로 남아야 합니다
향으로 향해 가는 우리의 존재는 사명자가 아니라
음에 대답하고 손을 맞잡고 순종하며
분을 인정하는 존재입니다

칠순

　칠순의 나이가 되었을 때 언젠가 어머님이 희미하게 들려주었던 나의 태어날 때 그 옛이야기가 궁금하여 다시 들려달라고 부탁을 드렸습니다. 18살 어린 나이에 아이를 낳고 비몽사몽 정신없이 헤매이는데 그때 작은 창문 너머로 먼동이 트고 따스한 가을 햇살이 작은 방 안으로 가득히 채우고 있는데 하얀 세마포를 두른 도인의 모습의 한 노인이 창으로 보이는데 두 손으로 받혀진 금장의 조각품은 앉아 누운 호랑이 위에 탁상시계가 놓여 있는 형상이 보이고 그 도인은 이 조각을 창틀에 내려놓고 사라지셨는데 그 시계 위로 영롱한 모습의 비둘기 한 마리가 내려앉는 생생한 환상의 모습을 지금도 잊지 못하신다고 전해주셨습니다. 이제 나는 칠십의 나이를 지나면서 지나온 지난날의 삶에서 무엇이 있었나 돌아봅니다. 부모님은 이 아이가 성장하여 이 땅에서 큰 사람이 될 것이라 기대하시며 소망으로 간절한 마음으로 기도하시며 긴 세월을 지나왔습니다. 나는 무엇을 했을까? 나는 무엇을 위해 그 의미를 부여할 수 있을까? 지나간 세월 안에 잡혀져 있는 그 어떤 공적도 위업도 전혀 이루어진 것이 없는데 나의 기억 안에서 한 분을 만나고 그분과 대화를 나눕니다. 그분은 잊혀진 본향에 관하여 선명하게 보여주시고 들려주셨습니다. 한 생명에도 그 태어남에 축복하시고 볼 수 없는 세상을 다시 보게 하시고 십자가를 지심으로 사랑을 무한히 부어주셨습니다. 우리 모두는 큰 자와 큰 부자와 영웅들의 이야기로 온통 집중되어지고 그것들의 도구가 되어집니다. 나는 나의 칠십 년 살아온 기억에 존재한 사랑스런 모습의 소중한 것들과 가족들과 이웃들과 그분을 그리워하는 사람들과 끝없는 찬양의 노래로 화답하고 영원할 잊혀진 본향을 찾아가는 긴 여정에 함께하는 것입니다. 그분은 모든 사람들에게 공평하시고 삶의 의미를 찾게 하시고 사랑의 굴레 안에 영원한 나라 준비된 세상에서 우리 모두를 기다리십니다. 함께합시다. 함께 갑시다. 함께 그분을 만납시다. 한 생명이 무심히 허무하게 버려지는 것은 참으로 슬프고 슬픈 일입니다. 그분은 잃어버린 양 한 마리를 애타게 찾고 계십니다. 아름답고 향기로 가득한 본향의 그리움을 현실의 세계에 이루게 하시고 그 본향에서 영원히 함께하여 주신다고 언약하셨습니다. 나를 믿고 따라오라고 거듭거듭 들려주십니다. 그분의 말씀은 찬란한 거룩한 빛 가운데 능력으로 역사하십니다.

철순

철순의 나이가 되었을때 언젠가 어머님이 희미하게 들려 주었던 나의 태어날때
그 옛 이야기가 궁금하여 다시 들려 달라고 부탁을 드렸읍니다.
18살 어린나이에 아이를 낳고 비몽사몽 정신없이 헤메이는데 그때
작은 창문 너머로 먼동이 트고 따스한 가을 햇살이 작은 방안으로 가득차 채우고 있는데
하얀 세마포를 두른 도인의 모습의 한 노인의 창으로 보이는데 두손으로 받쳐진
손장의 조각들은 앉아 누운 토끼 위에 탁상시계가 놓여있는 형상이 보이고
그 도인은 이 조각을 창틈에 내려놓고 사라지셨는데 그 시계 위로 내려 앉는 모습을
자세히 보니 한마리 비둘기의 생생한 모습을 지금도 잊지 못하신다고 전해 주셨읍니다.
이제 나는 칠십의 나이를 지나면서 지나온 지난날의 삶에서 무엇이 있었나 돌아 봅니다.
부모없은 이 아이가 성장하여 이 땅에서 큰사람이 될것이라 기대하시며
소망으로 간절한 마음으로 기도하시며 긴 세월을 지나 왔읍니다.
나는 무엇을 했을까. 나는 무엇을 위해 칠십년의 세월을 보냈을까.
지금 나의 모습은 어디에 무엇에 그 의미를 부여할수 있을까 —
지나간 세월안에 잡혀져 있는 그 어떤 업적도 위엄도 전혀 이루어진것이 없는데
나의 기억안에서 한분을 만나고 그분과 대화를 나눕니다.
그분은 잊혀진 본향에 관하여 선명하게 보여 주시고 들려 주셨읍니다.
한 생명에도 그 태어남에 축복하시고 복수없는 세상을 다시 보게하시고
십자가를 지심으로 사랑을 무한히 부어 주셨읍니다.
우리 모두는 큰자와 큰부자와 영웅들의 이야기로 온통 집중되어지고 그것들의 도구가 되어집니다.
나는 나의 칠십년 살아온 기억에 존재한 사랑스런 모습의 소중한 것들과
가족들과 이웃들과 그분을 그리워 하는 사람들과 끝없는 찬양의 노래로 화답하고
영원할 잊혀진 본향을 찾아가는 긴 여정에 함께하는 것입니다.
그분은 모든 사람들에게 공평하시고 삶의 의미를 찾게하시고
사랑의 굴레안에 영원한 나라 준비된 세상에서 우리 모두를 기다리십니다.
함께 합시다 함께 갑시다. 함께 그분을 만납시다.
한 생명이 무심히 허무하게 버려지는것은 참으로 슬프고 슬픈 일입니다.
그분은 잃어버린 양 한마리를 애타게 찾고계십니다.
아름답고 향기로 가득한 본향의 그리움을 현실의 세계에 이루게 하시고
그 본향에서 영원히 함께 하여 주신다고 언약 하셨읍니다.
나를 믿고 따라오라고 거듭 거듭 들려 주십니다.
그분의 말씀은 찬란한 거룩한 빛 가운데 능력으로
역사 하십니다.

67
의식과 정신

　나는 점점 귀머거리가 되어가고 장님이 되어가고 육신은 비틀거리고 거리의 고목이 되어 거친 비바람에 가지가 부러지고 그 뿌리째 뽑혀져 길바닥에 내팽겨져 버려질 가련한 인생인 것을 압니다. 의식은 외부로부터 나의 존재를 한 모양의 형태로 만들고 세상이란 틀에 넣어 이 황량한 세상 우주 안에 쓸모없는 쓰레기 부속물로 만듭니다. 육에 속한 의식은 태어나기 전이든 그 이후이든 모든 경험과 기억들에 지배당하고 그 의식 안에 자신만의 정신을 만들고 삶에 적용합니다. 정신에 지배당하고 그 정신에 혼미하여 나의 존재를 세월에 흘려보내며 고귀한 사랑을 잃어버리고 존귀한 나를 잃어버립니다. 의식의 구조 안에 정신이 지배하고 그 정신의 노예가 되어지고 나의 존재가 그 의미를 잃어버리고 언젠가 허물어지고 남긴 것이 하나도 없습니다. 결국 캄캄한 어둠에 갇혀 아무것도 볼 수 없고 들을 수 없고 느낄 수 없는 영원한 고통의 순간에 잠기게 됩니다. 무엇으로 의식을 만들고 정신을 부여하고 무엇이 나의 존재를 끝없이 끌고 가며 허무한 세상의 사라질 미물로 그 가치를 주려 하는지 불쌍하고 어리석은 인생입니다. 모든 과학과 의학과 철학이 알려주는 세상은 언젠가 사라질 사물의 형태에 나의 존재를 결박하고 진실이란 모양의 거짓된 정신의 틀을 세워 갑니다. 무엇을 밝히려는 수천 년의 노력이 지금까지 이룬 우리들의 역사가 의식이란 거대한 구조 안에 세워진 정신의 기둥이 세상의 노리개가 되었습니다. 우리는 알 수 없는 엄청난 고난의 길을 지나오면서 다가오는 또 다른 세상을 설계하고 스스로 이룬 성장과 성과에 도취되어 층층이 쌓고 세워갑니다. 잘 훈련되어진 군사들처럼 충성스러운 세상의 일꾼들이 되었습니다. 뿌연 안개가 뿌려진 길에 우리는 서 있지만 다시 눈을 크게 뜨고 귀를 열고 세상 안에 스며 있는 진실을 찾아가면 그곳엔 예수님이 계십니다. 육신의 배고픔에 먹을 것을 찾는다면 우리의 노력으로 배고픔에서 벗어날 수 있습니다. 진실로 이루어진 영원한 세상은 의식과 정신으로 이루어진 세상에서 노력과 지혜와 지식으로 얻을 수 있는 세상이 아닙니다. 이 영원한 진실한 세상은 모든 능력을 초월한 영원히 참 안식을 누릴 수 있는 내 마음의 본향 하나님의 나라입니다. 그분의 말씀과 그분을 믿음으로 얻어지는 보석같이 영롱하게 빛나는 또 다른 세상입니다. 우리는 믿음의 소중한 길에서 벗어나지 말아야 합니다. 이 길이 참 진리와 진실을 소유할 수 있는 우리의 유일한 길입니다. 우리는 극복할 수 있습니다.

의식과 정신

나는 점점 귀머거리가 되어가고 장님이 되어가고 육신은 비틀거리고 거의 고목이 되어
거친 비바람에 가지가 부러지고 그 뿌리채 뽑혀져 길바닥에
내 팽겨쳐 버려질 가련한 인생인것을 압니다.
의식은 외부로부터 나의 존재를 한 모양의 형태로 만들고 세상이란 틀에 넣어
이 황량한 세상 우주안에 쓸모없는 쓰레기 부속물로 만듭니다.
몸의 속한 의식은 태어나기 전이든 그 이후이든 모든 경험과 기억들에 지배당하고
그 의식안에 자신만의 정신을 만들고 삶에 적용합니다.
정신에 지배당하고 그 정신에 혼미하여 나의 존재를 세월에 흘려 보내며
고귀한 사랑을 잃어버리고 존귀한 나를 잃어버립니다.
의식의 구조안에 정신이 지배하고 그 정신의 노예가 되어지고
나의 존재가 그 의미를 잃어버리고 언젠가 허물어지고 남긴것이 하나도 없습니다.
결국 캄캄한 어둠에 갇혀 아무것도 볼수없고 들을수없고 느낄수없는
영원한 고통의 순간에 잠기게 됩니다.
무엇으로 의식을 만들고 정신을 부여하고 무엇이 나의 존재를 끝없이 끌고가며
허무한 세상의 사라질 머물 그 가치를 주려하는지 불쌍하고 의로운 인생입니다.
모든 과학과 의학과 철학이 알려주는 세상은 언젠가 사라질 새 틀의 형태에
나의 존재를 결박하고 진실이란 모양의 거짓된 정신의 틀을 세워갑니다.
무엇을 밝히려는 수천년의 노력이 지금까지 이룬 우리들의 역사가 의식이란 거대한 구조안에
세워진 정신의 기둥이 세상의 노래가 되었습니다.
우리는 알수없는 엄청난 고난의 길을 지나오면서 다가오는 또 다른 세상을 설계하고
스스로 이룬 성장과 성과에 도취되어 층층히 쌓고 세워갑니다.
잘 훈련되어진 군사들처럼 충성스러운 세상의 일꾼들이 되었습니다.
뿌연 안개가 뿌려진 길에 우리는 서있지만 다시 눈을 크게 뜨고 귀를 열고
세상안에 스며있는 진실을 찾아가면 그곳에 예수님이 계십니다.
육신의 배고픔에 먹을것을 찾는다면 우리의 노력으로 배고픔에서 벗어날수 있습니다.
진실로 이뤄진 영원한 세상은
의식과 정신으로 이뤄진 세상에서 노력과 지혜와 지식으로 얻을수 있는 세상이 아닙니다.
이 영원한 진실한 세상은 모든 능력을 초월한 영원히 참 안식을 누릴수있는
내마음의 본향 하나님의 나라입니다.
그분의 말씀과 그분을 믿음으로 열어지는 보석같이 영롱하게 빛나는 또 다른 세상입니다.
우리는 믿음의 소중한 길에서 벗어나지 말아야 합니다.
이 길이 참 진리와 진실을 소유할수있는 우리의 유일한 길입니다.
우리는 극복할수 있습니다.

68

향기로운 꽃

들길을 홀로 걷다 보면 어디에든 꽃이 활짝 피어 있고 그 향기로운 향기가 그 고운 모습에 담겨 있고 사랑이 담긴 꽃들은 기쁨을 주고 노래를 주고 소중하게 간직하고픈 아름답고 탐스러운 자태로 그 순결하고 순백한 사랑의 손짓에 나의 마음은 실로 황홀한 감동으로 가득 젖어 있습니다. 나는 나의 삶의 여정 안에 함께 있는 모든 사람들에게 이 꽃들을 선사하고 싶습니다. 결코 인위적으로 만들 수 없는 은은한 향기가 가득 배인 이 꽃들을 가슴에 가득 안고 한 사람 한 사람 나의 소중한 사람들에게 새벽의 시간 지저귀는 새들과 밝아오는 세상의 무지갯빛과 함께 나누어 주고 싶습니다. 그리고 내가 전혀 알지 못한 멀리 있는 사람들에게도 이 곱고 향기로운 꽃을 그들의 손에 나의 진실한 마음과 함께 전해주고 싶습니다. 병원의 병실에서 밤새 신음을 내고 고통으로 허우적이는 그 사람을 만나고 싶습니다. 가족과 친구와 이웃의 죽음으로 그 슬픔이 목이 매여 복받치는 통곡으로 눈물을 흘리는 그 사람들을 만나고 싶습니다. 이 세상 안에는 슬픈 사연이 얼마나 많은지 그 사연 사연마다 눈물 자국이 배어 있고 처절한 고통이 있고 가슴에 맺힌 한으로 절절합니다. 그러나 이 모든 것을 포기하지 못하고 이 세상 안에서 답답한 일생을 보냅니다. 나는 이 작고 향기로운 순결한 꽃 한 송이로 새롭게 변화하게 하여 창조의 때 옛 시절로 다시 돌아갈 수 없다는 사실을 압니다. 하지만 나는 이 꽃들을 가슴에 가득 안고 삶의 끝자락에 다다를 때까지 이 꽃들을 전해주고 이 향기를 간직하게 하기를 쉬임 없이 노력할 겁니다. 이 꽃이 이 향기로운 향기는 이 세상에 존재하지만 이 꽃이 보여주는 곳은 영원히 변치 않는 순결한 아름다운 세상입니다. 이 세상에선 작은 꽃이지만 그곳에선 이 대지를 덮고도 남을 거대한 꽃 한 송이입니다. 이 향기로운 향기는 온 세상의 생명들의 슬픔과 원통함과 분함과 억울함과 한 맺힌 사연들을 이 짙은 순결한 향기에 묻혀 사라집니다. 나는 오늘 이 새벽의 시간에 이 꽃들을 가슴에 가득 안고 그분이 나누어 주라고 하신 모든 분들에게 진심을 다하여 나누어 드립니다. 그분의 순결하신 모습과 그분으로부터 오는 향기를 맡을 수 있는 사람은 행복한 사람입니다. 그분은 고운 꽃이시고 향기로운 향기를 주시는 새로운 세상의 주인이십니다.

향기로운 꽃

들길을 홀로 걷다 보면 어디에든 꽃이 활짝 피어 있고 그 향기로운 향기가
그 고운 모습에 담겨있고 사랑이 담긴 꽃들은 기쁨을 주고 노래를 주고
소중하게 간직하고픈 아름답고 탐스러운 자태로 그 순결하고 순백한 사랑의 손짓에
나의 마음은 실로 황홀한 감동으로 가득 젖어 있습니다.
나는 나의 삶의 여정안에 함께 있는 모든 사람들에게 이 꽃들을 선사하고 싶습니다.
결코 인위적으로 만들수 없는 은은한 향기가 가득 배인 이 꽃들을 가슴에 가득안고
한사람 한사람 나의 소중한 사람들에게 새벽의 시간 지저귀는 새들과
밝아오는 세상의 무지개 빛과 함께 나누어 주고 싶습니다.
그리고 내가 전혀 알지 못한 멀리있는 사람들에게도 이 곱고 향기로운 꽃을
그들의 손에 나의 진실한 마음과 함께 전해주고 싶습니다.
병원의 병실에서 밤새 신음을 내고 고통으로 허부적이는 그 사람들 만나고 싶습니다.
가족과 친구와 이웃의 죽음으로 그 슬픔이 북이 되어 북받치는 통곡으로
눈물을 흘리는 그 사람들을 만나고 싶습니다.
이 세상안에는 슬픈 사연이 얼마나 많은지 그 사연 사연마다
눈물 자욱이 배어 있고 처절한 고통이 있고 가슴에 맺힌 한으로 절절합니다.
그러나 이 모든것을 포기하지 못하고 이 세상안에서 답답한 인생을 보냅니다.
나는 이 작고 향기로운 순결한 꽃 찬송으로 새롭게 변화하게 하여
창조의 때 옛시절로 다시 돌아갈수 없다는 사실을 압니다.
하지만 나는 이 꽃들을 가슴에 가득안고 삶의 끝자락에 다다를 때 까지
이 꽃들을 전해주고 이 향기를 간직하게 하기를 쉬임없이 노력할겁니다.
이 꽃이 이 향기로운 향기는 이 세상에 존재하지만
이 꽃이 보여주는 곳은 영원히 변치않는 순결한 아름다운 세상 입니다.
이 세상에선 작은 꽃이지만 그곳에선 이 대지를 덮고 높은 거대한 꽃 찬송이 됩니다.
이 향기로운 향기는 온 세상의 생명들의 슬픔과 원통함과 분함과 억울함과
한맺힌 사연들을 이 짙은 순결한 향기에 묻혀 사라집니다.
나는 오늘 이 새벽의 시간에 이 꽃들을 가슴에 가득안고
그분이 나누어 주라고 하신 모든 분들에게 진심을 다하여 나누어 드립니다.
그분의 순결하신 모습과 그분으로 부터 오는 향기를 맡을수 있는 사람은
행복한 사람입니다.
그분은 고운 꽃이시고 향기로운 향기를 주시는
새로운 세상의 주인이십니다.

열매

　꿈속에서 한 그루 거대한 나무를 보고 있는데 나무 위에서 나무를 바라보니 풍성한 나뭇잎 사이로 열매가 주렁주렁 열려 있습니다. 아주 먹음직한 탐스런 노란 귤과 같은 열매였습니다. 그 거대한 나무 한 그루에 헤아릴 수조차 없이 수많은 열매가 맺혀 있습니다. 하늘 위에서 바라보니 그 풍성함이 나의 눈을 의심케 하고 당황하게 하고 어떻게 수확을 해야 하는가 하는 생각에 행복합니다. 그런데 나무 아래에서 나무 위를 쳐다보고 누워 있는데 그 많은 열매들이 하나도 보이지 않고 떨어져 상한 열매들만 주위에 너절하게 널려 있습니다. 하늘 위에서 보았던 풍요로운 광경이 땅에서 위를 보니 아무 열매도 없는 나무 한 그루에 지나지 않는 늘상 보아왔던 평범한 모습의 나무입니다. 땅 위에서 하늘을 향한 간절한 소망의 기도는 볼 수도 없고 만질 수도 없는 지나간 시간의 여행에서 얻은 추억의 열매들입니다. 그 많은 소중한 소망의 기도들의 간절함이 어디론가 사라져 버리고 그 안타까움과 이루지 못한 일들로 슬픔과 고통이 늘 나의 삶 가운데 지나갑니다. 이제 지치고 응답이 없음에 모든 노력을 포기하고 세상의 즐거움을 찾아갑니다. 나무 밑의 상한 널려 있는 열매들을 보기 좋게 포장을 하여 내 마음의 창고에 쌓아갑니다. 술에 취하여 비틀거리고 사랑에 배신당하여 미친 듯이 분노를 일으키고 거짓의 목도리를 목에 휘감고 어두운 캄캄한 길 위에서 방황합니다. 이 땅 위에서 아무리 노력하여도 보이지 않는 열매를 볼 수 없고 만질 수가 없습니다. 그분은 언제나 우리의 위에 계십니다. 그분은 우리가 그렇게 간절하게 소망하여 기도한 기도들을 열매로 맺게 하여 가장 탐스럽게 주렁주렁 그 큰 나무에 열리게 하셨습니다. 그렇게 노력하고 소망하였던 그 간절한 기도가 하나도 남김없이 열매가 되어 우리가 하늘 위에서 아래를 볼 때 보여지고 만질 수가 있습니다. 내가 할 수 없다고 삶을 포기한다면 이 삶의 노력을 포기한다면 아무런 꿈도 소망도 없이 어떤 간절한 기도도 없이 나그네 인생을 지나간다면 이 풍성한 열매를 얻지 못하고 가난한 마음의 소유자가 될 겁니다. 이 열매들의 결실은 내 마음의 본향에서 양식이 되고 사랑이 되고 노래가 되고 춤이 되고 믿음이 되고 소망이 되어 풍요로운 영원한 세상의 진실로 세워진 주춧돌이 되어 영생의 기쁨의 근원을 이룰 것입니다. 그분을 향하여 그 어떤 기도도 우리는 해야 합니다. 그분은 열매를 주십니다. 하지만 우리의 잘못된 욕심으로 맺은 열매는 땅에 떨어지고 썩어서 우리들 주위에 악취만 진동하게 합니다.

열매

꿈속에서 한그루 거대한 나무를 보고 있는데 나무위에서 나무를 바라보니
풍성한 나뭇잎 사이로 열매가 주렁주렁 열려 있습니다
아주 먹음직한 탐스런 보오란 술과 같은 열매 였습니다
그 거대한 나무 한그루에 헤아릴수조차 없이 수많은 열매가 맺혀 있습니다
하늘 위에서 바라보니 그 풍성함이 나의 눈을 의심케하고 당황하게 하고
어떻게 수확을 해야하는가 하는 생각에 행복합니다
그런데 나무아래에서 나무위를 쳐다보고 누워있는데 그 많은 열매들이
하나도 보이지 않고 떨어져 성한 열매들만 주위에 너절하게 널려있습니다
하늘 위에서 보았던 풍요로운 광경이 땅에서 위를 보니 아무열매도 없는
나무 한그루에 지나지 않는 늘상 보아왔던 평범한 모습의 나무입니다
땅위에서 하늘을 향한 간절한 소망의 기도는 볼수도 없고 만질수도 없는
지나간 시간의 여행에서 얻은 추억의 열매들입니다.
그 많은 소중한 소망의 기도들의 간절함이 어디론가 사라져 버리고
그 안타까움과 이루지 못한 일들로 슬픔과 고통이 늘 나의 삶 가운데 지나갑니다
이제 지치고 응답이 없음에 모든 노력을 포기하고 세상의 즐거움을 찾아 갑니다
나무 밑의 성한 널려있는 열매들을 보기 좋게 포장을 하며
내 마음의 창고에 쌓아갑니다.
술에 취하며 비틀거리고 사랑에 배신당하며 미친듯이 분노를 일으키고
거짓의 목소리를 목에 취갑고 어두운 캄캄한 길위에서 방황합니다
이 땅위에서 아무리 노력하여도 보이지 않는 열매를 볼수없고 만질수가 없읍니다
그분은 언제나 우리의 위에 계십니다.
그분은 우리가 그렇게 간절하게 소망하며 기도한 기도들을 열매로 맺게하며
가장 탐스럽게 주렁주렁 그 큰 나무에 열리게 하셨습니다
그렇게 노력하고 소망하였던 그 간절한 기도가 하나도 남김없이 열매가 되어
우리가 하늘위에서 아래를 볼때 보여지고 만질수가 있읍니다
내가 할수없다고 삶을 포기한다면 이 삶의 노력을 포기한다면
아무런 꿈도 소망도 없이 어떤 간절한 기도도 없이 나그네 인생을 지나간다면
이 풍성한 열매를 얻지 못하고 가난한 마음의 소유자가 될겁니다
이 열매들의 결실은 내 마음의 부흥에서 양식이되고 사랑이되고 노래가되고
춤이 되고 믿음이 되고 소망이 되어 풍요로운 영원한 세상의
진심으로 세워진 주춧돌이 되어 영생의 기쁨의 근원을 이룰것입니다
그분을 향하여 그 어떤기도도 우리는 해야 합니다
그분은 열매를 주십니다
하지만 우리의 잘못된 욕심으로 맺은 열매는 땅에 떨어지고 썩어서
우리들 주위에 악취만 진동하게 합니다

70 세상의 짐

하나님이 지으신 세계는 참으로 경이롭고 찬란한 황홀한 광경을 우리에게 줍니다. 우리의 마음 안엔 이 광경들이 항상 살아 움직입니다. 세상이 주는 아름답고 보배로운 것들로 마음이 이끌리고 마음에 가두어져 그것들로부터 결코 자유롭지 못한 우리의 인생들입니다. 언제나 우리의 추구하는 것은 해가 뜨고 지는 순간의 황홀한 세상에서 영원히 함께 존재하고픈 충동으로 살아갑니다. 그 안락하고 풍요로움에 어느 순간 우리들의 마음속엔 욕심과 욕정과 탐욕과 방탕의 어두움에서 헤어 나올 수가 없습니다. 허망한 세상에 미련을 두어 뒤를 돌아보는 순간 소금 기둥이 되어버립니다. 예수님은 마음에 걸려 있는 모든 짐은 나의 온유함과 겸손을 배우고 멍에를 함께 메고 내게 배우면 영원한 쉬임을 얻으리라 말씀하셨습니다. 세상이 주는 짐들, 죄에 눌린 짐들, 질병의 고통의 짐들, 마귀로부터 오는 짐들, 죽음에 대한 공포의 짐들, 의에 대한 짐들, 이 모든 짐들로부터 자유하지 못하면 결코 마음의 본향에서 쉬임을 얻을 수가 없습니다. 나는 너무 많은 짐으로부터 쉬임을 얻고 싶어 그분을 바라보았습니다. 하지만 그분은 십자가 위에 처참한 형상을 하시고 온몸에 채찍의 상처로 고통으로 신음하시는 아무 힘도 능력도 없으신 한 사형수의 모습으로 보입니다. 나는 슬픔으로 방황하여 갈 길을 잃고 어두운 마음으로 가득합니다. 그러나 그분의 연약한 모습 안에 온유하시고 겸손하신 모습이 심연의 깊은 곳까지 온 세상을 징의 가슴을 에이는 울림과 감동으로 조용히 깨닫게 하여 주십니다. 이 땅에서 얻은 쉬임은 영원한 세상의 안식 안으로 인도되어집니다. 이 감사와 감동의 시간에 예수님의 십자가를 다시 바라보았습니다. 십자가 위에는 믿음, 소망, 사랑의 큰 짐이 매어 있습니다. 나는 이 짐들을 마음에 담고 등에 지고 이 일을 행하는 것이 나의 사명이라 확신하고 이 사명을 스스로 담고 감당하리라 굳은 결심을 하였습니다. 그러나 예수님은 이 짐들도 다 내려놓고 나를 바라보고 따라오라고 말씀하십니다. 하지만 이미 등에 진 짐들을 내 스스로 내려놓을 수가 없어 안타까워 통곡하며 기도하는데 성령이 오셔서 이 짐들을 함께 내릴 수 있게 도와주시며 하나도 남김없이 주위에 다 나누어 주고 나로부터 배운 겸손과 온유함으로 십자가를 지나 본향을 향하여 오기를 기다리시고 기다리십니다. 그분이 주시는 배움은 마음의 본향으로 가는 지혜입니다.

세상의 짐

하나님이 지으신 세계는 참으로 경이롭고 찬란한 황홀한 광경을 우리에게 줍니다.
우리의 마음안에 이 광경들이 항상 살아 움직입니다.
세상이 주는 아름답고 보배로운 것들로 마음이 이끌리고 마음에 가두어져
그것들로 부터 결코 자유롭지 못한 우리의 인생들입니다
언제나 우리의 추구하는것은 해가 뜨고 지는 순간의 황홀한 세상에서
영원히 함께 존재 하고픈 충동으로 살아갑니다.
그 안락하고 풍요로움이 어느순간 우리들의 마음속엔 욕심과 욕정과 탐욕과
방탕의 어두움에서 헤어나올수가 없읍니다.
허망한 세상에 미련을 두어 뒤를 돌아보는 순간 소금 기둥이 되어 버립니다.
예수님은 마음에 걸려있는 모든짐을 나의 온유함과 겸손을 배우고
멍에를 함께 메고 내게 배우면 영원한 쉬임을 얻으리라 말씀하셨읍니다.
세상이 주는 짐들, 죄에 눌린 짐들, 질병의 고통의 짐들, 아래로 부터 오는 짐들,
죽음에 대한 공포의 짐들, 의에대한 짐들, 이 모든 짐들로 부터 자유하지 못하면
결코 마음의 본향에서 쉬임을 얻을수가 없읍니다.
나는 너무많은 짐으로부터 쉬임을 얻고싶어 그분을 바라보았읍니다.
하지만 그분은 십자가 위에 처참한 형상을 하시고 온몸에 채찍의 상처로
고통으로 신음하시는 아무 힘도 능력도 없으신 한 사형수의 모습으로 보입니다.
나는 슬픔으로 방황하며 갈길을 잃고 어두운 마음으로 가득합니다.
그러나 그분의 연약한 모습안에 온유하시고 겸손하신 모습이 심연의 깊은곳까지
온세상을 징의 가슴을 에이는 울림과 감동으로 조용히 깨닫게 하여 주십니다.
이 땅에서 얻은 쉬임은 영원한 세상의 안식안으로 인도되어 집니다.
이 감사와 감동의 시간에 예수님의 십자가를 다시 바라 보았읍니다
십자가 위에는 믿음 소망 사랑의 큰 짐이 매어 있었읍니다.
나는 이 짐들을 마음에 담고 등에 지고 이 일을 행하는 것이 나의 사명이라 확신하고
이 사명을 스스로 맡고 감당하리라 굳은 결심을 하였읍니다.
그러나 예수님은 이 짐들도 다 내려놓고 나를 바라보고 따라오라고 말씀하십니다.
하지만 이미 등에 진 짐들을 내 스스로 내려놓을수가 없어
안타까워 통곡하며 기도하는데
성령이 오셔서 이 짐들을 함께 버릴수 있게 도와주시며 하나도 남김없이
주위에 다 나누어 주고 나로부터 배운 겸손과 온유함으로 십자가를 지나
본향을 향하여 오기를 기다리시고 기다리십니다.
그분이 주시는 배움은 마음의 본향으로 가는 지혜 입니다.

71 우리들의 모습

하나님이 지으신 세계는 경이롭고 경탄을 이루고 우리는 이 안에 살아갑니다. 우리는 하나님이 계신 곳을 향하고 두 손을 모으고 간절하게 기도를 합니다. 인생의 무력함에 떨리는 마음으로 거대한 창조의 세계에서 하나님을 찾아 헤매입니다. 그러나 그분을 보고 싶어도 볼 수가 없고 아무리 불러도 대답이 없습니다. 간절히 만나려 해도 차가운 바람만이 우리의 주위에 소리 없이 지나갑니다. 엄청난 산불은 밤하늘을 향해 거대한 불바다를 이루고 모든 것을 태워 검게 만듭니다. 쓰나미는 바다에 거대한 풍랑을 일으키고 공포의 파도는 모든 것을 처참하게 사라지게 합니다. 하늘은 검은 구름의 장막을 이루고 폭음과 번개로 이 땅에 폭풍우를 쏟아 내립니다. 이 다가오는 공포의 시간에 잔뜩 웅크리고 둥지를 틀고 하나님을 찾습니다. 그러나 하나님은 여전히 한마디의 말씀조차 없으십니다. 전능하신 존귀하신 자애로우신 분은 지금 어디에 계신가요? 우리는 그분을 찾아 여기저기를 살피는데 인생들의 노력은 그 정성이 참으로 지극합니다. 이제 내가 찾은 하나님은 진실한 하나님이라고 인생들을 부르고 모읍니다. 나는 이 편에 있어야 할지 저 편으로 가야 할지 망설이다 교회를 선택했습니다. 수많은 종교의 굴레에 나의 존재를 잃어버리고 그것들에 마음을 빼앗기고 전능한 것을 만들고 화려한 건축의 유혹이 결국은 우리의 심령을 무너뜨리고 무수한 전쟁을 일으키고 가련한 목숨들이 이 터전 위에 쓰레기처럼 덮여 있습니다. 이 긴 여정에 인생들의 고난이 시작되었고 멈출 수가 없습니다. 모든 인생이 전능자를 찾아 헤매이지만 진실이 거짓이 되고 자애가 폭력이 되고 사랑이 마귀의 속삭임으로 변하고 우리들의 모습은 어제나 오늘이나 변함없이 누구의 도움도 없는 동일한 연약하고 불쌍한 인생에 불과합니다. 이미 성경이 지혜로운 길을 알려주지만 알지 못하고 지나갑니다. 말씀이 내 마음 안에서 살아 움직일 때 나의 존재는 이 모든 상황에서 자유함을 얻습니다. 나의 마음과 나의 자아는 사랑과 이해로 삶의 동반자가 됩니다. 이제 나는 하나님이 계신 곳 내 마음의 본향 삼층천을 향하고 조용히 깊은 사색과 명상 가운데 성경을 묵상하고 수많은 유혹의 그림자에서 벗어나 진정 자유로움에 기쁨을 얻을 수 있습니다. 거짓은 모양을 만들고 소리를 내고 우리를 끝없이 유혹의 늪으로 끌고 가지만 진실은 우리의 모습 안에서 사랑으로 나타납니다. 성령의 기록 안에서, 성경의 말씀 안에서 나의 존재를 확인하고 영원한 나라 우리들의 본향을 그리워하며 그 가는 길 위에서 우리의 모습이 향기를 주는 꽃이 되어야 합니다. 꽃은 사랑입니다.

우리들의 모습

하나님이 지으신 세계는 경이롭고 경탄을 이루고 우리는 이안에 살아갑니다.
우리는 하나님이 계신곳을 향하고 두손을 모으고 간절하게 기도를 합니다.
인생의 무력함에 떨리는 마음으로 거대한 창조의 세계에서 하나님을 찾아 헤매입니다.
그러나 그분을 보고 싶어도 볼수가 없고 아무리 외쳐 불러도 대답이 없읍니다.
간절히 반겨줘도 차거운 바람만이 우리의 주위에 소리없이 지나갑니다.
엄청난 산불은 밤하늘을 향해 거대한 불바다를 이루고 모든것을 태워 겁게 만듭니다.
쓰나미는 바다에 거대한 풍랑을 일으키고 공포의 파도는 모든것을 처참하게 사라지게 합니다.
하늘은 검은 구름의 장막을 이루고 폭음과 번개로 이땅에 폭풍우를 쏟아 내립니다.
이 다가오는 공포의 시간에 잔뜩 웅크리고 등지를 틀고 하나님을 찾읍니다.
그러나 하나님은 여전히 한마디의 말씀조차 없으십니다.
전능하신 존귀하신 자애로우신분은 지금 어디에 계신가요——
우리는 그분을 찾아 여기 저기를 살피는데 인생들의 노력은 그 정성이 참으로 지극합니다.
이제 내가 찾은 하나님은 진실한 하나님이라고 인생들을 부르고 모읍니다.
나는 이편에 있어야 할지 저편으로 가야할지 망설이다 교회를 선택했읍니다.
수많은 종교의 굴레에 나의 존재를 잃어버리고 그것들에 마음을 빼앗기고
전능한것을 만들고 화려한 건축의 유혹이 결국은 우리의 심령을 무너뜨리고
무수한 전쟁을 일으키고 가련한 목숨들이 이 땅위에 쓰레기처럼 덮혀있읍니다.
이 간격에 인생들의 고난이 시작되었고 멈출수가 없읍니다.
모든 인생이 전능자를 찾아 헤매이지만
진실이 거짓이되고 자애가 폭력이되고 사랑이 마귀의 속삭임으로 변하고
우리들의 모습은 어제나 오늘이나 변함없이 누구의 도움도 없는
동일한 연약하고 불쌍한 인생에 불과합니다.
이미 성경이 지혜로운 길을 알려주지만 알지못하고 지나갑니다.
말씀이 내 마음안에서 살아 움직일때 나의 존재는 이모든 상황에서 자유함을 얻읍니다.
나의 마음과 나의 자아는 사랑과 이해로 삶의 동반자가 됩니다.
이제 나는 하나님이 계신곳 내 마음의 본향 삼층천을 향하고
조용히 깊은 사색과 명상 가운데 성경을 묵상하고
수많은 유혹의 그림자에서 벗어나 진정 자유로움에 기쁨을 얻을수 있읍니다.
거짓은 모양을 만들고 소리를 내고 우리를 끝없이 유혹의 늪으로 끌고가지만
진실은 우리의 모습안에서 사랑으로 나타납니다.
성령의 기록안에서 성경의 말씀안에서 나의 존재를 확인하고
영원한 나라 우리들의 본향을 그리워 하며
그 가는길위에서 우리의 모습은 향기를 주는 꽃이 되어야 합니다.
꽃은 사랑입니다.

우리들의 본향

　시인은 마음에 담긴 진실을 나타냅니다. 가수는 목소리에 가슴으로 오는 애절함을 노래합니다. 연주자는 관객에게 심연의 깊은 세계로 잠기게 합니다. 화가는 그리는 그림에 자신의 영혼을 깃들게 합니다. 마음에서 그려지고 보여주는 모든 것들에 그들의 재능은 우리의 마음을 감동으로 채우고 경이로운 세계로 인도되어지고 환호합니다. 기쁨과 슬픔과 밝음과 어두움의 모든 감정은 마음에서 옵니다. 점술가와 예언자는 그 칼끝이 너와 나를 향하고 멸망의 때를 알리며 경종을 울립니다. 전쟁과 기근과 지진과 죽음의 공포로 그 칼끝을 세웁니다. 그러나 우리의 마음에서 창을 열고 영원한 본향을 볼 수 있고 그곳에 계신 예수님의 사랑을 만날 수 있습니다. 우리의 마음에 담겨진 모든 재능과 영감이 어디로부터 왔는지 알지 못합니다. 노래며 글이며 연주며 그림이며 이 모든 영감은 본향으로부터 스며든 마음으로부터의 감동을 이루고 표현되어진 경이로운 본향의 소식입니다. 우리는 우리의 본향 내 마음의 본향을 내 마음에서 사모하고 그리워하며 이 세상의 나그네 인생을 지나가야 합니다. 영원한 세계에 임할 때 모든 악의 모양과 죽음의 공포가 그 근원까지 태워지고 그곳의 아름답고 황홀한 광대한 세계는 우리의 마음에서 볼 수 있는 상상과 감동과는 비교할 수 없이 모든 것이 풍요롭고 자유롭고 시간이 존재하지 않는 영원한 곳입니다. 그곳은 우리의 지혜와 인위적인 노력의 어떤 형태든 필요하지 않습니다. 하늘을 날고 싶으면 날아오르고 강을 건너고 싶으면 건너지고 높은 산에 올라가고 싶으면 올라가 있고 바다에 누워 하늘의 구름을 볼 수 있고 독수리와 같이 놀고 사자와 입 맞추며 만나고 싶은 고마운 사람들을 언제나 만날 수 있습니다. 이제 우리는 마음의 창을 열고 본향을 바라보고 영원한 세상을 노래하고 그림을 그리고 연주하고 시를 써야 합니다. 점술가와 예언자는 한낱 먼지 같은 인생에 불과합니다. 그들의 허탄한 말에 귀를 기울이고 그들이 원하는 삶을 이루어 간다면 참으로 가슴이 아프고 안타깝고 답답한 나그네 인생들입니다. 이미 하나님은 스스로 결정하신 선하신 계획 안에 우리가 알 수 없는 비밀들을 간직하고 계십니다. 죄와 악으로 물든 세상은 시간으로 심판하시고 영원한 세상은 나그네의 본향임을 성경은 기록하고 있습니다. 하나님은 진실하신 사랑으로 우리들을 부르시고 성령의 능력 안에 자유함으로 가득 채워주십니다. 본향은 우리 마음의 고향입니다.

우리들의 본향

시인은 마음에 담긴 진실을 나타냅니다. 가수는 목소리에 가슴으로 오는 애절함을 노래합니다.
연주자는 관객에게 심연의 깊은 세계로 잠기게 합니다.
화가는 그리는 그림에 자신의 영혼을 깃들게 합니다.
마음에서 그려지고 보여주는 모든것들이 그들의 재능은 우리의 마음을
감동으로 채우고 경이로운 세계로 인도되어지고 환호합니다.
기쁨과 슬픔과 밝음와 어두움의 모든 감정은 마음에서 옵니다.
점술가와 예언자는 그 칼끝이 너와나를 향하고 멸망의 때를 알리며 경종을 울립니다.
전쟁과 기근과 지진과 죽음의 공포로 그 칼끝을 세웁니다.
그러나 우리의 마음에서 창을 열고 영원한 본향을 볼수있고
그곳에 계신 예수님의 사랑을 만날수 있읍니다.
우리의 마음이 닫혀진, 모든 재능과 영감이 어디로부터 오는지 알지 못합니다.
노래며 글이며 연주며 그림이며 이 모든 영감은 본향으로부터 스며든
마음으로부터의 감동을 이루고 표현되어진 경이로운 본향의 소식입니다.
우리는 우리의 본향, 내 마음의 본향을 내 마음에서 사모하고 그리워하며
이 세상의 나그네 인생을 지나가야 합니다.
영원한 세계에 입향때 모든 악의 모양과 죽음의 공포가 그 근원까지 태워지고
그곳의 아름답고 황홀한 광대한 세계는 우리의 마음에서 볼수있는 상상과 감동과는
비교할수 없이 모든것이 풍요롭고 자유롭고 시간이 존재하지 않는 영원한 곳입니다.
그곳은 우리의 재체와 인위적인 노력의 어떤 형태든 필요하지 않읍니다.
하늘을 날고 싶으면 날아오르고 강을 건너고 싶으면 건너지고 높은산에 올라가고 싶으면
올라가 앉고 바다에 누워 하늘의 구름을 볼수있고 독수리와 같이 놀고
사자와 얼마추며 만나고 싶은 고마운 사람들을 언제나 만날수 있읍니다.
이제 우리는 마음의 창을 열고 본향을 바라보고 영원한 세상을
노래하고 그림을 그리고 연주하고 시를 써야 합니다.
점술가와 예언자는 한낱 먼지같은 인생에 불과합니다.
그들의 허탄한 말에 귀를 귀울이고 그들이 원하는 삶을 이루어 간다면
참으로 가슴이 아프고 안타까웁고 답답한 나그네 인생들 입니다.
이미 하나님은 스스로 결정하신 선하신 계획안에
우리가 알수없는 비밀들을 간직하고 계십니다.
죄와 악으로 물든 세상은 시간으로 심판하시고
영원한 세상은 나그네의 본향임을 성경은 기록하고 있읍니다.
하나님은 진실하신 사랑으로 우리들을 부르시고
성령의 능력안에 자유함으로 가득 채워 주십니다.
본향은 우리 마음의 고향입니다.